夜半呼儿趁晓耕，
羸牛无力渐艰行。
时人不识农家苦，
将谓田中谷自生。

——（唐）颜仁郁《农家》

只顾耕耘，不问收获。
智慧耕耘，总有收获。
一分耕耘，双重收获。
感恩耕耘，乐享收获。

——周祖威《耕耘》

讲台上的风姿

（摄影 周海松）

全国第一届生物力学学术会议全体代表合影留念 1981.7上海

前第二排左起第十七人为美国工程科学院院士著名生物力学专家冯元桢教授

前第三排左起第十至第十三人为河北大学参加会议的代表华筑信、周祖威、顾志华、张文沂

全国第二届生物力学学术会议全体代表合影留（1985年10月太原）

前第三排左起第八人为本书作者

前排左起第五人为我院党委书记兼院长王宪成

中排左起第三人为我院教务处处长崔正昀，左起第五人为本书作者

机械工程系领导班子成员合影留念（1996年）

前排为刘颖、刘锡珍、周祖威、刘鑫琼，后排为陈榕林、王健民、牛凯

后第二排左起第三人为本书作者

前第二排左起第二人为本书作者夫人

左起：赵启、王成珍、崔正昀、

刘锡珍、王璞杰、张铁城、张连仲、

周祖威、杨金梅、安淑芝

院党委书记吴炳岳和市教委高教处处长张卫国

在庆祝学院教学督导组成立十周年大会上向督导组成员颁发荣誉证书

自左至右分别为周祖威、王成珍、张卫国、吴炳岳

晓耕录

周祖威◎著

天津社会科学院出版社

图书在版编目（CIP）数据

晓耕录 / 周祖威著. -- 天津 : 天津社会科学院出版社，2020.6（2021.5重印）
ISBN 978-7-5563-0643-5

Ⅰ. ①晓… Ⅱ. ①周… Ⅲ. ①教育工作—文集 Ⅳ. ①G4-53

中国版本图书馆 CIP 数据核字(2020)第 104434 号

晓耕录
XIAOGENGLU

出版发行：天津社会科学院出版社
出 版 人：张博
地　　址：天津市南开区迎水道 7 号
邮　　编：300191
电话/传真：（022）23360165（总编室）
（022）23075303（发行科）
网　　址：www.tass-tj.org.cn
印　　刷：永清县晔盛亚胶印有限公司

开　　本：787×1092 毫米 1/16
印　　张：24
字　　数：289 千字
版　　次：2020 年 6 月第 1 版 2021 年 5 月第 2 次印刷
定　　价：78.00 元

自 序

人生有许多的意外……

1960年，在河北大学数学力学系毕业时，没有想到自己会留校任教。

若干年后，也没有想到河北大学从天津搬迁到了保定。

更令人没有想到的是，1978年的春天来得特别早，3月18日召开了“全国科学大会”，迎来了科学的春天。当时，激动不已，步成拙句《忆江南·喜庆全国科学大会召开》：

春风起，拂煦暖心间。金色阳光撒大地，百花齐放满田园，能不喜春天！

我思故我在，宁静以致远。渐渐地，在“传道、授业、解惑”的教育园地，继续默默辛勤耕耘。

河北大学搬迁到保定时，绝大部分教职工的户口和家属还在天津。1983年，差不多我是数学力学系的最后一位，才从河北大学调回天津的。我来到当时的天津职业技工师范学院，在基础课部力学教研室任教。

人生也有太多的偶然……

1986年底，学院党委组织部部长找我谈话说，天津市高校就我校还没有正式成立教育工会，经研究推荐我参选学院教育工会主席。部长还说，高校的工会主席必须具有高级职称，而你今年正好评上了副教授，符合参选条件。我说，我性格内向，腼腆拘谨，不适合做这项工作。不管我怎样实话实说，都不管用，部长也不听我的解释。我心里直发憷，急得慌，还埋怨自己，要是今年我没评为副教授，不就没这事了嘛。事情往往就是这样，我阴差阳错地被选为了学校的首届工会主席（作为教师代表的兼职，我主要还是从事教师的教学工作），这一干就是五年。

无独有偶。1992年4月29日，工会任期届满后，我继续在基础课部力学教研室从事专职教学工作。心想，这回可心无旁骛地做个普通教师，潜心耕耘自己的教育园地了。而刚刚过了半年多，1993年2月5日，我又出乎意料地被学校任命为机械工程系系主任，这一干又是五年。1998年，已是花甲之年。船到码头车到站，本想这回下来，该好好歇歇了。

谁想，刚下来还没走几步，学校领导就拦着跟我说，你别走，还有事。说是，要我参加学校教学督导组的筹备工作。就这样，从1998年开始，参加了学校教学督导组工作，一直干到2017年初，干了差不多二十年。由教学督导组彻底"退休"时，已是七十九岁了，已近耄耋之年。

回顾过往，人生的轨迹，就像是由一个接一个的意外或偶然的足迹串连而成的。每一个意外和偶然，都会改变人生轨迹的走向，自然也会增添人生征途上许多奇异的景色。

诚然，没有绝对的意外和偶然。面对意外和偶然，要做出自己理性的选择，选择决定人生的走向和轨迹。

当然知道，人生的轨迹是自己一步一个脚印地走出来的。因而，在人生的路途上要走好每一步。路就在自己脚下，不论路有多难走，也要抬起头迈开腿，走出必须走的每一步，哪怕只是走出小小的一步。只要心怀信念，不懈努力，就会留下奋进的足迹，就会走向目标。只要坚持下去，就会走出自己，走出一个平凡而又实在的自己。

我是从山沟里走出来的，囿于一隅，自觉不聪明，还有点冒傻气。以至于，在河北大学毕业留数学力学系任教都近二十年了，有的领导还这样评价我："你有时傻的可爱，有时傻的可恨！"就是在目前这个学校，有的领导也这样评价我："你该说的说，不该说的也说！"我喜欢并愿接受这些玩笑似的评语，好像这些评语就是我"冒傻气"的"写真"。况且，傻气里似乎蕴涵着一种实在，这傻气可能痴心难改，我喜欢这种傻劲，这也是秉性的一种率真。"夜半呼儿趁晓耕"。好在，还算勤勉，我就是经常半夜被自己的心灵呼唤起来的晓耕夫，一个在教育园地躬身前行的晓耕夫。

"只顾耕耘，不问收获。智慧耕耘，总有收获。一分耕耘，双重收获。感恩耕耘，乐享收获。"这是我在不断耕耘自己园地中，日渐明晰的悟语。

该《晓耕录》，是我在教育园地耕耘半个多世纪，主要在天津职业技术师范大学，任教三十多年来的所学、所思、所为、所悟的点滴实录。其中，《教学篇》收录的是，在教育园地耕耘中，自己的心境和收获的几粒果实；《勤务篇》收录的是，在学校工会和机械工程系服务时，一些探索及追忆；《督导篇》收录的是，在教学督导工作中，服务的心得及务实的体验；《刍议篇》收录的是，在教育教学改革中，应约的文稿及即兴的文字。《潮弄篇》收录的是，被学生的激情所感染所作的一些交流，以及学生的若干信函；《心歌篇》收录的是，自上大学以来胡诌的一些诗词等。

这些，都算不了什么，也不想算个什么。

这些，只不过是在自己园地里，默默耕耘中留下的点滴印记而已。

这些，也是为了留下一点念想！

当然，如果有些东西还能给人些许启发，那我自然也会很高兴的。

逝者如斯，人生如歌。

谨以此《晓耕录》作为心灵的礼物，献给自己，献给在教育园地辛勤耕耘半个多世纪的自己，以感谢自己在耕耘中不断地认识自己、践形自己和成为自己！

并将此《晓耕录》作为心灵的礼物，献给时代，献给生而跨越丰富多彩的时代，以感谢时代对自己生命的点化、唤醒和润泽！

亦将此《晓耕录》作为心灵的礼物，献给贵人，献给在生命的不同阶段中，赐予机遇从而改变自己人生轨迹的贵人，以感谢贵人对自己的知遇、器重和相助！

又将此《晓耕录》作为心灵的礼物，献给同行，献给太阳底下最光辉的职业，以感谢古今中外先贤及侪辈的卓越智慧对自己的教化、滋养和启迪！

还将此《晓耕录》作为心灵的礼物，献给亲人及友人，献给在人生的旅途中，给予自己信心和力量的亲人及友人，以感谢亲人及友人对自己的关爱、相知和激励！

周祖威

2020年4月23日 天津

目　录

教学篇

勤务篇

督导篇

刍议篇

潮弄篇

心歌篇

教 学 篇

秋仲月，
喜迎佳日情思切。
情思切，
百年大计，
献身师业。

阳光普照滋春色，
耕耘园地滴心血。
滴心血，
芬芳桃李，
育人卓越。

——周祖威《忆秦娥·建立教师节述怀》

开篇语

本篇收录绝大部分的内容,或在公开场合交流过,或在报刊上发表过。其中,只有“启发式教学与《春夜喜雨》”没有公开过。本来,好几次都有点想拿出来与大家分享的冲动,但自己的惰性好像总在作怪——能自己享用就行了——结果都无动于衷了。不过,我还是挺喜欢她的,像可爱的孩子一样。

应当说明,不少文稿都是二三十年前的东西了,其理念和内容可能都落伍了。因为《晓耕录》是实录,所以文稿的内容还都原汁原味地保留了下来。这样,也可以从中看出自己教育思想和教学理念发展变化的脉络。不过,在整理成书稿的时候,有的文稿如《教师的特质——“三激活”》做了补充修改。本文,自认为是我这位“晓耕者”,在教育园地耕耘半个多世纪以来,有所点滴收获的集大成者。

做一个让人民放心的教师

——在全校"教书育人教学经验交流会"上的发言

各位老师，大家好！

教师是人类灵魂的工程师，也是教育改革的主人。在新的历史时期，怎样做一个让人民放心的教师，这是自己一直在思考和探索的问题。现在，向大家谈谈我对该问题的初步想法和点滴做法。

一、更新教学观念，培养智能人才

以前我讲课有个特点，就是内容讲得细，板书写得多，总想把自己所知道的东西都交给学生。这样讲，出现了这样的情况，就是学生看书的少了，思考问题的少了。

有的同学说："周老师，听了您的课，我就能做题，用不着看书，也很少看书。

还有进修班的同学说："周老师，您讲课的课堂笔记，就是我以后讲课的讲稿，回去备课不用着急了。"

后来，特别是学习《中共中央关于教育体制改革的决定》后，我就想，这样讲课到底好不好？动机与效果能一致吗？

从一时看，这种方法好像不错。但从长远看，从教育的目的看，这种方法是不好的。这是"填鸭式、满堂灌"旧的传统教学理念的反映。

旧的传统教育思想和教学方法，形成了重灌输，轻启发；重记忆，轻思考；重书本，轻实践；重知识，轻能力的教学理念。

教育的目的在于转化，在于把正确的思想、有用的知识、解决问题的能力，转化为使学生具有正确的思想、有用的知识、解决问题的能力。

教育真正的力量，不只是知识的积累，还是培养有独立思考能力的智能型人才。

在这种新的教学观念指导下，我在教学中进行了一些教学改革探索。

(一)实行三层次单元教学法，加强学科思想方法教学

为了改变过去那种教师讲、学生听，教师写、学生抄的"填鸭式、满堂灌"的教学方式，我实行了三层次单元教学法。

三层次单元教学法，是按教学单元(一般是指教材的一章)分三个层次进行教学的方法。第一层次是学科思想方法的教学；第二层次是学科知识的教学；第三层次是学科能力的教学。

学科思想方法生产学科知识，学科思想方法是学科知识的灵魂。加强学科思想方法教学，就能掌握学科知识的本质，就能更深刻理解学科知识。

有这样一件发人深省的事。一位学生在题为《理论力学的思想方法》的小论文中写道："在上第一节理论力学课时，我凭以往的经验，老师都是讲此门功课如何重要，这也许是老师仅有的一点自私吧。然而，我们这位老师强调的却是，学习理论力学要注意思想方法。听到这样的话，我甚至想笑出声来，学理论还要注意什么思想方法?"

看来，学生还没有认识到学科思想方法的重要性。接着，这位学生继续写道："在学习理论力学时，我开始注意老师讲的思路和思想方法。这样，使我对整个理论力学有一个综合的认识，并且对一个具体问题有一个明确的解决思路，这就加深了我对所学内容的理解。"他还深有体会地说："通过一年的学习，我明白了英国剑桥大学前副校长阿什比说的话是对的：'教师传授给学生最宝贵的本领，不是实在的知识，而是精神状态和思想方法。'"

由此可以看出，加强学科思想方法的教学，是既富魅力，又具效力的教学。

(二)开展"小论文"活动，培养独立思考的能力

为发掘学生的潜能，调动学生的学习积极性，培养学生的独立思考能力，我在教学过程中开展了"小论文"活动。

开始，学生对这个活动热情不高，担心搞不起来。后来，通过和学生座谈，大家统一了认识，纷纷行动起来，并收到了较好的效果。

在机8301班，有7名学生宣读了小论文，有的小论文还有一定的创见。如，有的学生用线性方程组"秩"的概念，来讨论静不定问题。这次活动后，

学生们认为:“小论文活动活跃了学习气氛,发挥了同学们的潜力,提高了学习积极性,学到了不少东西。”

在机 8401 班,小论文活动的水平有了新的提高。小论文的题目绝大多数都是学生自定的,小论文的数量也大为增加。其中,卢双盈的《理论力学结构浅析》、梅汉期的《几何在力学中的地位》、姚采琴的《理论力学的思想方法》、刘轶男的《关于复合运动的一点体会》、王彦辉的《理论力学中一些常见错误分析》、卜中辉的《从牛顿第二定律到基本定理》等,都有一些闪光的思想。

(三)实行“鼓励分”,培养智慧思维能力

所谓“鼓励分”,就是在平时测验或期末考试中,对某项试题有独特而正确解法者,除得本题应得的分数外,还可得到一定的附加分数。

一般,每次考试可有一至两个“鼓励分”,每个“鼓励分”最多为附加 5 分。这种“鼓励分”,一般很难得到,只有少数同学能得到或部分得到“附加分”。

这种“鼓励分”的方法,是从美国的教学方法中学来的。在美国,一道数学题,如果不按教师的方法做出来,可以特别加分。而在我国,往往不加分,甚至扣分。

受此启发,在每次试题中,总要选配一至两个既具有一定难度又具有灵活解法的带附加分的试题。以此,鼓励同学们“自作聪明”,发挥创造性,养成智慧思维的能力。

上面谈到的一些做法,很不成熟,还在探索中,但已得到了学生们的鼓励和支持。为了获得信息反馈,我在机 8401 班进行了一次无记名的《理论力学教学问卷调查》。

调查结果表明:全班有同学 40 人,对于“鼓励分”感兴趣和比较感兴趣的有 29 人,占 72.5%;对“小论文”活动感兴趣和比较感兴趣的有 36 人,占 90%;实行单元教学法后,加强了实践性问题的讨论,对此感兴趣和比较感兴趣的有 37 人,占 92.5%。

在期末《理论力学》考试中,试题有 60%是近几年来招考硕士研究生的原题(静力学与运动学部分)。考试结果,全班得 90 分及其以上的有 6 人,占 15%;得 80—89 分的有 13 人,占 32.5%;得 70—79 分的有 9 人,占 22.5%;得 60—69 分的有 6 人,占 15%;得 60 分以下的有 6 人,占 15%。这个结果,比我预想得要好。

二、多付出些爱心，既教书又育人

问卷调查结果还表明：课堂上记笔记的有 31 人，占 77.5%，有时记笔记的有 9 人，占 22.5%；课堂上思维有时超前的有 7 人，占 17.5%，思维能跟上的有 17 人，占 42.5%，思维有时滞后的有 16 人，占 40%；能独立完成作业的有 17 人，占 42.5%，基本上能独立完成作业的有 20 人，占 50%，不能独立完成作业的有 3 人，占 7.5%；做作业自我感觉是一种享受的有 6 人，占 15%，有时是一种享受的有 22 人，占 55%，有一种紧张感的有 12 人，占 30%。

从这些统计数字可以看出，在课堂听讲、完成作业等基本学习环节上，做得好的和比较好的学生是大多数。努力学习是我校大学生的主流学习气氛，这是我这次问卷调查所得到的更加明确的认识。有了这样的认识，就增强了我们做好本职工作的信心和力量。

由于种种原因，不可否认，目前在学生中确实存在一些不尽人意的地方。对这些不尽如人意的地方，怎么办？是埋怨还是发牢骚？

我想，作为一个人民教师，应该发挥教师的主导作用，做到既教书又育人。对学生要多一点关爱，少一点埋怨，要有的放矢地调动学生学习的积极性。精神文明建设是一个系统工程，教书育人是这个系统工程中的一项重要工程。人需要理解、信任、尊重和帮助。教师对待学生，哪怕是一次不经意的鼓励和关怀，都可能对学生产生深远的影响。

一次，我问一个学生："你对开展小论文活动有没有兴趣？"他直捷了当地说："没兴趣。""那你对什么有兴趣？""对踢球有兴趣。"我因势利导："球可以踢，书也得好好念啦。"他又很坦率地说："对付 60 分就行了。"他的坦率反而使我对这个"没兴趣"的同学产生了兴趣。接着，我们又谈了起来。我说："兴趣归兴趣，你先说说，开展小论文活动有没有必要？"他说："必要是必要，就怕开展不起来。"我说："好，你认为有必要就行，先'从我做起'，你做准备吧。"

这位同学的担心不是没有道理的。凡事预则立，不预则废。同学中蕴藏着潜在的积极性，就是想通过举办"小论文"活动，把同学们的学习潜能进一步调动起来。有了统一认识和充分准备，"小论文"活动顺利开展起来了。结果，这位"没兴趣"的同学，在小论文报告会上，踊跃地宣读了自己的小论文。这位同学，是属于有能力的，但对自己要求不高。因而，应该提出更高要求，鼓励他不断进取，以获得更多的教益。

又一次，有一位同学，交第一次作业时，发现他做题的思路很清晰，我就在他的作业上写了一个“好”字。

可是，过了一段时间，这位同学不及时交作业了，而且有时还不来上课，期中测验也不及格。我向班上同学了解情况，说他有点小聪明，平时不怎么念书，就靠期末考试临时突击。

我就找他谈心，他承认了自己的毛病。我又给他提出了三条要求：一要听课，二要按时交作业，三要争取期末取得好成绩。

后来，这位同学的学习态度有了明显好转，期末考试取得了较好成绩，第二学期还撰写了小论文。该同学学习态度有问题，但教师不能任其自流，要严格要求，因势利导。

还有一位同学，平时学习很努力，作业做得也还可以，可是期末考试却考了 43 分，觉得有点不对劲。

开学初，我约他到办公室，了解一下学习上有什么困难。他说，他是自学高中课程后考入大学的，基础不是很好。我问他平时做作业困难吗？他说有些困难，有时实在做不出来就参考《习题解答》之类的书。

这位同学是属于学习比较努力，但方法有问题，应给予指导。要求他力求独立完成作业，不要去看《习题解答》。这学期，这位同学无论是作业还是考试成绩，都有了不小的进步。

爱心是多种多样的。理解是爱，信任是爱，尊重是爱，帮助是爱，严格也是爱。教师应该是爱的播种者，要把爱献给自己的事业，献给自己的学生。

在问卷调查中，对于“你喜欢什么类型的教师？”同学回答，喜欢“理解同学心情，引导同学自由发表意见，幽默慈祥的交流型教师”的有 35 名，占 88%；喜欢“热心教学，热心课外活动”的事业型教师的有 5 名，占 12%；没有一个学生喜欢“不愿学生发问，像一架教书机器”的内向型教师。

可见，20 世纪 80 年代的大学生，绝大多数喜欢交流型教师，师生之间并不存在不可逾越的鸿沟。他们与教师有许多共同点，他们热切地希望得到教师的关爱和帮助。20 世纪 80 年代的大学生是可爱的，和他们在一起，自己也觉得年轻了许多。

1985 年春节，机 8301 班有许多同学来家拜年，这让我很高兴。只要怀着深情的爱，辛勤地耕耘自己的园地，就会有欣慰的收获。

三、提高自己素养，适应教改需要

教育改革对教师提出了更高的要求，为适应教育改革的需要，作为一位教师，就要不断提高自己的素养。

首先，要提高自己的思想素养。这就要求自己忠诚人民的教育事业，努力贯彻党的教育方针，热爱本职工作，积极进行教学改革的探索。反复学习重要文章，并注意国内外的教改动向。这两年，我把二十多年来积累起来的有关教育的剪报资料，汇集成《教育卷》《教学卷》《教师卷》等专集，以便从中汲取营养，促进教学改革工作。

剪报资料

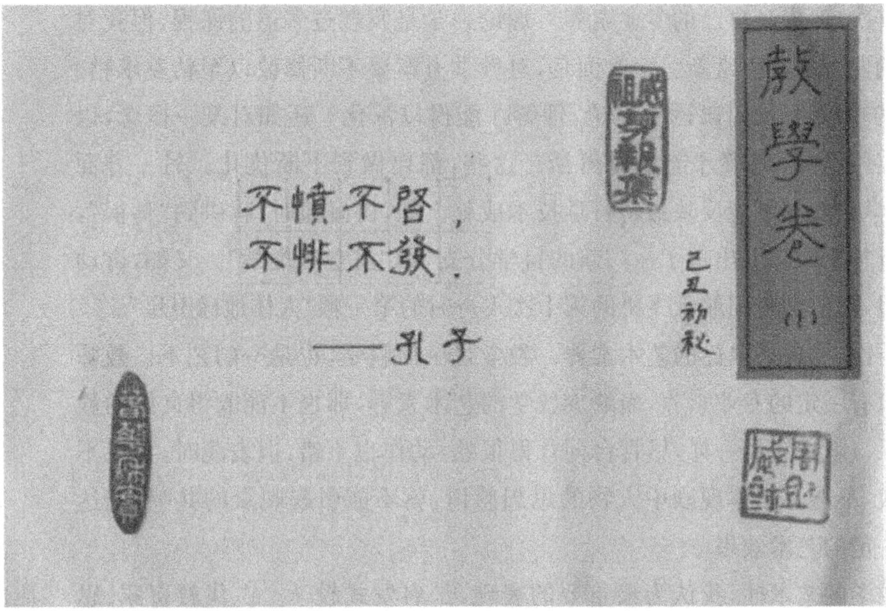

剪报资料

1962.9.29 光明日報 ·3·

談談"讲深讲透"

南开大学物理系教授 陈仁烈

教师们都知道，课堂讲授必须作到讲深讲透，使学生对于教学内容能够深入理解，而且进一步能够灵活运用。但是对于"讲深讲透"，可能还有一些不同的理解，现在提出来谈谈，请同志们指正。

第一，讲深讲透不是讲得深，讲得难懂；相反地，讲课应该努力作到讲得浅，"深入浅出"，引导学生深入理解。"浅出"是很重要的。讲课是讲给学生听的，要学生能够接受，能够理解，就必须从学生的实际出发，从学生原来的水平引入门，往上提高。对于课堂上要讲的科学知识，教师当然是先入了门，好像是在室内，而学生还在室外。教师要通过讲课把学生引入室内，就要开开门，引导学生一步一步走进门来。倘若教师不给学生开门，只自己在室内大讲室内如何如何，甚至讲到楼上如何如何，学生仍然站在门外，何从理解。学生听这样的讲课，自必收获很少。往往要等到复习自学以后，才恍然大悟：原来教师讲的是这个；但是已经走了一段冤枉路，浪费了不少时间。因此，对学生讲课必须"浅出"。教师要作到讲课"浅出"，必须自己先"深入"，这就是"深入浅出"的本来意义。教师必须先深入钻研内容，钻研有关的参考书，自己提出问题反复论证，还要多动手运算练习，操作实验等。教师要作到了懂十分，讲一分。这样，讲的这"一分"，才是用通俗、生动、形象化的语言表达出来的深入的理论知识。倘若只是懂一分讲一分，那就是"浅入浅出"，一定讲得不深不透。先"深入"再"浅出"地讲授，才能引导学生由浅入深，深入事物本质，抓住主要矛盾，学会深刻分析问题的本领。

第二，讲深讲透不是讲得面面俱到，巨细无遗，以致包办代替了学生的认识过程；相反地，应该努力作好创造条件，使学生能够自己思考问题，在脑子里形成基本概念，在这基础上复习和继续学习，逐步掌握透彻理论知识。教师们常说基本概念很重要，企图"教"好基本概念。其实，学生脑子里的概念不是"教"出来的，而是认识后自己形成的。教师的责任在于创造良好条件，从实践出发，介绍给学生许多引起感觉的印象的材料，促进学生脑子里发生一个认识过程的突变，才能够形成概念。正如毛主席在《实践论》中说的："社会实践的继续，使人们在实践中引起感觉和印象的东西反复了多次，于是在人们的脑子里生起了一个认识过程中的突变（即飞跃），产生了概念。"教师必须善于运用感性材料，密切注意如何讲课才是更有利于学生在脑子里起突变，生概念。所谓科学的抽象，就是要从一切现象所生的感觉和印象里抽出概念。因而概念已经不是形象，虽然概念不能脱离形象而产生。在学生已经自己形成概念以后，教师才能够运用概念进行推理和判断，才有讲深讲透的基础。

第三，讲深讲透不是"一竿子到底"，一次解决问题；相反地，讲课还必须按照循序渐进、逐步深入的学习规律进行。"讲透"不是一次讲到底，因为学生学习科学知识有一定的认识过程，有些基本概念必须学生在复习自学、深入思考以后才能够掌握。另有些基本概念牵涉的面比较广，前后有联系，还会在学习过程的不同阶段先后反复出现，然而每一次反复并不是回头重复，实在是螺旋式上升，"更上一层楼"。教师和学生不能够在第一次遇到这种概念时就企图"一竿子到底"，搞深搞透。教师这样作就是拔苗助长，没有效果，学生这样作就会多走冤枉路，浪费时间。教师要善于抓住前后联系，根据不同阶段和不同课程的学习要求来确定讲深讲透的适当程度，才能够提高课堂效率，引导学生循序渐进，逐步深入，把教学内容真正搞深搞透。

教学杂谈

1962 年 9 月 29 日《光明日报》的剪报资料

其次，要提高自己的专业素养。理论力学是我教过多遍的课程，但我对自己的要求是常讲常新。一方面是，对教学方案要不断修改以至精益求精。如对某一知识点，何以诱发讨论，理解才能得以深化？还如对某一概念，以何种实例诠释，理解才能得以鲜活？这些，都要做到不断优化。另一方面是，教学内容尽可能反映最新科学技术成就。如，讲碰撞时，就讲到“鸟祸”，讲到近年来国际上出现了一门新的科学分支，即“航空鸟类学”。又如，讲动量定时，就讲到美国航天飞机的第十次飞行时的第一颗“人体地球卫星”。

再次，要提高自己的艺术素养。教学是一门科学，也是一门艺术。教师如果只有一定的专业素养，而缺少教学的艺术素养，那也不能取得良好的教学效果。就像演员一样，尽管台词背得很熟，动作也不错，但表演时，如果不能入戏，不能深切体现剧中人物的思想感情，就不能引起观众的共鸣，就达不到一定的艺术效果。

教学的艺术性，我认为最重要的表现，是启发式教学。古代教育家、思想家孔子说：“不愤不启，不悱不发。”孔子是启发式教学的开山鼻祖。

孔子说的意思是：不到学生心求通而未通之时，不启发他；不到学生口欲言而未能言之时，不开导他。也就是说，要让学生先达到“愤”“悱”的状态，再去启发他、开导他。

怎样才能使学生处于“心愤愤”“口悱悱”的状态呢？这时，教师就要发挥主导作用，引发学生自主思维。

怎么引发呢？我的体会是，通过质疑的方法。质疑最能引起定向探究反射，疑能激思。

例如，在讲质点系动力学基本定理这一单元时，我先给同学们提出了这样“一点思考”：既然质点系是由质点组成的，而质点动力学的问题已经有了圆满的解决办法，那么可不可以按质点动力学的思想方法，来逐个质点地解决质点系动力学问题呢？

这个问题一提出，大家好像感到有些茫然。这到底可以不可以呢？这样，学生就处在了“心愤愤，口悱悱”的状态。通过引导共同分析，大家认识到这样是不可以的，是行不通的。

接着，我又给学生引出了“一点回忆”：刚体运动学的思想方法是什么？大家明白：是从刚体整体出发，根据刚体的物性和运动形式，把刚体的运动化为有限个质点的运动，进而描述刚体及其上的点的运动的几何规律。

由是，引导同学从中得到“一点启示”：对于质点系动力学问题，能不能像刚体运动学那样，从整体出发来研究呢？借助于这种联想的启发，意识到这不仅是可能的，而且是必要的。

最后我明确提出“一点认识”：从质点系整体出发，建立质点系整体的运动特征量与力的作用量之间的因果关系，这就是质点系动力学的思想方法。

这样，通过“一点思考”“一点回忆”“一点启示”“一点认识”的逐步质疑，就像剥笋一样，一层层地打开学生思维的闸门。从而，步步逼近，水到渠成，使学生自然而然地明确了质点动力学的思想方法。并且，师生都从中感受启发式教学的艺术魅力。

以上是我在教学实践中的一些探索，这些想法和做法可能有不当的地方，诚望大家多加批评指正！

谢谢大家！

（1986 年 9 月 26 日）

注：

1986 年 10 月 15 日，由天津市高等教育局安排，并应原天津大学纺织分校之邀，本文内容以《教书育人 为人师表》为题，向该校教师做了交流；

1986 年 10 月 23 日，由天津市高等教育局安排，并应原天津轻工业学院之邀，本文内容以《教书育人 为人师表》为题，向该校教师做了交流。

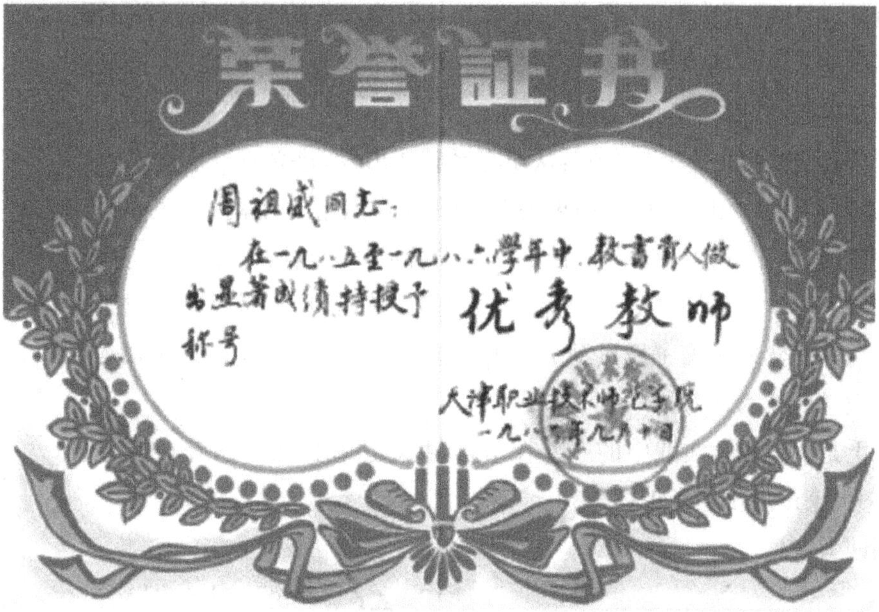
荣誉証书
周祖威同志：
在一九八五至一九八六學年中，教書育人做出显著成绩，特授予
优秀教师
称号
天津職业技术师范学院

荣誉证书
授予周祖威同志
一九八六年度天津市高校系统
教书育人先进教师称号
天津市高等教育局

荣誉证书

育人与爱心

——试论教师的心理素养

教师是太阳底下最光辉的职业，教书育人是教师的天职。教书育人是一门科学，也是一门艺术。作为人民教师，怎样才能做好教书育人，这是需要广泛和深入研讨的大课题。本文从教育学和心理学的角度，结合教学实践，论述爱心是教师应具有的重要心理品质，以及教师的爱心在育人中的地位和作用。

（一）

教书育人，是教师通过各种各样的教学活动，把学生培养成有理想、有道德、有文化、有纪律的社会主义人才的过程。

教学是教师育人的主要途径。教学活动是教师与学生的动态人际交流过程。这种交流，包含着两个层次。一个层次，是知识、智能的信息交流。另一个层次，是理解、情绪的情感交流。这两个层次的交流是同时产生的，并且相互作用。信息交流是情感交流的载体，情感交流是信息交流的动力。信息交流是在情感交流的氛围中进行的，知识、智能的传递是以心理间的积极影响为条件的。当情感交流融洽和谐的时候，信息交流就得到加强和充实。正是在教与学的这种交流过程中，师与生的思想、情绪得以相互感染，知识、智能得以分享，从而实现教书育人。

爱心，是一种情感，是内心产生的行为动力。教师的爱心，就是爱学生，爱自己，爱事业，一往情深地教书育人，为人民培养“四有”人才。

教育家第斯多惠说过：“我们认为教学的艺术不在于传授的本领，而在于激励、唤醒、鼓舞。”越来越多的经验表明，教师充满爱心，具有情感交融的教学，是富有活力的教学。它不仅给学生带来知识面的开拓，智能上的启迪，而且还会给学生带来人生哲理的有益思索。而缺乏情感交流的教学，是“贫血”的教学，它会使学生“发育”不良，不足以使教书育人富有成效。

教师的爱心，是重要的心理品质，是比母爱更伟大的爱，是教书育人的出发点。

（二）

古今中外，一些伟大的教育家、思想家、革命家都十分强调教师对学生要付出一片爱心。

我国古代伟大的思想家、教育家、世界文化名人孔子，是长期从事教育工作的教师，被人们称为“至圣先师”。孔子的德育是重“仁”。“仁者”“爱人”“惠人”。意思是说，“仁人”所具有的品德应是，从爱人的思想出发，谦虚谨慎，勤勤恳恳地为他人服务。尽管其所处的社会和思想境界与我们不同，但孔子强调教师应具有爱心的思想内核是十分清楚的。

大学生处于心理上逐渐成熟的时期，特别是面临变革时代的大学生，往往会产生种种心理上的冲突和困惑。如，由理论和现实的矛盾，而产生信仰的困惑；对改革期望过高又代价意识不足，而导致对改革的困惑；对个人成才的期望和对知识的贬值的忧虑，而产生对成才标准的困惑；强调自我但难以超越自我，抱有鸿鹄之志却回避燕雀之劳，而产生对个人价值的困惑等。因此，当代大学生心理上往往存在希望被人理解的强烈愿望，希望被人爱的迫切需要。

爱学生，就是理解学生，尊重学生，关心学生，创造和谐的育人氛围，引导学生健康成长。

爱是一种理解。要理解学生，就得先了解学生。了解学生，一是了解个性——你的学生是个怎样的人；二是了解共性——当代大学生的心理特点。为此，教师要关心改革的形势，要了解在改革的社会大环境中大学生的理想、道德、观念等。还要通过课堂教学、评点作业、课下谈心等教学环节了解学生的思想、性格、志趣等。必要时，可将学生的情况记入教学手册，以便对学生的状况进行动态分析。这样，在了解学生的基础上，就能理解学生的处境、心情和行为。

爱也是一种尊重。爱默森说：“教育成功的秘密在于尊重学生。”心理学家认为，自尊是人的基本心理需要之一。大学生正处在主体意识的成熟期，对不平等的师生关系有着本能的抵触情绪。因此，教师爱学生，就要尊重学生，尊重学生的观点、价值和自尊，尊重学生的感情、人格和品行。在教学过程中，教师要坚持民主作风，以真诚、热情、平等的态度，唤起学生的自尊和进取精神。

我上课时，一次提问，一个学生没有答上来。

这时，我没有歧视的态度，而是以沟通的口吻问学生："能不能告诉我，你刚才对这个问题是怎么想的？"

他回答："我没想。"

我接着说："想不好没关系，我们可以讨论。没想，这可不好。"

我没有再说什么，就让他坐下了。

出乎意料的是，从此以后，这位学生变了。他听课很认真，而且有时还能跟着老师的思路走，并不时地表露出会心的微笑。

又一次提问，他的回答比我想象的还要好得多。这时，我动情了，眼睛为之一亮，一股热流涌向心头，我激动又欣慰。

后来，我问这位学生："自那次提问后，你好像变了，是吗？"

他说："是的。"问他为什么时，他说："再答不上来，有些不好意思，也是对老师的不尊重。"

他还深有所感地说："老师，我不仅从您那里学到了知识，还从您身上学到了很多做老师的品质。要是都像您这样，那该多好啊。"

学期结束，这位学生本门课程考试的成绩出奇的好，是全班唯一的一个满分。

这件事情引起了我深深的思考：只要教师真诚尊重学生，真心爱学生，学生就会真诚尊重教师，真心爱教师。

教师的爱心会产生一种动情效应，形成爱的双向交流。正如马克思所说："只能用爱交换爱，只能用信任交换信任。"

爱无疑也是一种关怀。当代大学生的思想道德具有双重的特点：思想活跃与思想混乱并存，理想主义与实用主义并存，崇尚自我与依赖他人并存。作为教师，不要责怪、埋怨、嫌弃他们，而要如实地承认这种双重性，并针对他们的特点，关心、引导他们正确认识自己，正确认识社会，充分发挥自己的优点，克服自己的缺点，促进他们健康成长。

一段时间内，经商赚钱成为大学生的一个热点。一个学生，一次没来上课，问他为什么没来，他说，想赚点钱，找老同学商量做买卖的事去了。我跟他谈，学生要以学为主，不能不上课。他听不进去，似乎赚钱的欲望使他不能自拔，接着又几次没交作业。结果，这门课程期中测验只得了20分。这以后，我多次找他谈："不要急功近利，要看得远一点，要珍惜大学时期的学习生活。"还给他讲："未来是全面竞争的时代，现在年轻人要把握自己，充实自己，完善自己。"渐渐地，他安心学习了，不再去"折腾"了，补交了作业，期末考试取得了较好的成绩。后来我不再教这个班了，这个学生还经常来找我谈心，说谈了后觉得心里舒畅。

"严者爱之"，"爱之深，责之严"。将深沉的爱与严格要求结合起来，这是一种高层次的爱。爱是严的出发点，严是爱的一种手段。只有以"爱"动其心，以"严"导其行，才能更好地育人。教师要从爱心出发，在思想、学习、生活等方面严格要求学生。严格要求有时表现为对犯错误学生的严厉批评，但这种严格要求，除了要从爱出发外，还要考虑到学生的心理承受能力和性格特点等，这样才能让学生心悦诚服地接受教师的爱心。否则，将事与会愿违。

一份爱心，一分力量。爱的力量是永恒的。一旦学生真正感受到教师的爱心，学生就会把这种爱珍藏在自己的内心深处，并使这种爱不断地升华，转化为与教师期望相适应的自觉行动。

（三）

爱自己，就是教师要自珍自爱，为人师表。

教师在教育活动中起着主导作用。教师的主导作用，集中表现为教师是学生心理发展的重要影响源。学生在学校所受的影响是多方面的，其中教师的影响最重要。古人说："师者，人之模范也。"

教师高尚的人格和优良的心理品质，不仅可以影响学生的学校生活，还可以改变他们的将来，影响他们的一生。数学家华罗庚不止一次地说过："我能取得一些成就，全靠我的老师栽培。"古往今来，这样的例子不胜枚举。

教师对学生的影响是全面的，教师的精神风貌、意志品质、学术水平、教学能力、气质性格、兴趣爱好、仪表仪态等，都会对学生产生影响。积极的影响是这样，消极的影响也是这样。

师系生魂。教师要成为真正的"培养下一代的灵魂工程师"，就必须自珍自爱，为人师表，重视自己的楷模作用。"善为师者，既美其道，又慎其行……"

自珍自爱，就要不断提高自己的政治素养、思想素养、业务素养和心理素养，增强教书育人的能力。自珍自爱，就要既重言教，又重身教，时时、事事、处处起到表率作用。

教师的自爱，会对学生产生潜移默化的积极影响，能提高教师在学生心目中的威信和“楷模”形象，进而转化为学生对教师的爱。

“爱人者，兼其屋上之乌。”学生对教师的爱，可以迁移到与教师有关的事情上去。学生爱一个教师，往往会爱这个教师所教的课程，爱听这个教师的话，甚至爱这个教师的一举一动。正所谓“亲其师，信其道”“乐其道”。这样的例子，也不少见。

爱事业，就是对人民的教育事业竭诚尽心，一往情深。教师对学生的爱，对自己的爱，来自教师对人民教育事业的赤诚。教师对人民教育事业爱得越深越执着，就越爱自己，越爱学生，就能满腔热情地教书育人。

爱学生，爱自己，爱事业是教师的爱心不可分割的有机组成部分，是爱心的辩证统一体。爱事业是育人的基础，爱自己是育人的关键，爱学生是育人的出发点。只有教师充满爱心，才能更好地教书育人。

教师的爱心，是教学规律的需要，是学生生理和心理发展的需要，是教书育人的需要，是培养“四有”人才的需要。爱心是教师不可缺少的重要心理品质。爱心是一团火，教师要不断提高自己的心理素养，以自己的爱心之火点燃学生的生命之火，为社会主义祖国培养更多、更好的“四有”人才。

注：本文发表于《天津职业技术师范学院学报》1991年第1期。

加强学科思想方法教学的认识与实践

——兼述"三层次单元教学法"

为培养智能型人才，在教学过程中，我实行了加强学科思想方法教学的三层次单元教学法，并取得了较好的教学效果。本文就此谈谈自己的认识和实践。

（一）

任何一门学科都包含着学科问题、学科知识、学科方法和学科思想。学科问题是学科知识的生长点，学科知识是学科问题研究中形成的理论体系，学科方法是研究学科问题的行为方式，学科思想是研究学科问题的根本想法，也是对学科知识和学科方法进一步概括而形成的基本观点。学科的问题、知识、方法和思想是相互依赖、相互渗透、相互联系的辩证统一体。

可以这样说：学科问题是产生学科思想、方法和知识的基础；学科思想比学科知识更概括、更本质，是学科方法的进一步升华，是学科的灵魂；学科思想方法（学科思想与学科方法的统称）是研究学科问题的手段，学科知识是研究学科问题的结果；学科思想方法产生学科知识，学科知识蕴涵着学科思想方法。

学科思想方法在学科中具有重要的地位和作用。匈牙利哲学家贝拉·弗格拉希说："科学本身一方面是合乎方法的思维的应用，另一方面是理论，过去人们把科学仅仅理解为理论。""科学一方面是方法，另一方面是理论；它是二者的统一而不是同一。"

纵观科学发展史，学科思想方法的新突破，总会带来学科知识的新发展。以力学为例，简而言之：牛顿的以时空、质量绝对化及物体运动的"因果律"的思想和微积分的方法，建立了牛顿力学；拉格朗日的用位形空间描述力学系统的思想方法，产生了优于牛顿力学的拉格朗日力学；哈密顿的以“最优化”的思想方法，形成了继往开来的哈密顿力学；爱因斯坦的以时空、质量非绝对化及“引力几何化”的思想方法，创立了划时代的相对论力学（几何力学）。

凡是在科学上做出重大贡献的革新家，都十分重视学科的思想方法。这里录用几句名言：

“科学要是没有认识论，那就是原始的混乱的东西”（爱因斯坦）；

“最有价值的知识是方法的知识”（笛卡儿）；

“对学生来讲，会计算，能记住，考试考得不错，都不是最重要的……最重要的是要有好的物理思想”（李政道）；

“中国的学生知识太多，活的思想太少了”（杨振宁）；

“认识一位天才的研究方法，对于科学的进步……并不比发现天才本身更少用处。科学研究的方法经常是极富兴趣的部分”（拉普拉斯）；

“方法是最主要和最基本的东西”“有了良好的思想方法，即使是没有多大才干的人也能做出许多成就。如果思想方法不好，即使有天才的人也将一事无成”（巴甫洛夫）。

可以看出，加强学科思想方法教学，对培养智能型人才具有十分重要的意义。

其一，加强学科思想方法教学是学科本身全面教学的需要。学科思想方法与学科知识的辩证统一性要求我们在教学中，既要注重学科知识的教学，又要突出学科思想方法的教学。这样全面的教学，使学生在学习学科知识的同时，也了解学科的产生和发展的过程。因而，才能实现马克思所说的，把学生的学习过程作为知识的再生产的过程。

其二，加强学科思想方法教学是发展学生智能的一条重要途径。人的智慧和能力不仅在于拥有知识，而更在于拥有获取知识和应用知识解决问题的能力。学科知识的教学是传递信息的教学，而学科思想方法的教学是形成观点和养成能力的教学。因此，为发展学生智能，后者比前者更重要。“授人以鱼，不如授人以渔”“一个差的教师给人们传授真理，而一个好的教师教会人们发现真理”，中外人士所说的也是这个意思。

其三，加强学科思想方法教学是提高学生科学方法论修养的有效方式。科学方法论以唯物辩证法作指导，是打开真理之门的钥匙。学科思想方法是科学方法论的基础，因而加强学科思想方法教学的过程，就是提高科学方法论修养的过程。无疑，这对培养智能型人才是必不可少的。

（二）

每门课程都属于相应学科的一个分支，每一学科思想方法对其分支的每门课程的思想方法具有指导作用。但每一门课程因其研究的对象或研究的问题不同，其思想方法的内涵也有所不同。学科思想方法是学科知识的升华和更本质的概括，只有对学科知识的产生和发展有更深入的了解以及科学的分析，才能概括出学科的思想方法。

高等院校相关专业基础课程《理论力学》的学科思想，可以概括为以下三种：

(1)因果律思想。这是牛顿力学的基本思想，它是以牛顿的力和加速度关系定律为基础，着力于研究在某一瞬时力学系统运动的因果关系；

(2)分解合成思想。这主要表现在力、力系、及质点、刚体、质点系运动等的分解与合成上。这是对立统一观点在研究力及运动时的一种反映；

(3)简化优化思想。这主要体现在经典分析力学中。一是体现在以能量观点，通过消约束和换坐标，得到简便有效的拉格朗日方程中。二是体现在以能量观点，通过变分方法，以某一泛函或函数具有极值为准则，从系统的可能运动中挑出真实运动的变分原理中。

《理论力学》的学科方法可分为三类：

(1)抽象化方法。它是指从感性认识上升到理性认识的一种认识方法。《理论力学》的理想模型(质点、刚体、质点系等)、基本概念、基本定律及其理论体系都是通过科学抽象才建立起来的；

(2)公理化方法。它是以公理为基础建造理论体系的方法。牛顿力学是以牛顿定律为公理的力学体系，拉格朗日力学是以虚功原理为公理的力学体系，哈密顿力学是以哈密顿原理为公理的力学体系；

(3)逻辑方法。它是以概念、判断、推理等思维形式进行严格论证的方法。主要包括归纳与演绎的方法、分析与综合的方法、从抽象上升到具体的方法、逻辑与历史相统一的方法。《理论力学》通过逻辑方法得以成为严谨的理论体系。

在《理论力学》的教学中，为突出学科思想方法，根据学科问题或学科思想方法的不同，将教材内容分为若干教学单元。我们将教材内容分为几何静力学、分析静力学、点的运动学、刚体运动学、复合运动、质点动力学、质点系动力学基本定理、达朗伯原理、拉格朗日方程及动力学专门问题等十个教学单元，并在《理论力学》总的思想方法的指导下，明确各教学单元具体的思想方法。

如几何静力学与分析静力学两个教学单元，虽然都是研究物体的平衡规律，但是其思想方法各不相同。前者是以力的观点和力系合成的思想，用几何的方法，得到刚体平衡的充要条件。而后者是以功能的观点和消约束和换坐标的简化思想及虚功取极值的优化思想，用变分的方法得到质点系平衡的充要条件。

(三)

为加强学科思想方法教学，我们实行三层次单元教学法。三层次单元教学法是从教学单元整体出发，分三个层次进行教学的方法。第一层次是学科思想方法的教学，第二层次是学科知识的教学，第三层次是学科能力的教学。

学科知识是一条宏观线索，容易认识和把握，而学科思想方法是隐含在学科知识中的一条微观线索，不易发现和把握。因此，在教学中有必要将教学单元的学科思想方法教学，作为单元教学的第一教学层次，首先由教师通过引导、诱发向学生挑明该教学单元的学科思想方法，使学生一开始就明确该教学单元的学科思想方法。这样，在该教学单元学科思想方法的引领下，再进行该教学单元的第二层次(学科知识)和第三层次(学科能力)的教学就能顺理成章、层层深入。

在该教学单元的第二层次和第三层次教学中，由于该教学单元的学科思想方法深入到以学科知识和学科能力为主体的单元教学过程中，使得基本思路逐步具体化、清晰化。从而，使学生既能更好地理解和把握该教学单元的学科思想方法，又能更本质地理解和掌握该教学单元的学科知识。学科思想方法是纲，学科知识是目，纲举目张。

例如，在质点系动力学基本定理单元的教学中，通过引导和分析，我们首先明确质点系动力学的思想方法是：在反映牛顿力学“因果律”思想方法的牛顿运动定律的基础上，从质点系的整体运动出发，研究质点系的整体运动的因果关系。

质点系的整体运动往往是很复杂的，而质点系的整体运动又常常是有特征的。至此，我们进一步明确了质点系动力学的思想方法是：在牛顿运动定律的基础上，从质点系的整体运动出发，建立质点系的整体的运动特征量与力的作用量之间的关系，从而揭示质点系运动的普遍规律。

而质点系的整体运动的特征量有动量、动量矩和动能，作用于质点系的力的作用量有力系的主矢、主矩和力系的功等。建立质点系整体的运动特征量——动量、动量矩和动能，分别与作用于质点系的相应的力的作用量—力系的主矢、主矩和力系的功之间的关系，就得到了质点系动力学三个基本定理，即动量定理、动量矩定理和动能定理。

通过这样层层逼近，步步深入，学生对于质点系动力学三个基本定理的思想方法的来龙去脉，不仅能知其然，而且能透彻地知其所以然了。

加强学科思想方法教学，使师生的精神状态进入自由王国的境界。在这种境界里，师生都站得更高了，看得更远了，有一种“会当凌绝顶，一览众山小”的感受。在这种境界里，教师讲起来，胸有成竹，挥洒自如，左右逢源，得心应手，是一种精神上的享受。在这种境界里，学生听起来，不仅能知其然，还能透彻地知其所以然，也是一种精神上的享受。

加强学科思想方法教学，激发了学生学习的兴趣和积极性。在就加强学科思想方法教学而进行的无记名问卷调查中，全班 40 人，回答“感兴趣”和“比较感兴趣”的有 36 人，占 90%；回答“是一种享受”和“有时是一种享受”的有 28 人，占 70%。

加强学科思想方法教学，提高了科学思想方法修养。一位学生在题为《理论力学的思想方法》的小论文中写道：“英国剑桥大学前副校长阿什比说：‘教师传授给学生最宝贵的本领，不是实在的原理，而是精神状态和思想方法。’我明白了阿什比的话是对的，这也是我学习理论力学的体会。”

这是我在加强学科思想方法教学方面的一些探索和实践，愿与大家分享，并敬请诸位不吝赐教！

注：

本论文的精简稿，发表于《力学与实践》，第十五卷第六期，1993 年；

本人的教学研究成果《三层次单元教学法》，获 1996 年学院优秀教学成果二等奖；

本人分别于 1997 年 5 月 8 日、9 月 19 日、12 月份，应我校原计算机系、自动化系、机械系之邀，就《三层次单元教学法》向这些单位的教师做了交流；

本文应约以《授人以鱼，不如授人以渔——简述“三层次单元教学法”》为题，于 1998 年 1 月 5 日，全文刊载在我校校刊《技术师院报》第二十五期第三版上。该报为此还发了编者按，称“教授们将自己呕心沥血的教与学的经验毫无保留地传授给大家，体现出了他们无私关心下一代，为祖国的建设事业甘为人梯的精神。全院同学对此深表感谢!”；

本文承蒙计算机系佟庆余教授的厚爱，他在上述校刊上同时发表了题为《“点学成金”之术——评周教授“三层次单元教学法”》一文，本人不胜感激。作为附件，一并收录。

获奖证书

技术师院报　爱国　敬业　团结　创新　一九九八年　第三版　第二十五期

编者按：

现代世界是竞争的世界，竞争的根本是人才的竞争，人才的竞争首先在于"教育"。教育离不开教与学，是教与学的统一。在教学活动中，是重教"知识"，还是重教"方法"，或是二者兼而为之，这里有个教学思想和方法论的问题，学习亦如此。

当代大学生，在象牙塔内面对社会的竞争，知识的日新月异，他们承受着既博学又专学的压力。基础课要学好，专业课更要学好；学电脑、练英语口语，会开车等这些还不能丢！于是，学习上就有了太多的烦躁和各自的心态。不愿吃苦的，想找捷径；想好好学的，苦于缺少学习方法。结果是因自己平时积累、总结不够，加上教师注重传授"知识"，学习方法传授较少，故虽勤奋刻苦，却无太大的成就。

针对上述情况，院团委组织有经验的专家、教授将他们多年的教学思想、方法、经验和学习方法，总结出来，刊登于《技术师院报》上，以飨广大同学。教授们以他们几十年的博深知识为基础，结合自己从事教学、科研的实践，提炼出的"精品"值得同学们学习、借鉴、消化、吸收。教授们将自己呕心沥血的教与学的经验毫无保留地传授给大家，体现出了他们无私地关心下一代，为祖国的建设事业甘为人梯的精神。全院同学对此深表感谢！

『授人以鱼，不如授人以渔』

——简述三层次单元教学法

机械系　周祖威

教学是一门艺术。教学艺术应当符合教学规律，而且必须为教学目的服务。为培养智能型人才，我们在教学过程中，实行了加强学科思想方法教学的三层次单元教学法，取得了较好的教学效果。本文就此谈谈自己的认识与实践。

（一）

学科思想是研究学科问题的基本观点，学科方法是研究学科问题的专门方法。学科思想方法生产学科知识，学科知识蕴载着学科思想方法。任何一门学科都包含着学科知识和学科思想方法。匈牙利哲学家贝拉·弗格拉希说过："科学本身一方面是合乎方法的思维的应用，另一方面是理论，过去人们把科学仅仅理解为理论。""科学一方面是方法，另一方面是理论；它是二者的统一，而不是同一。"

纵观任何一门学科的发展史，学科思想方法的新突破，总会带来学科知识的新飞跃。以力学为例，牛顿的时空和质量绝对化及物体运动的"因果律"的思想方法，建立了牛顿力学；拉格朗日的用位形空间描述力学系统运动的思想方法，产生了优于牛顿力学的拉格朗日力学；哈密顿的"最优化"的思想方法，形成了继往开来的哈密顿力学；爱因斯坦的时间和质量非绝对化及"引力几何化"的思想方法，创立了划时代的相对论力学（几何力学）。

凡是在科学上作出重大贡献的革新家，都非常重视学科的思想方法。这里引用几位卓越科学家的名言：

"科学要是没有认识论，那就是原始的混乱的东西。"（爱因斯坦）

"对学生来讲，会计算，能记住，考试考的不错，都不是最重要的——最重要的是要有好的物理思想。"（李政道）

"中国的学生知识太多，活的思想太少了。"（杨振宁）

"最有价值的知识是方法的知识。"（笛卡儿）

"认识一位天才的研究方法，对科学的进步——并不比发现天才本身更少用处。科学研究的方法经常是极富兴趣的部分。"（拉普拉斯）

可以看出，加强学科思想方法教学，对培养智能型人才具有十分重要的意义。首先，加强学科思想方法教学是学科本身全面教学的内在需要。因为任何一门学科，都是学科思想方法与学科知识的辩证统一体，所以在学科的教学中，既要注重学科知识的教学，又要强调学科思想方法的教学。这种全面的教学，使学生在学习学科知识的同时，也了解学科的产生和发展的来龙去脉。因而，才能实现马克思所说的把学生的学习过程作为知识再生产的过程。这样就有助于深刻理解和熟练掌握学科知识。其次，加强学科思想方法教学是发展学生智能的重要途径。人的智慧和能力不仅在于拥有知识，而且在于拥有获取知识以及应用知识解决问题的能力。学科知识的教学是传递信息的教学，而学科思想方法的教学是形成观点和培养能力的教学。因此，对于发展学生的智能，后者比前者更重要。古人说："授人以鱼，不如授人以渔。"国外也有人说："一个差的教师给人们传授真理，而一个好的教师教会人们发现真理。"这些，都说明了加强学科思想方法教学，对发展学生智能的重要性。还有，加强学科思想方法教学是提高学生科学思想方法修养的有效方式。科学思想方法以唯物辩证法作指导，是打开真理之门的钥匙。而学科思想方法又是科学思想方法的基础，加强学科思想方法教学本身就是在提高科学思想方法修养。无疑，这对培养智能型人才是必不可少的。

（二）

每一门课程都属于相应学科的一个分支，每一学科的思想方法对其分支的每门课程的思想方法具有指导作用。但每一门课程因研究的对象或研究的问题不同，其思想方法也有所不同。科学思想方法是学科知识的升华和更本质的概括，只有对学科知识的产生和发展有深入的了解和科学的分析，才能概括出学科的思想方法。

高等院校专业基础课程《理论力学》的思想可概括为三种：（1）因果性思想。这是经典力学的基本思想，它是以力和加速度关系的观点，着力于研究在某一瞬时的系统运动的因果关系；（2）分解与合成思想。这主要表现在力、力系及质点、刚体、质点系运动的分解与合成上，这是对立统一观点在研究力及运动时的一种反映；（3）简化与优化思想。这主要体现在经典分析力学中，一是体现在以能量观点，通过消约束和换坐标，得到简便有效的拉格朗日方程中。二是体现在以能量观点，通过变分方法，以某一泛函或函数具有极值为准则，从系统的可能运动中挑出真实运动的变分原理中。

理论力学方法也可概括为三种：（1）公理化方法。它是以公理为基础构建理论体系的方法。牛顿力学是以牛顿运动定律为公理的力学体系，拉格朗日力学是以虚功原理为公理的力学体系，哈密顿力学是以哈密顿原理为公理的力学体系；（2）抽象化方法。它是从感性认识上升到理性认识的一种认识方法。理论力学的理想模型（质点、刚体、质点系等），基本概念、基本定律及其理论体系，都是通过科学抽象建立起来的；（3）逻辑方法。它是以概念、判断、推理等思维形式进行严格论证的方法。理论力学通过逻辑方法得以成为严谨的理论体系。

在教学中，为突出学科思想方法教学，我们根据学科问题或学科思想方法的不同，将教材内容分成若干教学单元。并且，在理论力学总的思想方法的指导下，明确各单元的思想方法。如几何静力学与分析静力学两个单元，虽然都是研究物体的平衡规律，但是其思想方法各不相同。前者是以力的观点和力系合成的思想，用几何方法，得到刚体平衡的充要条件。而后者是以功能的观点和消约束、换坐标的简化思想及虚功取极值的优化思想，用变分的方法得到质点系平衡的充要条件。

（三）

为加强学科思想方法教学，我们实行了三层次单元教学法。三层次单元教学法是从单元整体出发，分三个层次进行教学的方法。第一个层次是学科思想方法的教学，第二个层次是学科知识中的教学，第三个层次是学科能力的教学。学科知识是一条宏观的显线，容易认识和把握，而学科思想方法是隐含在学科知识中的一条微观的隐线，不易发现和把握。因此，在教学中有必要把教学单元的思想方法作为第一个层次，首先由教师通过引导、诱发，向学生挑明，让学生一开始就明确学习本单元应具有的基本思路。这样，在基本思路（思想方法）的指引下，再进行第二个层次和第三个层次的教学，就能顺理成章，层层深入。由于基本思路深入到以学科知识和学科能力为主体的单元教学的过程中，使得基本思路逐步具体化、清晰化。从而，使学生既能更好地理解和把握学科的思想方法，又能更本质地理解和掌握学科知识。学科思想方法是纲，学科知识是目，纲举目张。

加强学科思想方法教学使师生的精神状态进入一种自由王国的境界。在这种境界里师生都站得高了，看得远了，有一种"会当凌绝顶，一览众山小"的感受。在这种境界里，教师讲起来，胸有成竹，挥洒自如，左右逢源，得心应手，是一种精神上的享受。在这种境界里，学生听起来，不仅能知其然，而且能透彻地知其所以然，也是一种精神上的享受。

加强学科思想方法教学，激发了学生学习的积极性和创造性。在就加强学科思想方法教学而进行的无记名问卷调查中，全班40人，回答"感兴趣"和"比较感兴趣"的有36人，占90%，回答"是一种享受"和"有时是一种享受"的有28人，占70%。在该班的期末考试中，试题有60%是近几年考硕士研究生的原题。考试结果，得90分以上的占15%，得80——89分的占33%，得70——79分的占22%，得60——69分的占15%，得60分以下的占15%。这个结果，比预想的要好。在教学过程中，学生还积极参加"小论文"活动。其中《理论力学结构浅析》、《从牛顿第二定律到基本定理》等小论文，都具有闪光的思想。加强学科思想方法教学，提高了学生的科学方法修养。一位学生在题为《理论力学的思想方法》的小论文中写到："在上第一节理论力学课时——我们这位老师讲的却是学习理论力学要注意思想方法。听到这话，我甚至想笑出声来，学习理论还要注意什么思想方法？"

"后来，我开始注意老师的思想方法。这样，使我对整个理论力学有一个综合的认识，并且对一个具体问题，有一个明确的解决思路，也加深了我对所学内容的理解。"这位学生还写道："英国剑桥大学前副校长阿什比说：'教师传授给学生最宝贵的本领，不是实在的原理，而是精神状态和思想方法。'我明白了阿什比的话是对的，这也是我学习理论力学的体会。"

"点学成金"之术

——评周教授《三层次单元教学法》

计算机系　佟庆禹

众所周知，八仙人之一神仙吕洞宾有"点石成金"之术，聚启超请罗素传授给他"点砖成金"之术。

在自动化科技报告会上，周祖威教授作了关于《三层次单元教学法》的报告。听了之后，受益匪浅，感受颇深，浮想联翩，深有一种"点学成金"之感觉。很值得同行们学习、研究、推广及应用。

周教授在他的报告中讲到：

为加强学科思想方法教学，我们实行了三层次单元教学法。三层次单元教学法是从单元整体出发，分三个层次进行教学的方法，第一个层次是学科思想方法的教学，第二个层次是学科知识的教学，第三个层次是学科能力的教学。学科知识是一条宏观的显线，容易认识和把握，而学科思想方法是隐含在学科知识里的一条微观的隐线，不易发现和把握。因此，在教学中有必要把教学单元的思想方法作为第一个层次，首先由教师通过引导，诱发向学生挑明，让学生一开始就明确学习本单元应具有的基本思路。这样，在基本思路（思想方法）的指引下，再进行第二个层次和第三个层次的教学，就能顺理成章，层层深入。由于基本思路深入到以学科知识和学科能力为主体的单元教学的过程中，使得基本思路逐步具体化、清晰化。从而，使学生既能更好地理解和掌握学科的思想方法，又能更本质地理解和掌握学科知识。学科思想方法是纲，学科知识是目，纲举才能目张。加强学科思想方法教学使师生的精神状态进入一种自由王国的境界。在这种境界里师生都站得高了，看得远了，有一种"会当凌绝顶，一览众山小"的感受。在这种境界里，教师讲起来，胸有成竹，挥洒自如，左右逢源，得心应手，是一种精神上的享受；在这种境界里，学生听起来，不仅能知其然，而且能透彻地知其所以然，也是一种精神上的享受。

阐述得何等精辟，何等引人入胜。周教授积累多年的教学经验，总结出《三层次单元教学法》，真正悟出了"教学的真谛"。长期以来，多少志士仁人都在研究教学方法，力图加快教学改革，提高教学质量，培养出更多的有用人才，其根本就在于能否练就一身"点学成金"之术。我院是师范院校，各专业都要讲授和学习《教材教法》课，其中的精华可概括一句话，即"授人以鱼，一饭之需；授人以渔，终生受益"。也就是说教师讲课，首要的不是简单的传授学科知识，而更重要的是传授本学科的思想方法，然后才是传授学科知识，最后还要进行学科能力的培养。

国家教委请了一批院士专门研究了关于"面向二十一世纪工科人才培养的思考。"，其中提出了面向二十一世纪工科人才的培养，需要进行三个方面的能力的培养，即"创造能力的培养，适应能力的培养，竞争能力的培养"。可见为达到这三个能力的培养，还靠以前那种单纯的学科知识的教学是很难达到目的的，因此有必要实行《三层次单元教学法》。

当然这只是一种有效的方法，还可不断的探索和创立新的培养"三个能力"的教学方法。

文章发表在《技术师院报》上

附

“点学成金”之术

——评周教授的《三层次单元教学法》

众所周知，八仙人之一神仙吕洞宾有“点石成金”之术，梁启超请罗素传授给他“点砖成金”之术。

在自动化系科技报告会上，周祖威教授做了关于《三层次单元教学法》的报告。听了之后，受益匪浅，感受颇深，浮想联翩，深有一种“点学成金”之感觉。很值得同行们学习、研究、推广及应用。

周教授在他的报告中讲到：为了加强学科思想方法教学，我们实行了三层次单元教学法。三层次单元教学法是从单元整体出发，分三个层次进行教学的方法。第一个层次是学科思想方法的教学，第二个层次是学科知识的教学，第三个层次是学科能力的教学。学科知识是一条宏观的显线，容易认识和把握，而学科思想方法是隐含在学科知识里的一条微观的隐线，不易发现和把握。因此，在教学中有必要把教学单元的思想方法作为第一个层次，首先由教师通过引导、诱发向学生挑明，让学生一开始就明确学习本单元应具有的基本思路。这样，在基本思路（思想方法）的引领下，再进行第二个层次和第三个层次的教学，就能顺理成章，层层深入。由于基本思路深入到以学科知识和学科能力为主体的单元教学的过程中，使得基本思路逐步具体化、清晰化。从而，使学生既能更好地理解和掌握学科思想方法，又能更本质地理解和掌握学科知识。学科思想方法是纲，学科知识是目，纲举才能目张。加强学科思想方法教学使师生的精神状态进入一种自由王国的境界。在这种境界里，师生站得更高了，看得更远了，有一种“会当凌绝顶，一览众山小”的感受。在这种境界里，教师讲起来，胸有成竹，挥洒自如，左右逢源，得心应手，是一种精神上的享受；在这种境界里，学生听起来，不仅能知其然，而且能透彻地知其所以然，也是一种精神上的享受。

阐述得何等精辟，何等引人入胜。周教授积累多年的教学经验，总结出《三层次单元教学法》，真正悟出了"教学的真谛"。长期以来，多少仁人志士都在研究教学方法，力图加快教学改革，提高教学质量，培养出更多的有用人才，其根本就在能否练就一身"点学成金"之术。我院是师范院校，各专业都要讲授学习《教材教法》课，其中的精华可概括为一句话，即"授人以鱼，一饭之需；授人以渔，终身受益"。也就是说教师讲课，首要的不是简单的传授学科知识，而更重要的是传授本学科的思想方法，然后才是传授学科知识，最后还要进行学科能力的培养。

国家教委请了一批院士专门研究了关于"面向21世纪工科人才培养的思考"，其中提出了面向21世纪工科人才的培养，需要进行三个方面的能力的培养，即"创造能力的培养，适应能力的培养，竞争能力的培养"。可见为达到这三个能力的培养，还靠以前那种单纯的学科知识的教学是很难达到目的的，因此有必要实行《三层次单元教学法》。

当然这只是一种有效的方法，还可不断地探索和创立新的培养"三个能力"的教学方法。

（计算机系教授　佟庆禹）

注：本文与前文同时发表于1998年1月5日我校校刊《技术师院报》第二十五期第三版上。

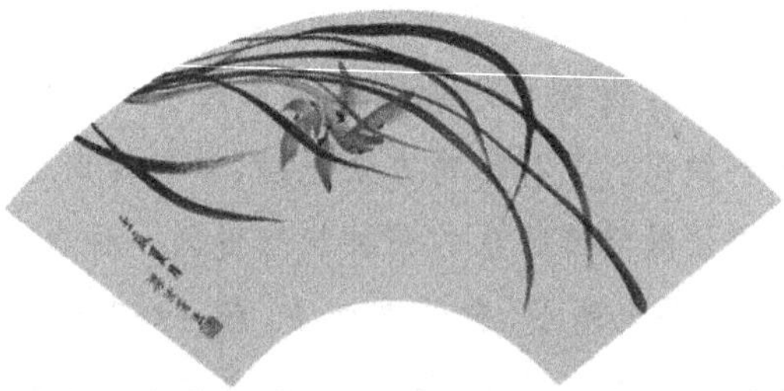

我们是怎样编写《工程力学》的?

根据原国家教委1994年12月审定的《机械制造工艺教育专业本科教学方案》,通过1995年我们投标并中标,而于1998年由天津大学出版社出版的,并由周祖威为责任主编和金国朴为副主编的新编教材《工程力学》,被中国职业技术教育学会的职业技术师范教育委员会,推荐为全国高等职业技术师范院校机械类专业教材。该教材《工程力学》于2000年10月,获天津职业技术师范学院院级优秀教学成果一等奖;于2001年11月,获天津市人民政府2000年高等教育天津市级教学成果奖二等奖。

在此,谈谈我们编写《工程力学》的思路和做法。

一、突出学科思想方法,并以学科思想方法为主线,重构《工程力学》学科体系

学科思想是研究学科问题的基本观点,学科方法是研究学科问题的专门方法。学科思想方法生产学科知识,学科知识蕴载着学科思想方法。任何一门学科都包含着学科知识和学科思想方法。

教材是教师指导学生学习的教学材料,在教材中突出学科思想方法具有十分重要的意义。

首先,加强学科思想方法教学是学科本身全面教学的内在需要。因为任何一门学科,都是学科思想方法与学科知识的辩证统一体,所以在学科的教学中,既要注重学科知识的教学,又要强调学科思想方法的教学。这种全面的教学,使学生在学习学科知识的同时,也了解学科知识的产生和发展的过程。因而,才能实现马克思所说的,把学生的学习过程作为知识再生产的过程。进而,就能引导学生在这个过程中,有所体验和领悟,探究和发现,把

握和发展。这就是教学的本质。

其次，加强学科思想方法教学是发展学生智能的重要途径。人的智慧和能力不仅在于拥有知识，而是更在于拥有获取知识，以及应用知识解决问题的能力。学科知识的教学是传递信息的教学，而学科思想方法的教学是形成观点和培养能力的教学。因此，对于发展学生的智能，后者比前者更重要。这正如古人所说："授人以鱼，不如授人以渔。"也如有人所说："一个差的教师给人们传授真理，而一个好的教师教会人们发现真理。"

还有，加强学科思想方法教学是提高学生科学方法论修养的有效方式。以唯物辩证法作指导的科学方法论，是打开真理之门的钥匙。而学科思想方法是科学方法论的基础，加强学科思想方法教学的本身，无疑对提高学生的科学思想方法修养是有益的。

基于学科思想方法在学科中的重要地位和加强学科思想方法的重要作用，在新编《工程力学》中，我们是以学科思想方法为主线，重构《工程力学》学科体系。

新编教材《工程力学》包括原有的《理论力学》和《材料力学》两门教材的主要内容，分为三部分：工程静力学、工程运动力学和工程材料力学。

工程静力学部分，将原来的几何静力学按力系分章，改为按几何静力学的思想方法分为四章：静力学基础、力系的简化、力系的平衡、静力学专门问题——有摩擦的平衡问题。

工程运动力学部分，将原来的运动学和动力学合并为运动力学，且将原来的动力学按定理分章，变为按研究问题，即按牛顿力学的思想方法分为七章：质点运动力学、质点系动力学基本定理、刚体基本运动的运动力学、质点在非惯性系中的运动力学、刚体平面运动的运动力学、达朗伯原理、专门问题——振动。

工程材料力学部分，紧紧抓住一个中心问题——构件的强度、刚度和稳定性问题，两个主要课题——应力或应变的计算与控制应力或应变的方法，五个重要分析——外力分析、内力分析、应力分析、应变分析和实验分析，并以此来构建工程材料力学的体系。

这种更新的学科体系，更好地体现了牛顿力学的思想方法，如工程静力学体系，体现了几何静力学的以力的观点，运用了几何的方法，通过力系的简化，建立力系平衡条件的思想方法。同时，避免了原来教材的许多重复。

又如工程运动力学体系，将原来的运动学和动力学合并为工程运动力学，将运动的“因”与“果”紧密结合起来，突出体现了牛顿力学的因果律思想。再如，质点系动力学基本定理，由原来的三章集为一章，这不是内容的简单相加，而是更好地体现了由质点运动力学推广到质点系运动力学，从质点系的整体运动出发(而不是逐个质点地研究)，建立质点系整体的运动特征量与力的作用量之间的因果关系。还如在刚体运动力学中，引入自由度与广义坐标的概念，从而鲜明地体现了用质点系运动力学的思想方法，而建立起刚体各种运动的微分方程。

二、面向21世纪，以人才培养模式为导向，革新《工程力学》教学内容

当今世界，科学技术突飞猛进，这对培养和造就21世纪的一代新人提出了更加迫切的要求。为适应新世纪科学技术、经济和社会发展的需要，教学改革必须加强以培养学生的创新精神和实践能力为重点的素质教育，并且融合传授知识、培养能力与提高素质为一体，相互协调发展，综合提高。人才培养模式是学校为学生构建的知识、能力、素质结构，以及实现这种结构的方式，它从根本上规定了人才特征并集中地体现了教育思想和教育观念。人才培养模式具有先决和导向作用，培养目标和培养模式等决定课程体系，教学内容等方面的指导思想和改革方向。教学内容和课程体系是实现人才培养模式的一个载体，是人才培养模式改革的主要落脚点，也是教学改革的重点和难点。根据《机械制造工艺教育专业本科教学方案(试行)》和我院《实行“双证书”制，培养“一体化”职教师资》的人才培养模式，我们不仅重建了《工程力学》的学科体系，而且革新了《工程力学》的教学内容。

1. 精选经典教学内容，加强基本理论的基础性。如在工程静力学中，将力系的简化单独列章，并强调了力系的两个特征量——主矢和主矩，及力系的等效条件。这不仅是力系平衡的理论基础，也是质点运动力学的基础。另外，还强调了力系的不变量，这为证明力系平衡的充分必要条件，奠定了坚实而严密的理论基础。还如在工程运动力学中，将质点系动力学基本定理单独成章，强化了其研究质点运动力学问题的基础理论的指导性地位。

2. 增加新鲜教学内容，注重基本理论的实用性。如在工程运动力学中，在“质点系动力学基本定理”一章后，作为基本定理的应用，分别增加了“刚体基本运动的运动力学”和“刚体平面运动的运动力学”两章。其中，对刚体基本运动，不仅有常有的“运动微分方程”，而且还有新增加的国内教材中未曾有过的用以求约束反力特别有效的“动力学方程”。在刚体平面运动中，提出了加速度投影定理。刚体的基本运动和刚体的平面运动是工程技术中最常见的运动，对其力学问题进行深入讨论，这就加强了基本理论在工程技术中的实用性。

3. 设置开放教学时空，培养学生的创新精神。为了培养学生的创新精神和分析解决问题的实践能力，我们增加了具有典型性问题的教学内容，给学生设置了一个开放式的教学时空，以开发学生的潜能，发挥学生的聪明才智。如在“刚体平面运动力学”一章中，我们增加了“单自由度平面运动刚体系统动力学问题的解法”和“多自由度平面运动刚体系统动力学问题的解法”两节内容。这两节内容是综合应用质点系动力学的三个基本定理解决刚体系的动力学问题。这类问题的解决方案是多种多样的，当然有优劣之分。通过这两节内容的学习和讨论，同学们的创新精神和综合分析解决问题的实际能力有了很大提高。

三、几点体会

1. 转变教育观念是教学内容和课程体系改革的先导。教学内容和课程体系改革，不仅仅是某一门或某几门的课程内容的改革问题，而是涉及专业设置，培养目标，人才培养模式，人才的知识、能力、素质结构等一系列重要问题。因此在教学内容和课程体系改革中，要树立注重素质教育，加强基础教育，培养创新精神，强化实践能力，促进个性发展等现代教育思想。“澄其源者必清其流”。只有通过转变教育观念的澄其源清其流的先导作用，才能推动教学内容和课程体系改革顺利进行。前面说到的两部分内容，特别是第二部分《工程力学》教学内容的革新，就是这些教育思想的体现。

2. 抓住教学本质是教学内容和课程体系改革的依据。教学的本质，不在于传授学科知识，而在于让学生了解学科知识的产生和发展过程，并引导学生在这个过程中体验和领悟，探究和发现，把握和发展。纵观任何一门学科的发展史，学科思想方法的飞跃，都推动了学科知识的发展。因此，新编《工程力学》以学科思想方法为主线，重构学科体系，就能更好地体现学科的发展过程，也就有利于抓住教学的本质，进行学科的教学。

3. 提高业务素质是教学内容和课程体系改革的基础。新编教材《工程力学》的创新点，是我们不断提高业务素质和几十年教学经验的积淀，在面向二十一世纪教学改革中的升华。有耕耘，就有收获。只要不懈努力，就会编写出具有特色的新教材。

新编教材《工程力学》，虽然具有一定的特色，但仍存在有待进一步完善和提高之处，我们的做法和体会也可能有不当之处，敬请各位同仁不吝赐教。

（周祖威　金国朴）

注：

周祖威为《工程力学》主编；金国朴为《工程力学》副主编；

本文为2000年申报天津市市级优秀教学成果奖而撰写的新编教材《工程力学》的科学总结。

获奖教材《工程力学》

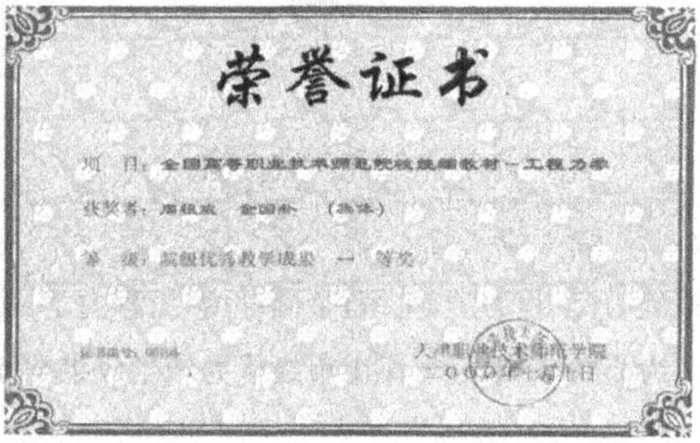

《工程力学》获院级优秀教学成果一等奖证书

2000年高等教育天津市级教学成果奖

完成单位：天津职业技术师范学院

项目完成人：周祖威、金国朴

项目名称：全国高等职业技术师范院校教材——《工程力学》(教材)

获奖等级：二等奖

天津市人民政府

二〇〇一年十一月

《工程力学》获天津市级教学成果二等奖证书

试论机械运动的数学认识

机械运动是物质运动最基本的形式，然而人类对机械运动的认识却经历了漫长而曲折的过程。回顾机械运动的认识史，探讨机械运动的数学认识，对了解力学和数学的发展，促进力学和数学的教学与研究工作，无疑都是有益的，正如爱因斯坦(Einstein)所说："科学要是没有认识论，就是原始的混乱的东西。"

一、学科方法的三次飞跃

力学是研究物质机械运动规律的科学，它是一门既古老而又富有生命力的科学。直到15世纪欧洲文艺复兴时期后的17世纪迎来的科学黎明，力学才得到蓬勃发展，从而形成了三百多年来光辉灿烂的力学世界。

从认识论的方法来看，力学的发展与科学方法的几次实质性的飞跃是分不开的。

科学方法的第一次飞跃是以开普勒(Kepler)(1571—1630)为代表的观察方法。Kepler在他的导师Brahe长达21年天文观测资料的基础上，又通过他自己近二十年的观测和分析，先后发现了有名的行星运动三大定律。Kepler的发现描绘了太阳系的运动学特征，为牛顿(Newton)发现万有引力定律奠定了基础。

科学方法的第二次飞跃是伽利略(Galileo)(1564—1642)开创的实验方法。在古代力学中，最有影响的是公元前3世纪被称为"学问之神"的古希腊杰出学者亚里士多德(Arictotle)的动力学。由于古代自然哲学在认识方法上的特点是思辨性的猜测，所以他的一些重要论断，如"落体的速度与其重量成正比""力产生速度"等，显然都是错误的。但是，由于当时他是至高无上的学术权威和宗教统治，致使这些观点影响欧洲学术界长达近两千年。

伽利略反复进行了科学史上十分著名的斜面实验，发现了自由落体运动规律和惯性运动，一举推翻了亚里士多德的“重体落得快，轻体落得慢”的等唯心臆测。伽利略对科学的奉献，除了他的诸多成果外，更有意义的是他创立的实验与数学相结合的科学研究方法。这种方法是在观察和实验的基础上，经过推理和计算，对现象提出假定性的说明和定量的描述，然后用实验加以检验。对于这种方法论的飞跃，爱因斯坦给予高度评价：“伽利略的发现以及他所应用的科学推理方法，是人类思想史最伟大的成就之一，标志着物理学的真正开端。”

科学方法的第三次飞跃是牛顿(1642—1727)完成的理论方法。牛顿是经典力学的集大成者，他在总结开普勒和伽利略等前人观察和实验发现的经验材料的基础上，为经典力学规定了一套基本概念，提出了运动三大定律和万有引力定律，从而使经典力学成为一个完整的理论体系。牛顿的最大贡献不仅在于他建立了以他的运动定律为核心的牛顿力学体系，还在于他完成了科学方法的最后环节，即由经验方法到理论方法的飞跃。为了给他的力学体系以数学形式，牛顿首先发现了微积分的概念，并用微分方程的形式来表达反映他的因果律思想的运动定律。

“观察”“实验”和“理论”三个环节构成了科学方法的完整环套。这个环套的形成，迎来了17世纪开始的“科学时代”。

可以看到，数学方法在科学方法的环套中都有着极为重要的作用。伽利略对数学语言在科学研究中的作用有如下著名论述：“哲学〔自然〕是写在那本永远在我们眼前的伟大书本里的——我指的是宇宙——但是，我们如果不先学会书里所用的语言，掌握书里的符号，就不能了解它。这书是用数学语言写出的，符号是三角形，圆形和别的几何图形。没有它们，人就在一个黑暗的迷宫里劳而无功的游荡着。”牛顿在他的《自然哲学的数学原理》的序文中开门见山地强调了他的数学思想：“古代人(正如帕普斯告诉我们的)的研究中，把力学科学推崇到极端重要的地位，而近代人则排除物体的形式和玄妙的质，努力把自然现象放在数学的控制下。本此理由，我在这本书里，培养数学直至它联系到哲学〔科学〕时为止……所以我献出这本书作为哲学的数学原理，因为哲学的整个负担似乎在于——从运动现象去考察自然的力，然后从这些力去阐明其他现象……”

而亚里士多德派和中世纪的科学家都倒向质的方面。例如，亚里士多德派说，球的降落，是因为它有重量；它落在地上，是因为任何物体都要找到它的自然位置；而重物的自然位置是地球的中心。这些原理都是属于质的。他们把力学与数学严格分开，反对把科学归为数学的思想，他们几乎不用数学资料和数学计算，只从一些直观加上思辨猜测而建立论断。因而，他们的论断往往是谬误的唯心臆测。

从方法论上来讲，数学是揭示自然规律的一种理论思维方法，是反映和论证科学原理的工具。数学与自然界的一致性，归根到底是现实世界中的一切现象和过程都有其量的方面和定量关系。因此，只有通过对不同质的事物进行量的规定性的研究，才能更准确地把握事物的质，更精确地认识事物发展变化的规律性。正如英国著名物理学家汤姆逊所说："如果不能用数学来表示，那么你的认识是不够的，不能令人满意的，可能只是初步的认识，在你的思想上，还没有上升到科学的阶段，不论你讲的是什么。"马克思也曾说过："一种科学只有在成功地运用数学时，才算达到了真正完善的地步。"力学的发展证实了这一点。力学史上的辉煌成就，往往都是开创性地利用数学的结果。科学的数学化，是现代科学的重要标志。

二、机械运动属性的数学认识

毛泽东说："人的认识物质，就是认识物质的运动形式，因为除了运动的物质以外，世界上什么也没有……"作为机械运动的数学认识，就是从量的方面认识机械运动的一些属性。

1. 常量、变量与运动状态的描述

运动是物质存在的形式。毛泽东还说："无论什么事物的运动都采取两种状态，相对地静止的状态和显著地变动的状态。"因此，当物体的运动处于"显著地变动的状态"时，表达物体某些特征的量，如物体的位置坐标 x、y、z 等，在物体运动过程中，是可以取得不同数值的不断变化的量——变量。而当物体的运动处于"相对静止的状态"时，表达物体某些特征的量，是保持数值不变的量——常量。可见，变量与常量是描述运动状态的数学方法。

变量的概念是从运动的研究中引出来的。笛卡儿的数与形相结合的思想，使他用代数方法来研究几何作图问题，把点的轨迹化为两个变数 x、y 的关系式——代数方程，认为变数是由点连续运动产生的。恩格斯高度评价了笛卡儿的变数："数学中的转折点是笛卡儿的变数。有了变数，运动进入

了数学，有了变数，辩证法进入了数学，有了变数，微分和积分也就立刻成为必要的了，而它们也就立刻产生……。”

2.函数与运动规律的表达

毛泽东又说：“一切客观事物本身是相互联系的和有其内部规律的。”所谓规律，就是事物内部的、本质的、必然的联系。在任何事物的运动过程中，发生变化的量都不止一个，这些变量的变化也不是孤立的，而是相互影响的，存在确定的依赖关系。函数概念是一种变量对另一种变量的依赖关系的反映。因此，函数是描述运动规律的数学方法.

函数的概念也是从运动的研究中产生的，伽里略创立近代力学的著作《两门新科学》一书，几乎从头至尾包含着这个概念。例如，在表述他的落体运动规律时，他说：“从静止状态开始以定常加速度下降的物体，其经过的距离，与所用的时间的平方成正比。”这段话清楚地表明他在讨论变量和函数，只差把文字叙述表为符号形式了。后来，他把落体规律表为符号形式 $s=kt^2$。这是一种典型的函数关系。

3.微分与运动本质的刻画

恩格斯说：“运动本身就是矛盾；甚至简单的机械的位移之所以能够实现，也只是因为物体在同一瞬间既在一个地方又在另一个地方，既在同一个地方又不在同一个地方。这种矛盾的连续产生和同时解决正好就是运动。”列宁说：“运动是(时间和空间的)不间断性与(时间和空间的)间断性的统一。运动是矛盾，是矛盾的统一。”

用什么样的数学方法来反映运动本身的矛盾，或者说用什么样的数学方法来刻画运动的本质呢？函数关系是运动规律的表述，它描述的只是运动的结果，而不是运动本身。例如，自由落体的运动方程为 $s=\frac{1}{2}gt^2$。用这个函数关系来描述自由落体的运动时，对于某瞬间 t，可得到落体的一个确定的位置 s。但这只能表明落体在瞬间 t“在一个地方”或“在同一个地方”，而未能表明“既在一个地方又在另一个地方，既在同一个地方又不在同一个地方”。它反映的只是落体运动在时空上的“间断性”，而没有反映出在时空上的“不间断性与间断性的统一”。看来，函数关系还不能完全刻画运动的本质。

恩格斯指出：“只有微分学才能使自然科学有可能用数学来不仅仅表明

状态，并且也表明过程：运动。”

导数（微分）概念的产生也与运动的研究有关。仍以落体运动 $s=\frac{1}{2}gt^2$ 为例，来分析微分法是怎样刻画运动本质的。

先使 t 连续变到 t'，即 $t\to t'$，这时 $s(t)$ 连续变到 $s(t')$，即 $s(t)\to s(t')$。这体现了运动在时空上的连续性（不间断性）。但确定的 t' 和 $s(t')$ 区别于 t 和 $s(t)$，这体现了运动在时空上的间断性。从 t 变到 t'，可以把 t' 看作是对 t 的一次否定。由运算得到差值

$$\Delta t=t'-t$$

$$\Delta s=s(t')-s(t)=\frac{1}{2}gt'^2-\frac{1}{2}gt^2=\frac{1}{2}g(t'+t)(t'-t)$$

$$\frac{\Delta s}{\Delta t}=\frac{1}{2}g(t'+t)$$

这里，把上面的预备导数 $\triangle s/\triangle t$（平均速度）看作运动在时空上的间断性与连续性的一个中间物。

再使 t' 变回到 t，即 $t'\to t$，亦即对 t 的否定之否定，此时的预备导数（平均速度）化为导数（瞬间速度），运动的间断性和连续性的中间物化为统一物。于是，扬弃差值，得到导数——落体的瞬时速度

$$v=\frac{ds}{dt}=\frac{0}{0}=gt$$

自由落体瞬时速度的物理意义在于：既表明落体在瞬时 t 位于位置 $s(t)$，又表明落体以 $s'(t)=gt$ 这样大小的趋势和方向离开位置 $s(t)$。这样，瞬时速度就刻画了前面恩格斯和列宁所指出的运动的本质。由此可见，瞬时速度（微分法）是刻画运动本质的数学方法。

4. 微分方程与运动规律的揭示

物质运动的客观规律总是存在的。那么，怎样才能把客观存在的物质运动规律揭示出来呢？众所周知，时间和空间是物质存在的形式，物质的运动只能在时间和空间中进行。物质机械运动过程可表为空间某区域的点上力学量随时间的变化。也就是说，运动规律是表征物质运动的特征量在邻近空间与邻近时间的变化。这种变化是一种微分关系，或者说是一种微分方程。因而，微分方程（包括偏微分方程）是揭示物质运动规律的一种数学方法。

事实上，力学的各种运动微分方程揭示了相应的物质运动规律。其对应关系，诸如：质点系的基本定理——质点系动力学，刚体运动微分方程——刚体动力学，拉格朗日方程——非自由质点系动力学，麦克斯韦方程——电动力学，薛定谔方程——量子力学，爱因斯坦引力场方程——相对论力学。

5. 变分法与运动优化的判据

牛顿第一定律表明，直线运动或最短距离的运动是物体的自然运动。这引起人们在探索：可能存在某种使某些重要的运动量是极大化或极小化的更一般的原理。于是，18世纪一个全新的具有自己的特征问题和方法论的数学分支——变分法——产生了。在力学基本定律的基础上，利用变分法得到的力学变分原理，提供一种准则，根据这种准则，可以把系统的真实运动与约束所允许的一切可能运动区别开来，从而可以找到系统的真实运动，而且给出的准则表现为系统运动的某一函数或泛函具有驻定值问题的形式出现。力学的变分原理有拉格朗日最小作用原理、哈密顿原理、雅可比最小作用原理、高斯最小约束原理、赫兹最小曲率原理等。这些原理大多表明，最优化是自然界物质系统发展的一种趋势。可以说变分法是判据运动优化的数学方法。

注：本文发表于《天津职业技术师范学院学报》第10卷第3期，2000年9月。

启发式教学漫谈

——在我校“教学方法报告会”上的专题报告

各位老师，大家好！

近年来，温家宝总理在谈到提高高等教育质量时，不止一次地强调要加强启发式教学。

2005年9月9日，温总理在会见高等教育国家级教学成果奖获奖代表时指出：“提高高等教育质量……还要做三件具体的事情：第一件是要贯彻启发式教育方针，第二件教授、名师上课堂，第三件教书育人。”还说：“‘不愤不启，不悱不发’这八个字的意思就是要实行启发式教育。”

2006年5月4日，温总理到北京师范大学，亲切看望学生，共度“五四”青年节时，关切地问学生：“目前的教学方式是不是启发式？”有的学生说，正在从灌输式向启发式过渡。温总理接着说道：“启发式教育的好处在于能够培养学生勇于发现问题、善于思考问题、独立解决问题。我们不仅要使学生会动脑，还要会动手；不仅要教他们知，还要教他们行。”

2006年11月20日，温总理在全国教育工作座谈会上，又一次强调，“要倡导启发式教学”。我想说的是，启发式教学，不是因为总理再三强调就重要，而是因为启发式教学重要，总理才再三强调。总理这样深切地关注启发式教育，这对于我们在第一线的教师来说，无疑是一种激励。激励我们在教学思想上对启发式教学进一步认识，激励我们在教学实践中对启发式教学继续进行探索，使教育教学质量得以不断提升。

下面，谈谈我对启发式教学的认识和探索，愿与大家交流，并希望多加指正。

一、启发式教学的渊源

在我国，“启发”一词，源于古代教育家孔子的“不愤不启，不悱不发”。(《论语·述而篇》)

宋代教育家朱熹解释说：“愤者，心求通而未得之意；悱者，口欲言而未能之貌。启，谓开其意；发，谓达其辞。”

孔子说的是：不到学生心求通而未通之时，不启发他；不到学生口欲言而未能言之时，不开导他。也就是说，要让学生先达到“愤”“悱”的状态，再去启发他，开导他。

怎样才能营造这种似通非通，似懂非懂的“愤”“悱”境界呢？

孔子的教学，经常在讨论中进行，有时由他先提出问题，然后让学生自由发表意见，最后孔子加以归纳指导。

在《论语·先进篇》里，记载了一个比较完整的课例：

一开始，孔子同子路，曾皙、冉有、公西华四个弟子平易而温和的谈话：

“以吾一日长乎尔，毋吾以也。”

意思是说，我年龄比你们大一点，不要因为我的年长而不敢说。这样的谈话，解除了学生的拘谨情绪，增强了师生之间的亲和力，为后面的交流营造了和谐的氛围。

紧接着，孔子向众弟子提出一个问题：

“居则曰不吾知也，如或知尔，则何以哉？”

意思是说：你们平时常说别人不了解自己，如果有人了解你们，你们又会怎样去做呢？

四位弟子，根据自己对孔子平时教导的理解，分别做了回答。在这个过程中，孔子并不急于发表意见，只是用“哂笑”和“喟叹”的方式简单地表示自己对问题的态度，而且还不断地打消学生的顾虑，把讨论引向深入。

比如，当曾皙回答说：我想的和他们三位讲的不同。

孔子说：那有什么关系呢，也就是各人讲自己的志向而已。

最后，孔子针对学生的答案加以点拨，他含蓄地批评了子路的发言不符合“礼让”的缺点，肯定了他人的“治国以礼”的主张，赞许曾皙淡泊宁静的志趣。

孔子在教学过程中，贯穿提问、启发、对话等教学相长的民主精神，注重培养学生积极思维，独立创新的精神。

在孔子之后，我国最早的教学论著作《学记》，进一步阐发了启发式教学的思想。《学记》提出：

“故君子之教，喻也。道而弗牵，强而弗抑，开而弗达。”

“道而弗牵则和，强而弗抑则易，开而弗达则思。”

“和、易、以思，可谓善喻也！”

这几句话的意思是说，优秀教师的教学，注重对学生启发诱导，使学生晓明事理。要引导学生，不能牵着学生走；要激发学生学习兴趣，不能压抑学生积极性；要启发学生探究，不能代替学生做结论。

这样的教学，师生关系和谐融洽，学生对学习产生兴趣，学生的独立思维能力得到培养。能做到这些的教师，就是一位善于启发诱导的好教师。

哲人都有相通之处。在欧洲，稍后于孔子（公元前551—前479）的古希腊大学者苏格拉底（公元前469—前399），在教学中也完全采用了问答的方式。他不向学生直接传授知识，而是提出问题，让学生思考后回答。如果学生反应适当，就逐步深入，再提出问题，最终得出结论。

西方教育史上的启发式教学，就是从苏格拉底的“问答法”或“产婆术”发展起来的。然而，苏格拉底比孔子晚出生了83年，所以说开创启发式教学先河的是孔子，而不是西方所说的是苏格拉底。

现代教学论中的启发式教学思想，是在继承光辉教学理论遗产的基础上，在现代心理学和教育学的影响下进一步发展起来的。目前，一些国家教学法改革中的许多创见，都是与启发式教学的要求相关联的。如，美国的布鲁纳的“结构主义”理论中的“发现法”，就是强调要引导学生，自己亲自用头脑主动去探索，去获取知识，等等。

通过上面对启发式本源的了解，对启发式也有了初步认识。可以看出，提问、诱导、引趣、激思、探求、对话等，都是启发式的要素。

那么究竟什么是启发式教学呢？

二、启发式教学的含义

在现代，不同的学者，对启发式的表述不尽相同。在《中国大百科全书(教育)》中，把“启发式教学”表述为：“教师在教学工作中依据学习过程的客观规律，引导学生主动、积极、自觉地掌握知识的方法。”并同时指出，“现代教学论中的启发式教学思想"的特点是，突出四个"强调"，"实现"四个"相结合"：

——强调学生是学习的主体，教师要调动学生学习的积极性，实现教师主导作用与学生积极性相结合；

——强调学生智力的充分发展，实现系统知识的学习与智力的充分发展相结合；

——强调激发学生内在的学习动力，实现内在动力与学习的责任感相结合；

——强调理论与实践联系，实现书中知识与直接经验相结合。

在《教师教学基本功全书》中把"启发式教学"表述为"教师充分调动学生学习的积极性和主动性，遵循教学的客观规律，以高超精湛的教学艺术适时而巧妙的启迪诱导学生的学习活动，帮助他们学会动脑思考和语言表述，生动活泼轻松愉快的获得发展"。

在《现代教育学》中对"启发式原则，"是这样表述的"所谓启发式，就是教师为教会学生学习，先用自己的讲和做来引导学生的想，让学生通过主动积极地思考来达到弄懂、学会进而会学的目的"。

从字面上解读启发式教学的这些表述是比较容易的，而要挖掘启发式教学的内涵就比较复杂了。启发式教学的内涵应该随着社会的发展和教育的进步，越来越丰富。

按照我的体会和认识，启发式教学的内涵，可以概括为："一个核心""五种特性"和"三位一体"。

启发式教学的一个核心是：发挥教师的主导作用，引发学生自主思维，师生合作探究问题。这个"核心"的核心是，"引发学生自主思维"。"自主思维"，就是独立思考，就是主动学习。古今中外大家十分重视"思维"的重要作用。请看：

"学而不思，则罔；思而不学，则殆。"——孔子

"心之官则思，思则得之，不思则不得也。"——孟子

"观书须先熟读，使其言皆出于吾之口；继以精思，使其意皆出于吾之心，然后可以有得尔。"——朱熹

"为学之道，必本于思。"——晁说之

"致知之途有二：曰学、曰思。"——王夫之

“学非有碍于思，而学愈博则思愈远；思正有功于学，而思之困则学必勤。”——王夫之

爱因斯坦狭义相对论的建立，经过了“十年的思考”。他说：“学习知识需要思考、思考、再思考，我就是靠这个学习方法成为科学家的。”

牛顿从苹果落地发现了万有引力定律，有人问他诀窍，他回答说：“我并没有什么方法，只是对于一件事情做长时间的思考罢了。我的成功归功于精心的思考。”

物理学家普朗克说：“思考可以构成一座桥，让我们通向新知识。”

革命先哲们也十分强调思维的重要性。

列宁说：“认识是思维对客体的永远的没有止境的接近。”

恩格斯说：“一个民族要想站在科学的最高峰，就一刻也不能没有理论思维。”

毛泽东说：“要完全地反映整个事物，反映事物的本质，反映事物的内部规律性，就必须经过思考作用，将丰富的感觉材料加以去粗取精、去伪存真、由此及彼、由表及里的改造制作功夫，造成概念和理论的系统。”

可以看出，大家和先哲们对思维在认识中的重要作用，阐述得多么鲜明，多么深刻。因而，在启发式教学中，要紧紧把握住“引发学生自主思维”这个核心的核心。

启发式教学的五种特性是：

1.体现教学的规律性

教学过程是一种特殊的认识过程。启发式教学，特别是事例式启发教学，通过生动形象的事例，由感性到理性，由具体到抽象的启发诱导，能更好地体现“从生动的直观到抽象的思维，并从抽象的思维到实践”（列宁语）这一认识路线。

2.体现教师的主导性

教和学是一对矛盾。教是矛盾的主要方面，起主导作用。学是矛盾的次要方面，受教的制约。就“不愤不启，不悱不发”来说，谁来营造这种“愤”“悱”的境界呢？应该由“教”的一方，即由教师来担当此任。学生进入“愤”“悱”境界后，谁来为其“启”和“发”呢？仍然是应由“教”的一方，即由教师来玉成此事。可见，启发式教学能更加体现教师的主导作用。

3.体现学生的主体性

学生是学习的主体。“启发式”的反面是“灌输式”。“灌输式”是“满堂灌”,是“一言堂”“一讲到底”,致使学生丢失“自我”,学生的主体地位缺失。而启发式的“愤”“悱”状态,从心理学上讲为“受激发状态”。此时,学生的求知欲望被极大地调动起来,是思维的最佳时刻。启发式教学,为学生提供了自主思维的时空和展现“自我”的机会,因而能更好的体现学生的主体性。

4.体现教学的艺术性

教学是一门艺术。教学艺术一般是指教师富有创造地运用各种教学手段,唤起学生的学习兴趣,使学生愉悦而主动地获取知识,并得到深刻印象的教学方式。如启发式教学中,“开场白”的激发思维,说理的循循善诱,议论的哲学思辨,交流的活跃和谐,比喻的生动形象,语言的富有感染力,课件的显示机理等,都具有教学的艺术性。

在启发式教学中,何以营造“愤”“悱”的境界?又何以“启”?何以“发”?这些都为教师展示富有创造性的教学艺术,开辟了广阔的舞台。启发式教学能更好地体现教学的艺术性。

5.体现师生的生本性

生本就是以生命为本。教育的本质是提升生命。生本教育的宗旨不应是控制生命,而是要激扬生命。教育学生热爱生命、光大生命,发挥学生潜能,提高学生生命质量,已成为当今教育的主题。“教师”已不再仅仅是一种职业,而应成为生命存在的一种形式。教师要善于从师生共度的生命历程中,获得一种生命的体验与满足,一种生命的创造与成长,感受与学生共同成长的快乐,得到生命的一份满足和升华。教师不仅要点燃学生的生命之火,也要点燃自己的生命之火。

在启发式教学中,像上面谈到的学生的自主思维、潜能开发、个性发展以及教师的激发思维、循循善诱、哲学思辨等都是师生生命的成长、激扬和升华。

启发式教学的三位一体是:将教学过程的教师、学生、知识三个基本要素结合为有机的统一体。

在启发式教学中,教师被激活,学生被激活,知识被激活。通过这相互联系,相互促进的三个激活,使得教学过程的三个基本要素形成具有活力的有机整体,进而能取得更好的教学效果。

从上述启发式教学的内涵(即,一个核心、五种特性、三位一体)来看,启发式教学是一种教学思想,以这种教学思想指导教学,又会形成教学方法。在这里,教学思想和教学方法是一致的。

三、启发式教学的模式

德国教育家第斯多惠说过:“凡是能引起学生思想和智力上的主动精神的方法,都是最好的方法。”同样,凡是能引发学生自主思维的方式,都是最好的启发式教学模式。

根据实践和体会,我概括出“引疑—诱导—交流—结评”四程式启发式教学模式。

1.“引疑”是自主思维的“触发器”

如何才能使学生达到“愤”“悱”的境界呢?“引疑”是一种有效方法。

心理学家认为:疑,最容易引起定向——探究反射。也就是说,学起于思,思源于疑。

明代陈献章说:“疑者,觉悟之机也,一番觉悟,一番长进。”也就是说,疑能激思。

亚里士多德这样说过:“思维是从疑问和惊奇开始的。”

“引疑”,要有针对性和适合度。“疑”的针对性,是指所提出的问题要针对学科知识的重点、难点,乃至学科的思想、方法等。要知道,思维的“脾性”是不爱和容易的问题打交道,而喜欢同困难的问题交朋友。“疑”的适合度,是说所提出问题的数量、难易、梯度要适度。否则,“满堂问”问得太难,“跳一跳”也摘不到一个“桃子”,就会适得其反,达不到引发思维的目的。

通过“引疑”,使学生达到似懂非懂的状态,这就为“诱导”创造了有利时机。

2.“诱导”是启发式的主旋律

“诱导”,就是诱发开导,启发思维,就是“道而弗牵,强而弗抑,开而弗达”。也就是说,在教学过程中,教师对学生,要循循善诱,不能牵着鼻子走;要激发学习兴趣,不能压抑积极性;要指引探求线索,不能代替做结论。这样的教学,能更好地培养学生的独立思维能力。

在启发式教学中,教师还要注重学科思维方法的教养。在传授学科知识的过程中,要以学科知识为载体,注重学科知识中诸如感性与理性、具体与抽象、定性与定量、分析与综合、归纳与演绎、已知与未知、部分与整体、简单与复杂、对立与统一等辩证思维方法的教养，使学生的思维能力不断得到发展和提高。

3.“交流”是启迪智慧的“点金术”

教学过程是师生交流的过程。交流既包含知识的信息交流，又包含师生的思想、情绪交流。

在启发式教学中，学生的主体地位是不是真正得到尊重？学生的自主思维是不是真正得到实现？检验的标准在于“交流”，在于“交流”的形式、广度、深度和效果。

“交流”就是互动，怎样进行交流？我以为，在课堂教学中，有两种“交流”形式。一种是显性的“语言对话”，一种是隐形的“心灵对白”。

“对话”就是由教师提出为“引疑”或“诱导”而精心设计的问题，再让学生自主思维来表达对问题的所思、所悟。“对话”更鼓励学生提出问题来问老师。

“对白”就是教师不是通过提出问题来激发学生的思维，而是对讲授的问题，通过循循善诱引发学生自主思维。在这种“交流”中，教师心中有学生，学生心中有教师；教师讲授思路清晰，环环相扣，有如抽丝，有如剥笋，达到出神入化的地步；学生听课主动思维，步步推进，相互呼应，思维共振，不时地产生会心的微笑。

这两种“交流”，各种千秋，都可以产生良好的效果。但是，“语言对话”容易把握，“心灵对白”要求更高。在启发式教学中，两种“交流”可以交互使用。

“交流”有助于学生的表达能力得以提高，有助于学生的思维能力得以养成，有助于学生的潜能得以开发，有助于学生的个性得以发展。

交流是沟通信息的平台，是丰富智慧的源泉，是思想升华的天梯。不论采取哪种形式，好的“交流”都能起到“点石成金”的作用。

4.“结评”是继续教学的新起点

“结评”就是小结与点评。

小结，是指教师对于“交流”中所涉及的问题的讨论，要从学科知识方面做出结论性的概括，并能对问题探究的学科方法上升到科学的思维方法的高度来认识。

点评，是指教师对于“交流”中学生的表现，要给以评价。特别是，对于有创新思维表现的学生要给以赞赏。人是需要赞美的，一次恰如其分的赞赏，对于增强自信力、开发潜能、发展个性，可能产生不可估量的作用。人也是需要尊重的，对于表现不理想的学生也要予以尊重。

以上所谈到的“引疑”“诱导”“交流”“结评”四程式，虽各有重点，但它们是互相联系、互相渗透、互相交融而不可分割的统一体。

四程式启发式模式的使用，根据教学内容的不同，可采用“四程式”的并联式、串联式、俄罗斯套娃式、一点式（内容少、时间短、程式全）等形式。而且，根据教学内容的不同，各种形式的长度、宽度和厚度可以适度胀缩。

举一个前面曾提到过的例子来加以说明。

在讲“质点系动力学基本定理”这一教学单元时，四程式启发式教学是这样开展的。

因为前面刚刚讲过“质点动力学”教学单元，所以我们从回忆“质点动力学”教学单元的教学开始启发：

——质点动力学的思想方法是什么？（引疑）

——以牛顿力学的因果律的思想，利用微积分的数学方法，研究质点的运动特征量与力的作用量的因果关系。（诱导、交流、结评）

——质点系动力学的思想方法是什么？（再引疑）

——可不可以按质点动力学的思想方法来研究质点系动力学？（一次梯级引疑、诱导）

——逐个质点地研究行得通吗？（二次梯级引疑、诱导）

——逐个质点研究的道路行不通。（诱导、交流、结评）

——逐个质点研究有必要吗？（三次梯级引疑、诱导）

一点联想——再回忆刚体运动学的思想方法是什么？（四次梯级引疑、诱导）

——以运动的简化思想，从刚体整体运动出发，利用自由度和广义坐标的方法，把刚体的运动化为有限个质点的运动，进而描述刚体的整体运动以及刚体上点的运动的几何规律。（诱导、交流、结评）

一点启发——可不可以像刚体运动学那样，从质点系整体出发，研究质点系动力学呢？（五次梯级引疑、诱导）

——从质点系整体出发，研究质点系整体运动规律的路子不仅行得通，而且很有必要。如，刚体的平动可化一个质点的运动，刚体的平面运动可化为随质心的平动和绕质心的转动。只要随质心的运动规律和绕质心的转动规律探求出来了，那么平动刚体以及平面运动刚体的运动规律也就清晰了。而且，往往是更关注质点系整体的运动特征。（诱导、交流、结评）

一点认识——提出质点系动力学的思想方法是：在质点动力学的基础上，从质点系整体出发，研究质点系整体的运动特征量与力的作用量之间的因果规律。在这个思想方法的提炼中，还包含着部分与整体、已知与未知、复杂与简单等学科中辩证思维方法的教养。（结评、诱导、交流）

有了这样的启发式教学，再进行质点系动力学三个基本定理（动量定理、动量矩定理、动能定理）的教学，就思路清晰，顺理成章，水到渠成了。

在启发式教学中，还有一些具体的启发式方法，如比喻启发、事例启发、类比启发、成语启发、演示启发等，这里就不再细说了。

启发式教学对教师的要求更高了。除了精通专业外，教师的教学理念、教学艺术、哲学修养、文学素质、人文底蕴、人格魅力等，对提高启发式教学学术水平，都起着至关重要的作用。

启发式教学，不只是一种教学方法，而是一种教学理念，更是一种教育思想。

教学有法，而无定法，贵在得法，重在启发！

谢谢大家！

（2006 年 11 月 25 日）

注：应我校人事处之邀，分别于 2007 年 7 月 18 日和 2009 年 7 月 15 日，以本文的内容，为新入职教师的岗前培训做了专题交流。

启发式教学与《春夜喜雨》

清代学者王国维在《人间词话》中，以三首宋词的词句来概括古今成大事业大学问者必须经历的三种境界，形象生动，寓意深刻，历久传诵，影响深远。

第一种境界：

"昨夜西风凋碧树，独上高楼，望尽天涯路。"

——晏殊《蝶恋花·槛菊愁烟兰泣露》

第二种境界：

"衣带渐宽终不悔，为伊消得人憔悴。"

——柳永《凤栖梧》

第三种境界：

"众里寻他千百度，蓦然回首，那人却在灯火阑珊处。"

——辛弃疾《青玉案·元夕》

这三首词的原意都是通过描写爱情来表述作者特定思想情感的，而王国维变换其意而用之，开拓了原词的一个新的意境。第一种境界寓意为：立志，树立远大目标；第二种境界寓意为：刻苦，坚持百折不回；第三种境界寓意为：随愿，享受成功喜悦。

科学有两门近亲——哲学和文学。科学、哲学和文学三位一体，一家亲，他们都是在探索真理。科学在知识世界里探索真理，文学在情感世界里探索真理，哲学在精神世界里探索更普遍的真理。

现在，我想将诗圣杜甫的《春夜喜雨》与先师孔子的"启发式"教学联系起来，试图以《春夜喜雨》形象思维的意象，来探抉与"启发式"教学内涵的相通之处，这也算是对《春夜喜雨》意境开拓的一种尝试吧！

先看"启发式"教学。

在我国，“启发”一词，源于孔子的“不愤不启，不悱不发”(《论语·述而篇》)。

宋代朱熹注：“愤者，心求通而未得之意；悱者，口欲言而未能之貌。启，谓开其意；发，谓达其辞。”

孔子的“启发式”教学的含义是：不到学生心求通而未通的时候，不去启示他的思路；不到学生口欲言而未能言的时候，不去引导他的表达。也就是说，要让学生先达到“愤”“悱”的状态，再去启示他，开导他。

从内涵上来看，“启发式”教学有着如下几个特性。

一、及时性

“不愤不启，不悱不发”。也就是说，“愤”则“启”，“悱”则“发”。可见，“愤悱”状态，是启发的最佳时机。在“愤悱”状态，学生的心理正处于由矛盾困惑到迫切期待的状态，学生的求知欲望被极大地调动起来，大脑处于高度专注之中，是思维的受激发状态。

此时，教师打开“启”“发”学生思维之门，学生的思维之水就会奔流而出，从而促进学生对知识的领悟。可以这样说，学生的“愤悱”状态形成之“时”，正是教师“启发式”教学之“机”。这就是“启发式”教学内涵的“及时性”。

早于这个“时机”，学生“求通”“欲言”的欲望，还未萌生出来，而急于“启”“发”，会“启”而不“发’，尚不能引发学生自主思维。

晚于这个“时机”，学生“求通”“欲言”的欲望，早已充分调动起来，而迟迟不“启”不“发”，就会压抑学生自主思维的积极性。

二、质疑性

前面说了，“愤悱”状态形成之时，正是“启发式”教学之机。

然而，怎样才能使学生达到“愤悱”的状态呢？孔子并没有明说。质疑，是使学生达到“愤悱”的一种有效方法。

质疑，就是在教学过程中，教师要善于对学生提出问题，又要善于对待学生提出的问题，以启发学生自主思维。心理学家认为：疑，最容易引起定向——探究反射。学起于思，思源于疑，疑能激思。亚里士多德这样说过：“思维是从疑问和惊奇开始的。”也可以说，质疑，是营造“愤悱”状态一件的法宝。也就是说，“启发式”教学的内涵具有质疑性。

三、引导性

我国最早的教学论著作《学记》，进一步阐发了“启发式”教学思想：“君子之教，喻也：道而弗牵；强而弗抑；开而弗达。”意思是说，优秀教师的教学总是启发诱导学生晓明事理：引导而不是牵制学生；激励而不是压抑学生；开导而不是代替学生。这就是说，“启发式”教学的内涵具有引导性。

孔子的私淑弟子孟子，继承了孔子的“启发式”教学思想，特别重视引发学生自主思维。孟子用教射箭做比喻，非常形象地说明教师启发式教学，应当像射手一样，张满弓，搭上箭而暂不发射，处在跃跃欲试的状态，引导学生观察、思考、领悟“习射”的要领。孟子是这样说的：“君子引而不发，跃如也。”(《孟子・尽心上》)

四、成长性

教育即生命，教育的目的在于生命的成长。每一次“启发式”教学，充满知识信息和思维意识的双向互动交流，都是学生及教师的知识和智慧成长的过程。“启发式”教学思想，强调用知识启迪智慧，用智慧润泽生命。

“启发式”教学，激活了教师，激活了知识，激活了学生。在“启发式”教学过程中，教师和学生都勃发出生命的活力，并共享着不断被滋养和润泽的生命成长的快乐。“启发式”教学的内涵，体现了教育本质的生命成长性。

再来看《春夜喜雨》的前两联：

好雨知时节，当春乃发生。
随风潜入夜，润物细无声。

这首诗是杜甫公元761年，住在成都浣花溪畔的杜甫草堂时写的。该诗洞幽显微，体物察情，盛赞春雨，且用字精妙，传神入化，别具一格。

我们也来变换其意用之，试图以该诗句形象思维的意境，来探微抉幽与“启发式”教学的内涵相通奥妙之处。

先看诗的头一句：好雨知时节

一个“知”字，用拟人的修辞手法，描写“好雨”懂得季节，体贴人意，心中有数，知道什么时候该下，把“好雨”写活了。第一句赞美“好雨”是“及时雨”。如果把“好雨”寓意为“启发式”，那么“好雨知时节”的“及时雨”意境，不就正好契合了“启发式”教学内涵的“及时性”特性吗！

再看诗的第二句：当春乃发生

“春”者，含有植物萌发之意，即指植物的芽处在欲发而未全发之际。“春”字，在《康熙字典》里还解释为：“春，蠢也。”“蠢，虫动也”即，指虫类处在从蛰眠中欲醒还未全醒之态。

如果把植物的“欲发未发”和虫类的“欲醒未醒”的“春”的含义，寓意为通过“质疑”而使学生达到“欲通未通”和“欲言未言”的“愤悱”状态，那么“当春乃发生”的意境，既蕴涵了“启发式”教学内涵的“质疑性”特性，又进一步点明了“启发式”教学内涵的“及时性”特性。

也就是说，当学生达到“春”这个“愤悱”状态时，教师就应当“知时节”地“发生”如同“春雨”般的“启发式”教学。

诗的第三句是：随风潜入夜

一个“潜”字，仍是用拟人手法，描写绵绵的春雨，伴着和煦的春风，趁着春天苍茫的夜色，怀着对万物的关爱，悄然飘洒的情景。“风”，有“风势”之意，比喻事态发展的情势。“随”，有“随时度势”之意，即根据当时的情况审度事态的发展趋势。“潜”，有“潜心专力”之意。“夜”，有“昏暗”“不明”之意。

如果，把“随风”寓意为在课堂教学中，教师对“质疑”后学生反应态势的把握；把“夜”寓意为学生对“质疑”后可能出现的各种“愤悱”状态；把“潜入夜”寓意为教师精心地对学生的“愤悱”状态，施以循循善诱、引发思维、步步深入、启迪领悟的教学，那么“随风潜入夜”的意境就体现了“启发式”教学内涵的“引导性”特性。

最后看诗的第四句：润物细无声

此句还是用拟人化手法，形容春雨满怀深情，用轻柔的雨丝，大爱无言地滋润着大地万物。在《康熙字典》里，“润”字，有“泽也，滋也，益也”之意；“物”字，有“万物也”“他人，众人”之意。

如果把“润物”寓意为启发式教学对师生智慧的启迪和生命的润泽，把“细无声”寓意为启发式教学中教师对学生无微不至的关爱和潜移默化的教诲，那么“润物细无声”就饱含着教师充满爱心默默奉献教书育人的意境。

也就是说“润物细无声”的意境，刻画了“启发式”教学内涵的“成长性”

特性。“润物细无声”的意境，也体现了孟子“时雨化之”的教学思想。

诗人和思想家的心灵往往是相通的。《春夜喜雨》的意境与“启发式”的内涵是相融合的。正如前面所探究的那样：“好雨知时节”与“启发式”的“及时性”相融合，“当春乃发生”与“启发式”的“质疑性”相融合，“随风潜入夜”与“启发式”的“引导性”相融合，“润物细无声”与“启发式”的“成长性”相融合。

品读《春夜喜雨》这首诗的前两联，联想到“启发式教学”的内涵，别有一番滋味在心头。前者《春夜喜雨》以“春雨”鲜明而灵动的意象，生动而深刻地蕴含着“启发式教学”内涵的丰富特性。细品《春夜喜雨》这首诗，对于领悟“启发式”教学思想的内涵，确实起到一种抉微探幽的作用。

把“春雨”的意境和“启发式”教学思想的内涵联系起来，对于理解、掌握和运用“启发式”教学的思想方法，会带来很多智慧的启迪，也会把“启发式”教学思想提升到一种新的境界！

（读诗有感，浮想联翩，率性而为，存此拙笔。2009 年 7 月）

机类科学技能训练方法——四层次单元训练法

技能训练教学是职业技术教育的重要部分，而技能训练教学方法又是提高技能训练教学质量的重要因素。本课题在分析总结技能训练教学方法及经验的基础上，提出机类科学技能训练教学方法——四层次单元训练法。

一、要义

技能训练教学的四层次单元训练法，是以技能训练的课题为单元，分四个层次进行技能训练教学的方法(课题是根据国家劳动部和机械工业部1995年联合颁布的《工人技术等级标准》和《职业技能鉴定规范(考试大纲)》而确定的)。

1. 第一层次——训练方案的自我设计

在技能训练教师的指导下，学生根据单元训练的要求，运用所学专业理论和专业技能，自行设计训练方案(包括专业理论知识点、工艺编制、设备的使用和调整、刀具的选择和刃磨、切削用量、检测方法等)。

该层次可通过学生填写《×××课题训练方案设计表》来实现。本表包括内容如下：

×××课题训练方案设计表

班级__________姓名__________

课题名称							等级			
工序(工步)	工序(工步)内容	修订方案	图示	修订方案	刀具参数	修订方案	切削用量参数	修订方案	检测方法	修订方案

方案设计后，交由教师阅评。

2. 第二层次——训练方案的信息交流

在训练方案自我设计的基础上，在教师的组织下，学生可通过以下方式进行训练方案的信息交流：

——在小组内每位学生宣读自己的设计方案，并进行讨论和评述；

——观摩该课题的录像片，学习该单元技能训练的CAI教学软件。

通过信息交流，学生修订和完善自己的训练方案，并由教师审定；教师要注意发现比较好的和差的典型方案，以便进行因材施教。

3. 第三层次——训练方案的具体实施

在教师的指导下，学生按照审定的训练方案，进行课件的实际加工，直至达到课件加工的各项要求。在该层次教师要注意观察，根据学生的训练方案，对操作技能进行因材施教的具体指导(包括操作示范)。

4. 第四层次——训练方案的综合评价

综合评价内容包括训练方案实践后的再次修订，课件的加工质量等的评价。其中课件的加工质量，通过由学生自行检测、同学互相检测和教师的终审检测来评定。其余由教师根据每位学生实际情况来评定。并且根据综合评价的结果，由教师给出该训练单元的每位学生的考核成绩，经过评价，由师生共同填写《×××课题训练方案评价表》来体现。该表内容如下：

×××课题训练方案评价表

课题名称						等级				
工件图样	项目	技术要求	评分标准	配分	自测结果	互测结果	审定结果	扣分	得分	试件分析

通过评价，学生能看到自己的成绩和不足，以利于在新的单元训练中巩固和提高；教师要掌握该单元训练的焦点问题，以利于在以后的教学中发挥指导作用。

二、特点

技能训练教学的四层次单元训练法，从性质上讲是一种以学生为主体、教师为主导、技能训练为主线的开放式的教学方法。该方法有如下主要特点：

1. 四层次单元训练法强调学生的主体性，调动学生的主动性和创造性，有利于开发学生的智能和发展学生的个性

在四层次单元训练法的第一层次中，教师只提出单元训练目标，而训练方案则由学生独立设计。由于学生具有一定的专业理论知识和专业技能水平，已具备了设计的方案的基本条件。这样训练方案的自我设计，就为学生发挥潜能、展现才学提供了开放的时间和空间，并且自我设计的定向要求，能激发学生学习的积极性、主动性和创造性。这些都有利于开发学生的潜质和能力，并促进学生的个性发展。

2. 四层次单元训练法增加信息的多样性，采用了讨论式、CAI 等教学方法和手段，有利于学生扩大知识面和了解现代化的教学方法和手段

四层次单元训练法的第二层次，是一个信息交流过程，一个专业理论和专业技能的交流过程。尺有所短，寸有所长。通过对自我设计的训练方案的交流和讨论，学生们可以相互启发，取长补短。天外有天，楼外有楼。通过观摩具有规范性的有关课题的录像片和学习具有先进性的有关课题训练的 CAI 软件及其专家系统，同学们可集思广益，增长才干。这些都有利于学生开阔视野，扩大知识面，并促进技能训练质量的提高。

3. 四层次单元训练法加强技能的综合性，要求学生既要把握课件加工的操作技能和心智技能，又要掌握课件加工质量的检测技能，有利于培养学生操作技能与心智技能的协调性和技能的综合性

训练方案具体实施的第三层次，是课件的加工过程，也是训练学生的包括加工工艺、刀具选择、切削用量选择、课件测量、加工质量和效率、安全文明生产等操作技能的过程，还是培养学生的包括思维敏捷、动作灵活、反应迅速、措施果断、应变能力等心智技能的过程。第三层次中的课件加工质量的学生自检、互检、教师终检是锻炼学生检测能力的过程。通过这些锻炼可提高学生操作技能、心智技能和检测技能的综合技能。

4. 四层次单元训练法注重理论的应用性，加强了专业理论与专业技能的相互融合，有利于培养"双高一体化"的师资

在四层次单元训练法中，重视理论联系实际。如将原来的《车工工艺学》和《车工生产实习》两门课程合编为《车工技能训练》一门课程（钳工也类似），并由技能训练教师讲授，以加强专业理论对专业技能的指导作用。对于技能训练，要求学生不仅知其然，而且透彻地知其所以然，使技能训练由

经验型向智能型转化。这些都有利于“双高一体化”师资的培养。

5. 四层次单元训练法加强了教师的主导性，提高了对教师全面素质的要求，有利于技能训练教师队伍的自身建设

四层次单元训练法，无论从专业理论、专业技能上，还是从教学方法和教学手段上，以至于教学管理上，对技能训练教师都提出了更高的要求。为适应技能训练教学的要求，技能训练教师应成为“双高一体化”教师，还要学习、掌握和应用先进的教学方法和手段，同时还应具有相应的教学管理能力。这些无疑将推动具有全面素质的技能训练教师队伍的发展和建设。

三、实效

天津职业技术师范学院机械制造工程系在9501班(高中生源)的中级车工技能训练教学中，严格按照“四层次单元法”组织教学。通过100天(1998年2月18日至1998年5月28日)的教学，并参加国家职业技能鉴定统一考试，经天津职业技能鉴定中心的鉴定，全部获得了劳动部门颁发的中级车工等级证书，平均成绩为73.72分的较好成绩。2000年6月，机械系9701班(高中生源)进行中级钳工技能训练的同学，经过16周的技能训练后，进行鉴定考核，也取得了通过率93.75%，平均成绩70.9分的较好成绩。

除了取得上述较好成绩外，实行技能训练教学四层次单元法，还在教学上取得如下三个突出效果：

1. 调动了学生学习的主动性，促进了由“要我学”向“我要学”的转变

传统的教学方法是“教师讲，学生听”，学生学习的主动性因而受到抑制，久而久之便形成了学生依赖教师，懒于独立思考，习惯于“听课”“做作业”“考试”的“要我学”的被动局面。而四层次单元法的第一层次——训练方案自我设计的定向要求，为学生打开了发挥潜能的开放时空，在“自我设计”的外部刺激和“自尊自重”“自我实现”的内在心理需要的相互作用下，激发出学习的活力。学生们自学教材，查资料，看录像，相互讨论，写方案，形成了“我要学”的主动局面。正如同学所说：“自身在整个学习过程中都占有主动性。”由被动学习向主动学习的转变是一种质的转变，是培养智能型人才必不可少的前提。

2. 开阔了学生学习的思想方法，实现了由“我学会”向“我会学”的发展

四层次单元法在强调学生的主体作用的同时，还重视发挥教师的主导

作用。教学的根本目的是“授人以渔”，而不是“授人以鱼”。因此，教师在发挥指导作用时，要引导学生用全面的、联系的、发展的、矛盾的观点和科学的方法分析问题和解决问题。在教师的引导下，通过第二层次的信息交流，正如有的同学所说：“可以发现自己的优点和缺点，进而不断修正自己的思路。”还有的同学说：“方案交流，有利于自己掌握同学中的优良方案，开拓自己的设计思路。对同学中的错误，有更多的认识，从而避免出现同样的错误。”可以看出，同学们不仅获得了科学知识（“我学会”），而且注意到从科学方法论的高度掌握获取科学知识的方法（“我会学”）。这样，就实现了从“我学会”向“我会学”的发展，而这一发展是培养智能型人才的必由之路。

3. 具备学生学习技能操作的软条件，加快了由“我要干”到“我会干”的过程

四层次单元训练法，为学习技能操作提供的软条件包括：自我设计的训练方案；技能训练教材指明的知识点、操作难点；视听教材（车工技能训练CAI软件）展示的操作方式、规范步骤；自检中发现自己的得与失，互检中发现别人的优点和缺点等。

这些都为进行技能操作训练提供了很大帮助。如有的同学说：“方案可以使我在进行课题训练时有的放矢，入手快。”还有的同学说：“观看录像带，可以直观了解操作方式、步骤，在实际操作时比较得心应手。”因而，提高了技能训练的效率，同学们不仅会干，而且加快了会干的进程。

四、结论

机类技能训练教学的四层次单元训练法，是以学生为主体、教师为主导、技能训练为主线、以课题为单元、分四个层次的开放式教学方法。

四层次单元训练法具有五个特征即：学生的主体性；信息的多样性；技能的综合性；理论的应用性；教师的主导性。

四层次单元训练法具有三个突出效果即：促进了“要我学”向“我要学”的转变；实现了由“我学会”向“我会学”的发展；加快了由“我要干”向“我会干”的进程。

机类技能训练教学的四层次单元训练法虽是初步实践，但其效果已经初步显示出来，并受到师生的普遍欢迎。我们将继续实践和探索，以使技能训练方法更加规范化、系统化和科学化。

注：

本文是周祖威主持的原国家劳动部资助课题《机类科学技能训练方法》的并主要执笔的结题报告，且以周祖威、张世龙、王建民、张燕联名，发表于天津职业技术师范学院学报，2000 年第 10 卷增刊；

还要特别说明，本课题是由王宪成书记亲自部署和督办的，并且王书记在听取课题组的汇报后，对课题的研究内容还提出了很好的建议。如，“四层次单元训练法”的“第四层次——训练方案的综合评价”，就是按照王书记的建议而增加的。在这里，我们课题小组再次向王书记表示由衷地敬意和感谢！

教师的特质——“三激活”

建国60周年的教师节前夕，温家宝总理到北京第三十五中学看望师生，在同北京市部分中小学教师座谈时说道：“百年大计，教育为本；教育大计，教师为本。”读后颇有感触，沉思良久，我想顺势再加上八个字：“教师大计，素养为本”。

教师是培养人才的关键，是提高教育质量的保证。教师应具有怎样的素养，才能确保教育质量呢？

我认为，一个教师具备“三激活”的特质，就能在“太阳底下最光辉的职业”中做好自己，就能在“人类灵魂的工程师”的崇高使命中有所担当。

什么是“三激活”？激活什么？怎么激活？仅就这些问题，谈谈自己的认识和感悟。

一、激活知识，恢复知识生命状态

任何一门学科都是在实践中逐步产生和发展起来的，都是有思想的、有血有肉的、有灵性的。

数学是研究数和形的，而“数”(shù)源于数(shǔ)，“量”(liàng)源于量(liáng)，“形”源于视。牛顿的“流数术”(微积分法)源于求任一曲线上某一点的切线、求瞬时速度、求曲线下面的面积等。

牛顿发现万有引力定律源自他坐在花园里，看见苹果落地。牛顿的好友、与他同时代的物理学家威廉斯蒂克利，在他写的《牛顿一生回忆》中写道：“当时他正在冥思苦想，突然一个苹果从树上掉下来。他想：为什么那个苹果要垂直向下落在地面上？为什么不斜着下落或飞到天上，而是始终朝着地心的方向？毫无疑问，原因就是地球在吸引它。”

这些，正如恩格斯所说：“自然界对这一切想象的数量都提供了原型。”

然而，我们在教学中遇到的知识，往往是符号型结论，是缺乏活力的知识。因此，在教学中，应该把这样的知识重新激活，使知识恢复到内在鲜活的生命态。教育家认为，具有内在生命态的知识，最能唤起学生学习的内在需要、兴趣、信心和提升他们的主动探求的欲望和能力。

在教学中，怎样才能激活知识，使知识恢复生命态呢？对此，我以为，要激活知识，教师应该练就三套功夫。

1.激活知识的第一套功夫：加强学科思想方法教学，把握学科知识的灵魂

学科思想方法是对学科知识的本质的认识，是学科知识的灵魂。学科思想方法蕴涵在学科知识的产生、发展和应用的全过程。学科知识是学科思想方法的载体，学科思想方法是纲，学科知识是目，纲举目张。学科思想方法是统领学科知识之魂。

加强学科思想方法教学，学科知识就有了灵魂，学科知识就不只是符号型结论，而是有思想、有血有肉的鲜活知识。

为了加强学科思想方法教学，激活学科知识，我于 1986 年创立了“三层次单元教学法”。所谓“三层次单元教学法”，是把教学内容分成若干教学单元，从每个教学单元整体出发，分三个层次进行教学的方法。第一个层次是本教学单元学科思想方法的教学，第二个层次是本教学单元学科知识的教学，第三个层次是本教学单元学科能力的教学。

学科思想方法是蕴涵在学科知识中的一条隐线，不易发现和把握。因此，就有必要在“三层次单元教学法”的第一层次教学中，首先由教师通过引导，向学生挑明本教学单元的学科思想方法。明确了该教学单元的学科思想方法，就把握了该教学单元的学科知识的灵魂。有了灵魂附体的学科知识，学科知识就是呈现内在生命态的、相互联系鲜活灵动的有机体了。

例如，在《理论力学》中，有《几何静力学》和《分析静力学》两个教学单元。在教学中，我们分别首先向学生挑明，《几何静力学》的思想方法是，以力的观点，利用几何的方法，寻求刚体的平衡条件；而《分析静力学》思想方法是，以功的观点，利用变分的方法，寻求物系的平衡条件。

从这个例子可以看到，同是静力学问题，由于思想方法的不同，而形成了静力学的两个不同分支。在这两个不同的静力学分支里，其研究静力学问题的观点、路径和方法，以及应用范围都是不一样的。

站在学科思想方法的高度来看，不论《几何静力学》还是《分析静力学》，都是有想法的，都是有血脉的，都是生命的有机体。这就是加强学科思想方法教学的魅力。

从这个例子还可以看到，学科思想方法的新飞跃，会推动学科知识的新发展。这进一步说明，学科思想方法，不仅能激活学科知识，还能创新学科知识。

问世间，什么威力最大？从这里，可以领悟到：威力最大的，不是原子弹，不是任何有形的尖端武器；威力最大的，是思想，是智慧的思想！

在明确的学科思想方法的引领下，再进行学科教学单元的第二层次学科知识的教学和第三层次学科能力的教学，就能顺理成章，层层深入，而且能更本质地理解、应用和掌握学科知识。

一位机 1984 级学生，在题为《理论力学的思想方法》的小论文中写道："在上第一节理论力学时……我们这位老师讲的却是学习理论力学要注意思想方法。听到这话，我甚至想笑出声来，学习理论还要注意什么思想方法！"

学生觉得可笑，并不奇怪。这正如匈牙利哲学家贝拉·费格拉希所说："科学本身一方面是合乎方法的思维的应用，另一方面是理论，过去人们把科学仅仅理解为理论。"这位学生之所以觉得可笑，就是把理论力学仅仅理解为理论了。要怪就怪我们，怪我们作为教师的很少给学生讲述学科思想方法这个问题。

学生接着写道："后来，我开始注意老师讲的思想方法。这样，使我对整个理论有一个综合的认识，并且对一个具体问题，有一个明确的解决思路，也加深了我对所学知识的理解。"

这位学生最后写道："英国剑桥大学前副校长阿什比说：'教师传授给学生的最宝贵的本领，不是实在的原理，而是精神状态和思想方法。'我明白了阿什比的话是对的，这也是我学习理论力学的体会。"

这个学生的变化给了我们什么启示呢？我想启示至少有两点：一是说明加强学科思想方法教学的必要性，学生的"可笑"，是教师传道的"缺失"，是传"学科思想方法"之道的缺失；二是说明加强学科思想方法教学的重要性，学生的"体会"，说明思想方法比知识更重要，"授人以鱼，不如授人以渔"。

加强学科思想方法教学，能把学科教学提升到一个新的境界。

只要把握学科思想方法来认识学科知识，就有“问渠哪得清如许，为有源头活水来”的意境。这“源头”就是学科思想方法，这“活水”就是知识流，就是蕴载着学科思想方法的知识流。

只要把握学科思想方法来洞察学科知识，就有“会当凌绝顶，一览众山小”“独上高楼，望尽天涯路”的感受。这“绝顶”“高楼”就是学科思想方法，这“众山”“天涯路”就是科学知识。

只要把握学科思想方法来进行学科知识教学，教师讲起来，就会胸有成竹，挥洒自如，左右逢源，得心应手，妙悟其间，物我两忘，是一种精神上的享受；学生听起来，不仅能知其然，而且能透彻地知其所以然，也是一种精神上的享受。

2.激活知识的第二套功夫：加强学科知识与现实事物沟通，把握学科知识的普遍联系

学科知识是普遍联系的，打开联系的通道，能丰富学科知识的内涵，使学科知识更加丰满鲜活起来。为此，我认为应该打开以下三种联系的通道。

一是打开学科知识与现实“原型”联系的通道。

学科知识的产生和发展源于社会实践，现实世界中存在着无限的学科知识的“原型”。重要的问题在于，要树立“原型”意识，要善于发现“原型”，要有效利用“原型”。

在教学中，加强学科知识与现实世界的“原型”的联系，学科知识就成为有源之水，有本之木，就有了鲜活的生命态。从教学规律来说，这体现理论联系实际的教学原则，也符合列宁所指出的“从生动的直观到抽象的思维，并从抽象的思维到实践”的认识路线。

例如，在讲了“动量守恒”定理之后，我请同学们回忆在公园游玩划船的一个情形。划完船而船静止停在水面上，当你以一定的速度从船上跳向岸边的时候，请问：这时船体动吗？如果动，是向岸边动，还是背离岸边而动？

显然，假定船体与水平面之间的摩擦力忽略不计，由人船系统水平方向动量守恒知道，这时船体要动，而且是向背离岸边的方向运动。因此，人上岸的时候要小心，弄不好可能掉进水里。

这样把学科知识与现实“原型”联系起来进行教学，学科知识就有了实践的背景，也有了生动的画面感，既有了感性认识，也有了理性思考。这样

的学科知识，就不再显得干瘪了，而是显得鲜活了。

二是打开学科知识各个部分联系的通道。

每门课程，或研究问题的不同，或研究对象的不同，或研究思想方法的不同，其学科知识的内容，可分成若干部分（如课程内容的各个篇章）。这各个部分的学科知识是相互联系的，各个部分的学科知识及其相互联系的总和，形成课程有机整体的学科知识。

因此，在进行各个部分的教学时，既要“顾此失彼”又要“由此及彼”。既要讲好每个部分的学科知识，又要讲出学科知识整体的各个部分学科知识的联系。既见树木又见森林。这样就能从整体上更深刻地认识各部分学科知识所具有的地位、作用和意义。打开学科知识各部分联系的通道，就能显现整体学科知识的灵动性，也能更好地把握学科知识的本质。

在力学中，作为一个整体，质点系动力学普遍定理包括三个部分：动量定理、动量矩定理和动能定理。

从整体上讲，这三个定理是相互联系的，都源于牛顿力学的基本定律，都揭示了质点系运动的“因果律”关系，都可用来解决质点系动力学问题等。

从部分来讲，这三个定理又各有特点，所揭示的“因果律”关系有所不同。它们分别建立了质点系整体运动的特征量——动量、动量矩、动能，与力系的作用量——力系的主矢、力系的主矩、力系的功，之间的相互关系。它们用来解决质点系动力学问题的用场也有所不同。如对于具有理想约束的质点系，就不能利用动能定理来求约束反力，欲求约束反力，还得利用动量定理或动量矩定理。

从三个基本定理的整体上来看，各个基本定理是“尺有所短，寸有所长”，或者说是呈现出“横看成岭侧成峰，远近高低各不同”的意境。把握好质点系动力学普遍定理的部分与整体的关系，就能更好地认识质点系动力学普遍定理的内涵和实质。

三是打开学科知识多样性联系的通道。

联系是普遍的也是多样的。有人说，自然科学有两门近亲——哲学和文学。哲学是自然科学和社会科学的升华，对二者有指导作用。文学是在情感领域里探求真理，科学是在知识领域里探求真理，它们的最终目标是一致的。可以说，哲学的辨证思维和文学的形象思维是科学思维的一双有力翅膀。

在教学中如果能用哲学的观点来诠释学科知识，那么就会把学科知识提升到一种新的精神境界，使其获得一种灵性而更加鲜活起来。

在力学中，有“质点”和“刚体”两个概念。刚体和质点是不同的，刚体可以看成是由无限个质点组成的特殊质点系。前面已经研究了单个质点的运动学，对于刚体的运动学应该如何来研究呢?

刚体与质点有差异。毛泽东在《矛盾论》中指出：“差异就是矛盾”“矛盾着的双方，依据一定的条件，各向着其相反的方面转化”。

按照这样的哲学思考，“刚体”和“质点”这对矛盾，在一定的条件下，是可以相互转化的。

通过分析，根据刚体的物性和刚体的不同形式运动的特定条件，由无限个质点组成的刚体的运动，可以转化为有限个质点的运动。如，刚体的平动可以转化为一个质点的运动。刚体的平面运动可以转化为两个质点的运动等。这样就为研究刚体的运动开辟了一条新的路径。

对于刚体的运动学，有了这样的哲学思考，内涵就丰富了，就有了高度，就有了韵味。这也是哲学思考的魅力。

在介绍爱因斯坦的相对论时空观时，我引用了诗仙李白的诗句：“人生非寒松，年貌岂常在。吾当乘云螭，吸景驻光彩。”不难理解诗仙说的意思是，人不能像寒冬的松树一样，青春常在。可是当我乘上飞腾的神龙，就可以使时光停滞(“吸景”)，而永葆青春常驻(“驻光彩”)。

诗仙李白具有超然物外、缥缈奇幻的想象力，而大科学家爱因斯坦具有创造性的想象力。大科学家与大诗人往往是心灵相通的。正如爱因斯坦所说：“在科学思维中，永远存在着诗歌的因素。”

可以看出，李白的诗的意象与爱因斯坦的相对论的时空观几乎合拍了。事实上，某些古代诗词对自然科学能起到抉微探幽的作用。

在教学中，适当引用一些诗词，或自编一些科学诗，进行诗化教学，对激活学科知识也会起到积极作用。

3.激活知识的第三套功夫：加强以学科知识教学为载体的学科思维方法教养，把握发展思维能力的育人本质

大学教育教给学生的应该是一种理念，是一种有助于解决实际问题的思维理念，而不仅仅是传授的知识。

英国教育家爱德华·德波诺认为：“教育就是教人思维。”

爱因斯坦说:“发展独立思考和独立判断的能力,始终应该放在首位,而不应当把获得专业知识放在首位。”

与爱因斯坦同时期的劳厄说过:“重要的不是获得知识,而是发展思维能力。”

钱学森说:“教育工作的最终机理在于人脑的思维过程。”

杨叔子说:“人的素质本质上主要就是人的大脑如何思维。”

畅销书《思考的艺术》的作者拉吉罗说:“使思维成为教育重点。”

可见,大师们多么看重思维教养在教育中的地位,把思维教养提高到了教育的首要位置。什么是思维?我想,通俗一点,是不是可以这样说:思维就是思考,就是思考的维度,就是理性的认识过程。

任何一门学科知识都蕴含着丰富的学科思维。这里说的学科思维与前面提到的学科方法,既有联系又有区别。

学科方法,一般指的是研究学科问题的高度概括的专门方法。如,《理论力学》的学科方法,可以概括为公理化方法、抽象化方法、逻辑方法等。学科方法具有宏观性。

学科思维,是在学科知识的基础上,人们对学科知识中所蕴含的具体辩证思维的理性认识。简单地说,学科思维就是学科知识中蕴涵的具体的辩证思维方法。学科思维具有微观性。

如,在《理论力学》中,有点的空间曲线运动的直角坐标形式的运动方程的。即,

$$x=x(t),$$

$$y=y(t),$$

$$z=z(t).$$

描述点的空间曲线运动,为什么要采用这种直角坐标形式的三个运动方程呢?

在这里,让我们先温习列宁的一段话:“如果不把不间断的东西割断,不使活生生的东西简单化、粗糙化,不加以割碎,不使之僵化,那么我们就不能想象、表达、测量、描述运动。”

这就是说,点的空间曲线运动的三个直角坐标形式运动方程表示法,就是把点的复杂空间曲线的运动,“割碎”“使简单化”,分解为简单的三个直线运动,这样才能“想象、表达、测量、描述运动”。

把复杂事物简单化，把整体分解成部分，分别加以研究，然后对各个部分进行统一考察，从而获得对复杂事物的本质和整体运动规律的认识。从思维方法上来讲，这是分析与综合的辩证思维方法。也就是说，质点运动的直角坐标表示法，就是力学中“分析与综合”辩证思维方法的具体体现。

而在教学中，我们往往只顾讲述质点运动的直角坐标表示法这个学科知识结构本身，却没有注重以这个学科知识教学为载体，来加强该学科知识所蕴含的“分析与综合”的辩证思维方法教养。

还如，在《理论力学》的刚体运动学中，刚体是由无数个质点组成的特殊系统。这种“刚体”与“质点”的差异，使得“刚体”与“质点”成了一对矛盾。正像前面曾经分析的那样，在不同的条件下，刚体的不同运动可以转化为不同的有限个质点的运动。于是，得到了刚体平动、刚体定轴转动、刚体平面运动等的刚体运动学的学科知识。

可见，在刚体运动学的学科知识中，就蕴涵着“化无限为有限”“变复杂为简单”“让未知变已知”“刚体与质点的对立可以转化为统一”等具体的辩证思维方法。

在教学过程中，我们往往丢掉了最重要的一句话。那就是点明学科知识中蕴含的那些辩证思维方法的振聋发聩的那句话。

或者是说，在教学过程中，我们往往缺少了，“教育就是教人思维”的育人之本的这根弦。

人的思维富有内在动力，学科思维具有原创性。学科知识是基础，学科思维是关键。有了学科思维的学科知识，学科知识才是活的，才是发展的，才是创新的。否则，没有学科思维的学科知识，学科知识就是没有生命的一堆干瘪符号。

因此，在教学中，在完善学科知识结构的同时，更要以学科知识教学为载体，完善学科思维方法教养。这样不仅有利于激活学科知识，也是培养学生思维能力的育人之本。

任何一门学科知识，都蕴含着各自的学科思维方法。所学的学科知识可能忘记，不一定终身受用。而当通过多门学科思维方法教养，得以潜移默化不断提高的思维理念和思维能力，那将会终身受益。

知识是思维的基础，思维是行动的先导。思维的维度有多大，思想就会有多深，行动就会走多远。学科思维方法比学科知识更重要。

"使思维成为教育重点"，作为教师，我想我们当记取！

二、激活学生，引导学生自主学习

这里所说的激活学生，是指激发学生潜在的活力，调动学生学习的积极性，引导学生自主学习。怎样激活学生呢？在前面讲到的"激活知识"中，唤起学生主动探求的欲望，也是"激活学生"的一部分。除此之外，我觉得，为了激活学生，作为教师也要练就三套功夫。

1.激活学生的第一套功夫：树立现代教学思想，确立学生主体地位

以教师为主导，以学生为主体，是现代教学的重要思想。充分发挥学生的主动性，促进学生健康成长，是教学工作的出发点和落脚点。

在教学中，教师要发挥主导作用，引导学生主动学习，发挥学生优势潜能，启迪学生智慧思维，培养学生兴趣爱好，鼓励学生个性发展，促进学生健康成长。这"主导作用"的六个方面，我想应该是"以教师为主导，以学生为主体"的现代教学思想的基本内涵。在现代教学思想的引领下，教师在教学过程中，要自始至终发挥教师的主导作用，充分体现学生的主体地位。

因此，在教学中，教师不能搞"一言堂""满堂灌"。否则，就是"学生主体地位"的缺失。这种主体地位的缺失会带来不良后果，禁锢了学生的主动性，限制了学生的发展时空。在理念上，教师还应当摈弃"以知识为本"的教学观念，树立"以学生为本"的教学理念。这样，教师在教学过程中，才能在心底里，时刻有学生，不忘学生的主体地位。

在教学过程中，怎样才能体现学生的主体地位呢？

我想，这就要看，在教学过程中，在教师的主导下，学生的"脑""口"和"手"，是不是真正地"动"起来了。

(1)"脑"动起来，就是要激发学生自主思维

至圣先师孔子说过："学而不思则罔，思而不学则殆。"

亚圣孟子又说过："心之官则思，思则得之，不思则不得也。"

爱因斯坦也说过："学习知识需要思考、思考、再思考，我就是靠这个学习方法成为科学家的。"

英国作家波尔克还说过："读书而不思考，等于吃饭而不消化。"

显然，先圣和大家们都强调，头脑动起来，勤于思考，在学习中具有至关重要的作用。

因而，在教学中要激活学生，就要把学生的头脑开动起来，引发学生自主思维。怎样才能把学生的头脑开动起来呢？

我以为，就是要在教学中贯彻启发式教学。启发式教学思想的本质，就是引发学生自主思维。至于，在教学中何以贯彻启发式教学，我们将作为激活学生的第二套功夫，在下面谈及。

(2)“口”动起来，就是要把话语权还给学生

在教学中，学生失去了话语权，也是“学生主体地位”的一种缺失。

回忆自己的大学生涯，几乎没有哪位老师，在课堂上让我就某个问题谈谈自己的想法。自然在课堂上也少有话语权。

后来，自己当了老师，特别是逐步有了新的教学理念以后，有时想到失去话语权的过往，心里禁不住会产生一种莫名的惆怅、心寒和隐痛。那就是上了四年大学，在课堂上，学生竟然没有和老师有过一次交流的机会！这对学生来讲，是一种缺失，也是一种亏欠！

多好的青春年华啊！失去了不该失去的，该滋养的却没有滋养！这样的状态，有亏韶华，情何以堪！

因此，在以后的课堂教学中，我开始注意与学生交流，把话语权还给学生，让每一个学生都拥有说话的机会。

话语权是一种交流，是一种表达，是一种探讨，是一种自信，是一种能力。

据一份美国大学的学习评价(CAL)报告称，美国大学校长要求学生毕业后应具有如下能力：第一，批判性思维；第二，复杂的推理能力；第三，优秀的书面写作和语言表达能力。

可见，在美国大学教育的评价体系中，学生的语言表达能力占有重要一席之地。

作为培养教师的师范院校，更要注重学生的话语权，藉以培养未来老师应具有的卓越语言表达能力。

把话语权还给学生，给学生表达的机会，让学生参与课堂交流，并不是要求学生说得多么圆满，而是把话语权，作为培养学生思维能力和语言表达能力的历练过程。

为了鼓励学生在课堂上大胆说出自己的想法，我常常告诉学生，不要怕说得不周全，说错了也没关系，我们是在共同探求。在探求中，期望我们综

合运用知识的思维能力，以及语言表达能力得以锻炼和提高。

法国启蒙思想家伏尔泰曾说："虽然我不同意你的观点，但我誓死捍卫你说话的权利。"作为老师，我们更应该如此。在交流中，我们可以说学生回答错了，但我们必须捍卫学生说话的权利。

(3)"手"动起来，就是要让学生在"做"中学

这里说的"做"的一种含义，是"做中学"。

"做中学"，作为工程教育改革的一种战略，已在国内一些工科大学开始试点起来。"做中学"，是工程教育的一种教育模式，是"基于项目教育"的一种教学理念。

"做中学"原则的集中概括和抽象表达是 CDIO，是构想(Conceive)，设计(Design)，实现(Implement)，操作(Operate)4 个英文单词的缩写。

在"做中学"教育模式中，实施 CDIO 教学方法，从项目活动中学，学与做相结合，学生成为教学过程的积极主动参与者，而教师是学生活动的协助者。显而易见，在"做中学"教育模式中，学生的积极性和主动性被调动起来，学生的主体地位得以充分体现。

"做"的另一种含义，是"学中写"。这种"做"的含义，是指在一般基础课程或专业基础课程的教学过程而言的。

"手"动起来，就是要让学生"学中写"。

《理论力学》是专业基础课程，也是一门具有应用性的理论课程。因此，在该课程的教学过程中，让学生"学中写"，我注重两种方式。

一是写好作业。课外作业是消化、应用和巩固课堂所学知识的重要教学环节。写好作业，对于培养学生综合应用知识的创新思维能力和文字表达能力具有重要作用。

因此，对于写作业，要求学生，既要动"脑"又要动"手"，既要写清解题思路和方法，又要写明解题的规格和步骤。并且把这些作为写好作业的基本功，始终严格要求学生。

二是写"小论文"。这里所说的"小论文"，是指在学习《理论力学》课程时，倡导和鼓励学生发挥自己的聪明才智和创新思维，对所学内容有所感有所悟的地方写成的小论文。"小论文"活动安排在课程进行的中后期进行。写"小论文"，是一个需要精心组织的严密思维过程。写"小论文"时，引导学生要回答这样几个问题，写什么问题？怎么写这个问题？有何发现？有何

意义？

“小论文”活动，调动了学生自主学习学科知识的积极性，也为培养学生的创新思维能力和文字表达能力提供了平台。因此，该活动受到不少同学的欢迎。

2. 激活学生第二套功夫：承扬启发式教学思想，激发学生自主思维

开创启发式教育先河的教育家孔子说：“不愤不启，不悱不发。”（《论语·述而》）也就是说，当学生达到“愤”“悱”境界时，再去启发他，开导他。

我以为，启发式教学思想的核心是：发挥教师的主导作用，激发学生自主思维，师生合作探究问题。而核心的核心是：激发学生自主思维。设问引疑，能有效地营造“愤”“悱”境界，学生的求知欲被极大地调动起来，大脑处于高度关注状态，是激发自主思维的最佳时刻。

古希腊杰出学者亚里士多德说过：“思维是从疑问和惊奇开始的。”

物理学家普朗克说过：“思考可以构成一座桥，让我们通向新知识。”

因此，为了继承和发扬启发式教育思想，在教学过程的各个教学环节中，都应有相应的“设问引疑”问题的事先精心设计。这样，启发式教学，就能自始至终地贯彻到教学过程的各个教学环节中。从而，在整个教学过程中，都会有意识地激发学生自主思维。

元代范德玑在《诗格》中，提出了“起要率直，承要舂容，转要变化，合要渊永”的“起承转合”作诗方法。后来，“起承转合”泛指文章的做法。

在教学中，逐步感受到，如果赋予“起承转合”新的教学含义，那么“起承转合”的做法，就与教学过程的基本环节高度契合。因而，在教学过程中把启发式教学与“起承转合”结合起来，取得了比预想还要好的教学效果。

也就是说，为了更好地贯彻启发式教学，在教学过程的“起承转合”之处，都要有相应的“设问引疑”问题的精心设计，以便于因势利导，不断地激发学生自主思维。

“起、承、转、合”的教学含义，我认为就是分别与教学过程中的“激发动机、认识教材、培养能力、提升素养”主要教学环节相互契合。

“起”——导入新课，引趣质疑，紧扣主题，激发动机；

“承”——承上启下，明确思路，展开内容，认知教材；

“转”——联系实际，学以致用，巩固知识，培养能力；

“合”——概括要点，领悟思想，教养思维，提升素养。

下面，以动力学基本定理之“动量定理”的启发式教学为例，来说明在教学过程“起承转合”的各个教学环节，是如何精心设计“设问引疑”，以激发学生自主思维的。

关于“动量定理”的“起”。

“起”这一教学环节，就是新课的导入，也就是新课的“开场白”。开场白要生动有趣，引疑激思，紧扣教学主题，激发学生自主学习的动机。

在讲“动量定理”之前，我先请同学们想象并思考这样两个问题：为什么飞行的子弹能把墙打个洞？为什么慢行的汽车能把路边的树木撞倒？

这两个设问引疑，这就是讲“动量定理”的“起”，即“开场白”。

这个“起”与“动量定理”的内容相关，紧扣本次课的主题。

这个“起”，贴近实际，有画面感，生动有趣，会引起同学们的兴趣。

这个“起”，营造了“愤”“悱”状态，会激发同学们的学习动机。

接着，启发诱导：子弹能打洞，汽车能撞倒树，这说明什么？这说明“飞行的子弹”和“慢行的汽车”的“劲儿”都不小。可是，子弹个头小，飞的快；汽车个头大，缓行慢。

如此看来，再请同学们想一想：运动物体的“劲儿”与物体的什么因素有关？

通过交流，大家明白运动物体的“劲儿”，不仅与物体的大小（质量）有关，还与物体的快慢（速度）有关。

这时，给出动量的概念：在力学中，把质点的质量 m 与它的速度 v 的乘积 mv 称为质点的动量。并指明质点的动量是质点机械运动强弱的度量。

这样的“起”，水到渠成地进入本次教学“动量定理”的主题。并且，为进入下一个教学环节“承”，做了充分铺垫。

“承”这一教学环节，主要是对“起”的教学环节承上启下。也就是，在学科思想方法的引领下，展开学科知识的教学，达到感知和理解教材的教学目标。这一环节，是教学的中心环节。

关于“动量定理”的“承”。

请同学们回忆一下，在“质点动力学”教学单元里，我们曾经提出过的牛顿力学的思想方法，是什么？

回答得很好！是“因果律”思想和微积分方法。

现在，我们就在牛顿力学思想方法的指引下，在牛顿定律的基础上，来共同研讨在“开场白”中提到的，有关“动量”的质点系动量定理的基本内容。

这包括：质点（系）的动量定理、质点（系）的冲量定理）、质点系的动量守恒定理、质心运动定理、质心运动守恒定理等。

自然，在这些具体内容的教学过程中，依然要不失时机地设问引疑，激发学生自主思维，以促进师生共同探究。

这样我们就学习和理解了“质点系动量定理”的基本内容。并且为进入下一个“转”的教学环节，奠定了理论基础。“转”这一教学环节，主要是将学科理论知识“转向”联系生活和工程实际，加深理解学科知识，达到学以致用，借以巩固学科知识，并培养学生分析问题和解决问题的能力。

关于“动量定理”的“转”。

还记得“开场白”中的问题吗？现在我们就可以应用动量定理的知识来说明这个问题。

由质点的矢量微分形式的动量定理知，

$$d(m\mathbf{v})/dt=\mathbf{F}$$

同学们还记得定积分中值定理吗？请大家回忆一下。

将上式积分，并利用定积分中值定理，会得到

$$m\mathbf{u}-m\mathbf{v}=\mathbf{F}^{*}\tau$$

式中 $\mathbf{v}$ 和 $\mathbf{u}$ 分别表示质点在时间间隔 τ 的初速度和末速度，$\mathbf{F}^{*}$ 表示质点在时间间隔 τ 所受的瞬时平均力，m 表示质点的质量。

利用上式，我们来具体说明“子弹打洞”和“汽车撞倒树”的问题。

假设子弹开始打到墙体表面时的速度为 v，子弹打进墙体最后的速度为 u，子弹在墙体内运动的时间间隔为 τ，子弹的质量为 m，F^{*} 为在时间间隔 τ 内墙体作用于子弹的瞬时平均力。

显然，$u=0$。于是，将上述矢量式向子弹运行水平方向的轴上投影，得到

$$-mv=F^{*}\tau$$

由此得

$$F^{*}=-mv/\tau$$

式中负号，表示墙体作用于子弹的瞬时平均力的方向是向外，与子弹运行的水平方向向里相反。

由于子弹撞击墙体时间 τ 非常短，而子弹的速度比较大，所以瞬时平均

力 F^* 的数值就非常大。

根据作用与反作用定律，子弹作用于墙体的瞬时平均力也非常大，足以能将墙体打个洞。

“汽车撞倒树”，也是类似的道理，只不过汽车的 v 小而 m 比较大罢了。

在“转”的教学环节，为使理论联系实际，可结合日常生活和工程技术中的典型实际问题进行讨论。

例如，我们讨论了火箭的喷气推进。在火箭中，发动机的燃气以高速向后喷出。把火箭和喷出的燃气作为一个质点系，则火箭和燃气的相互的作用力是内力，它不能改变整个质点系的动量。但在燃气向后喷射的同时，必使火箭获得相应的前进速度。

还如，世界上第一批“人体卫星”。1984 年 2 月 7 日，美国两个宇航员离开航天飞机“挑战者”号，在太空自由飞翔一个半小时，成为世界上第一批“人体卫星”。他们相对于航天飞机以每秒钟十厘米的速度向前移动，就是靠的以氦气为动力的胆囊式喷射推进器(“背包火箭”)。

“合”这一教学环节，主要是对教学内容的概括和总结。而这个概括和总结，我认为应该包括两个方面：一方面是对学科知识的概括，以及对某些知识点内涵的点拨；另一方面是对学科知识的学科思想方法的领悟，以及对学科知识中所蕴含的辩证思维方法教养的提炼。

我觉得后者比前者更重要。这样有利于树立学生的学科思想方法意识，有利于培养和发展学生的思维能力，有利于增强和提升学生的科学素养及思想境界。

关于“质点系动量定理”的“合”。

关于“质点系动量定理”学科知识内涵的两点点拨。

一是关于动量概念的点拨。前面说过，质点系的动量是一个什么度量？为扩大视野，现在我们点明，动量不只是质点系机械运动强弱的度量，而且是质点系单纯机械运动传递的最好度量。这一点，从质点系的动量守恒定理中看出来。

应当说明，当质点系机械运动向其他运动形式转化时，动能是质点系机械运动的最好度量。

二是关于动量守恒定理的点拨。

动量守恒定理告诉我们什么？告诉我们，只有质点系的外力才能改变质点系的整体动量。也就是说,质点系的内力不能改变质点系的整体动量。现在要强调,虽然质点系的内力不能改变质点系的整体动量,但是质点系的内力可以改变质点系的各部分的动量传递。如,上面提到的火箭喷气推进。

另外,动量守恒定律是三大基本守恒定律之一(还有能量守恒定律和角动量守恒定律)。动量守恒定律具有普适性,不仅适用于宏观物体组成的系统,也适用于微观粒子组成的系统。

关于"质点系动量定理"学科思想方法的领悟。

请大家回忆并回答以下两个问题:

牛顿力学的思想方法是什么?

——"因果律"思想和微积分方法。

质点动力学的思想方法是什么?

——在牛顿力学"因果律"思想方法的指引下,建立质点运动的因果关系。

现在请问大家,如何表述"质点系动量定理"的学科思想方法?

——在牛顿力学"因果律"思想方法的基础上,建立质点系整体的运动特征量质点系动量与质点系外力的作用量外力主矢之间的因果关系。

请大家体会,这三个学科思想方法的表述有什么异同?

关于"质点系动量定理"学科思维方法的提炼。

"质点系动量定理"学科知识中,蕴含着不少辩证思维方法。

如,在"动量"概念建立中的"感性与理性""具体与抽象""定性与定量"的等辩证思维方法。

又如,在"动量定理"中的"外力与内力""微分与积分""瞬时与时间间隔"的等辩证思维方法。

还如,在"动量守恒定理"中的"外力与内力""整体与部分""零与非零""不变与变"的等辩证思维方法。

可以感受到,按照教学过程的"起承转合"各个教学环节,分别有意识地加强启发式教学,会在整个教学过程中激发学生不同内涵的自主思维。

3.激活学生的第三套功夫:创设自主学习时空,开发学生优势潜能

人的自身发展蕴藏着无限的潜能,人的发展过程在一定意义上就是潜能不断开发的过程。德国教育家雅斯贝尔斯认为:"教育活动关注的是,人的潜力如何最大限度地调动起来并加以实现,以及人的内部灵性与可能如

何充分生成。”

人的发展离不开外部环境的影响，学生的潜能开发离不开学校的教育活动。作为教师，应开发学生的优势潜能，我创设一些学生自主学习时空，开展一些教学活动，如小论文活动、实行鼓励分、作业批语、个别交谈等。

在这些活动中，有些学生的自我意识进一步得以唤醒，优势潜能进一步得以开发，自主发展进一步得以加强。

如机 9501 班的一位学生，早先的时候作业写得有些潦草，但思路比较清晰。我在作业上写了批语：“希望写得认真些！”可是他有点不以为然，作业写得仍然不够认真。我又写上了批语：“思路尚清晰，表达过于简单，仍欠认真！”此后，作业还是变化不大。我又第三次写上批语：“要注意分析，分析好，大有益！”后来，还接着写过“只要认真，相信你会学得更好！”等批语。

精诚所至，金石为开。他的作业终于写得像模像样了，既有解题思路的分析，又有解题过程的表达，显得很完美。批阅这样的作业，简直是一种享受。

令人意想不到的是，他期末考试考了 102 分(包括得了“实行鼓励分”的 5 分“附加分”)。

更令我没想到的是，他快毕业时突然来找我，说：“周老师，我想考研。”一听到他想考研，感到很惊喜，甚至有喜出望外。我立马说：“那好啊。”要知道，在当时我校考研的还不多。他还说：“周老师，您得帮我准备考力学。”我说：“那没问题。”结果，经过努力，该生考上了北京工业大学的研究生。

举这个例子，是想说作为教师，要因材施教，要因势利导，要付出爱心，付出就会有收获。

其他，关于“小论文”活动、实行鼓励分、个别交谈等做法以及典型事例，在前面的文章中有过介绍，这里就不再赘述。

在这里，只想把学生参加“小论文”活动后的一些感受介绍一下。

有的学生认为小论文活动活跃了学习气氛，充分发挥了同学们的潜力，提高了学习积极性。

还有的学生认为通过小论文在班上的交流活动，学到了不少东西，起到了学习交流的作用。

做过“小论文”报告的学生说：“对每一个做报告的同学来说，是一个很好的锻炼的机会，为了准备报告，学习积极主动了，自己的水平确有提高”。

学生们还建议:“这种活动可以搞下去,范围可以再大一些,再多来点‘闪光’的东西。”

在教学过程中,创设“小论文活动”等一些自主学习的时空,对激发学生自主学习,开发学生潜能,促进学生健康成长都具有积极作用。

不知怎的,时常在心里对自己说,作为教师总要为学生做些什么。事实上,做就比不做强,做了就会有成效。

三、激活自己,提高教师综合素养

俗话说:“打铁先要本身功夫硬。”

要想“激活知识”“激活学生”,教师必须首先“激活自己”。教师自己还未被“激活”,那“激活知识”“激活学生”都是一句空话。

教师应该怎样“激活自己”呢？我觉得作为教师还得练就三套功夫。

1. 激活自己的第一套功夫:坚守教师信念,耕耘自己园地

说实在话,我当初之所以选择教师这个职业,并不是出于对教师职业的热爱,而是出自无奈。高中毕业前夕,当解放军航空学校在我们信阳一高招收空军地勤人员时,我因体检查出红绿色弱而未能如愿。后来,高考填报专业志愿时,也因同样的原因,受到了很多限制。最后只好填报师范院校的数学专业。

1956 年,我考入当时的天津师范学院数学系。学院于 1958 年和 1960 年,分别更名为天津师范大学和河北大学。1960 年在河北大学毕业时,留在学校数学力学系任教,我就这样成了一名教师。

选择决定人生走向,不管是主动选择,还是被动选择。尽管对我来说,做一名教师是被选择,但现在回过头来看,不仅未曾后悔过,反而觉得应该感谢当初的“被选择”。

人不管做什么事情,哪怕是被选择的,只要是选择了,那就要先做起来。只有先做起来,才会感知它,你才有资格说喜不喜欢它。

作为园丁,要耕耘自己的园地。你耕耘了,收获了,你就快乐,你就会喜欢上教师这个职业,你也就会热爱教师这个职业。

在不断耕耘的历练中,我逐步确立了“做一个让人民放心的教师”的信念。

树有根,水有源。这种信念确立,还与我小时候的两次经历有着渊源

关系。

1949 年初，我的老家——河南信阳柳林解放前夕。快过年的一天后晌，一帮国民党兵突然闯进我们家住的大杂院里。不一会儿，有两三个人冲进我们家做饭的地方。看到地上正炖着一锅卤肉，便不由分说，把肉锅抢跑了。气得我和母亲在一旁干着急，也没有办法。这些人简直是一伙土匪！

当时，我还不到十一岁。这件事已过去近七十年了，但是这些人的凶恶面目，在我心里留下了一道永远抹不掉的印记。

1949 年的春天，我的老家河南信阳柳林解放了。那时候，我在柳林小学上学。有好多天，南下的解放大军不断地从我们学校门前的平汉公路通过。有几天，赶上了下大雪。这时，一些解放军来到我们学校。在校园里，有的解放军帮我们扫雪，有的教我们扭秧歌，有的教我们唱歌。“解放区的天是明朗的天，解放区的人民好喜欢……”这首歌，就是这时候解放军教我学会的。

这几天和解放军在一起，又唱歌又扭秧歌，觉得很新鲜很高兴。心想，还有这样的军队！感到解放军很亲切，很可爱，很美好。

有比较才会明白。有了两次见到不同“兵”的亲身经历，谁好谁坏，心里一下子就清楚了。特别是和解放军在一起的这些天里，我好像突然懂事了，觉得长大了不少。我感觉身上正在起着某些微妙的变化：眼界好像开阔了，世界好像变大了，心里好像也明亮了许多。

好像就在这个时候，正是解放军的“美好”形象，在我幼小的心灵里播下了“美好”的种子。一种热爱“美好”，向往“美好”的念头，像春芽一样，在心里萌发了。

慢慢地，我常常在心里对自己说：长大了，要像解放军那样，做一个播种美好的人。“做一个播种美好的人”，这就是我的初始人生信念。

可以这样说，“做一个让人民放心的教师”的信念，正是我的“做一个播种美好的人”的人生初始信念，在教师职业上的具体体现。

人是应该有信念的，信念是生命的支点。什么是信念？信念，就是心里对自己说的话，就是告诉自己要做怎样的人，要做怎样的事。

人一旦有了信念，就有了主动追求自己信念的自觉。作为园丁，就会坚守自己的信念，默默耕耘着自己的园地。

耕耘，就是传道授业解惑，就是教书育人，就是在耕耘中做一个让人民放心的教师。

我在《耕耘》中，表达了耕耘自己园地的心境：

只顾耕耘，不问收获。

智慧耕耘，总有收获。

一分耕耘，双重收获。

感恩耕耘，乐享收获。

前两句中，“只顾耕耘”，是说耕耘时，心无旁骛，专心致志，要“汗滴禾下土”“润物细无声”。“不问收获”，不是说“不要收获”，而是说收获就在辛勤耕耘之中。耕耘是因，收获是果。只要耕耘好自己的园地，你不用问，收获就在那里。

因此，前两句要表达的是教师的敬业精神，是教师应当具有的“春蚕到死丝方尽，蜡炬成灰泪始干”的无私奉献精神。

在教学中，我设置了《教学手册》。对于学生在学习中出现的比较好的或不太好的情况，我都记录在《教学手册》中，以便因材施教，加强交流。如，有的学生不仅做了留的习题，还做了未留的习题；有的学生或是缺课，或是未交作业，或是期中考试不及格等。对于出现较好情况的学生，要适当给以鼓励，并提出进一步要求；对于出现不太好情况的学生，要进一步了解学生的情况，与学生交流，并有针对性地提出具体要求。这样有的放矢的耕耘，施加不同的养分，相信会春华秋实，一定不会辜负殷勤的期待。

下面二句中，“智慧耕耘”，是说耕耘时要讲究方法。不论是耕耘知识园地，还是耕耘学生心田，教师都要有较开阔的人文视野和较厚重的人文素养，用辩证思维这种智慧的思维方式教书育人。“总有收获”，是说在知识园地和学生心田的耕耘中，只要以科学求真、道德求善、艺术求美的真善美的人文精神教书育人，就一定会有收获。

这两句要表达的是教师的教书育人方法，是教师要以真善美的人文精神教书育人。

像前面谈到的，“三层次单元教学法”，以及“激活知识”和“激活学生”中的一些做法，都力求体现这种教书育人方法。

第三个两句中，“一分耕耘”，是说作为园丁，一定要耕耘好自己的那一份教书育人园地。“双重收获”，是说在耕耘中，教师和学生都应该有两方面的收获。一是学科知识上的收获，二是发展思维能力上的收获。而以前，我们往往只注重学科知识的获取，却忽略了思维能力的培养和发展。知识是基础，思维是关键，人的素质本质地表现在如何思维的思维能力上。

第三个两句要表达的是教学的二元性，是以传授学科知识为主，并以传授学科知识为载体注重培养和发展学生的思维能力。

关于这一点，在“激活知识的第三套功夫”中，专门谈到了。

最后两句中，“感恩耕耘”想说的是，感恩在耕耘中逐步养成的乐于奉献的敬业精神，感恩在耕耘中逐步探索的真善美的育人方法，感恩在耕耘中逐步明确的教学的二元性，正是这些辛勤的默默耕耘，才获得教育园地丰收的喜悦。“乐享收获”想说的是，面对辛勤耕耘果实丰厚的美好景象，师生在共度的生命历程中，享受到一种生命共成长的快乐，体验到一种生命共激扬的喜悦，感悟到一种生命共提升的满足。

最后两句要表达的是教育的生命本质，是“教育即生命”，是教育的目的在于生命的不断成长。

在耕耘自己园地中，在师生共度的生命历程中，总会有这样的时刻：师生共享生命成长的快乐。

2.激活自己的第二套功夫：开阔人文视野，提高人文素养

作为教师要有两个水平。一是要有较高的学科学术水平，二是要有较高的教学学术水平。也就是说，教师除了要有较厚实的专业素养外，还要有较开阔的人文视野和较厚重的人文素养。人文精神就是人类文明的精神和真谛，就是科学求真、德育求善、艺术求美。人文素养就是真、善、美的素养。

有关教育思想、教学理念、教学方法、教学艺术、教学心理、教学语言、文学底蕴、哲学修养、人格魅力等方面的素养，我想也都应该是属于教师人文素养的范畴。

俄国革命家、哲学家、作家车尔尼雪夫斯基说过：“教师素养的厚度，决定了学生发展的高度。”

因此，教师要不断提高两个学术水平，要努力增强人文素养厚度。这样才能更好地促进学生健康成长的高度。

教师要提高两个学术水平，增强人文素养厚度，就要认真接受新事物，不断获取新知识。如此才能保持思想的活跃和水平的提升。

正如宋代大学者朱熹在《观书有感》中所描绘的那样：“问渠那得清如

许？为有活水源头来。”不然的话，不学习，吃老本，原来的学识和水平就像是一潭死水，毫无生气和进展了。

接受新事物和获取新知识，要与自己的教学实践结合起来，这样有的放矢的创新，更好地提高自己的两个水平，从而提升课堂教学的活力和魅力。

这里，先说个感触颇深的例子——学科思想问题。

著名物理学家杨振宁博士 1971 年在北京大学演讲时说：“中国的学生是知识太多，活的思想太少了。”

著名美籍物理学家李政道博士 1979 年在访问中国科技大学时说：“对学生来讲，会计算，能记住，考试考得不错，都不是最重要的，最重要的是物理概念掌握问题；对科技人员来讲，仪器多了，条件好了，并不等于就能做出有成效的工作，最重要的是要有好的物理思想。”

这是我第一次看到“知识与活的思想”的提法，也是第一次看到还有“学科思想”（物理思想）的概念。以前总以为，学科知识就是学科知识，好像没有注意到还有什么学科思想的问题。对我来说，“学科思想”就是新事物。

什么是学科思想？学科思想与学科知识是什么关系？学科思想有何作用和意义？这些问题开始引起我的关注和思考。

最早查到“学科思想”名称的是“数学思想”。是我从《古今数学思想》的书名上就能一眼看到的。在该书第 2 册的第 16 章和第 17 章，还分别给出了“函数的思想”和“微积分的思想”的内涵，尽管没有直接说出“函数的思想”等名称。

通过不断学习，逐步了解到学科思想等相关的概念。一般地说，任何学科都包含四个要素：学科问题、学科思想、学科方法、学科知识。简单地说，学科问题，就是学科要研究的问题；学科思想，就是研究学科问题的观点；学科方法，就是研究学科问题的专门方法；学科知识，就是研究学科问题获得的知识。

学科思想是对学科知识的本质认识的高度概括，学科方法是学科思想在学科认识活动中的具体反映和体现。学科思想方法隐含在学科知识的产生、发展和应用的全过程，是学科知识的精髓和灵魂。学科思想方法是纲，学科知识是目，纲举目张。

重温力学和发展史知，牛顿是经典力学的集大成者。牛顿在总结开普勒和伽利略等人观察和实验发现的经验材料的基础上，提出了运动三大定律和万有引力定律，使经典力学成为一个完整的理论体系。牛顿首先发现了微积分的概念，并用微分方程的形式来表达反映他的“因果律”的运动定律。

可以清晰地意识到，牛顿力学（经典力学）的基本思想是“因果律”思想，牛顿力学的基本方法是微积分方法。牛顿力学的思想方法是牛顿力学的灵魂。

在有了这样认识的背景下，我就产生了一个新的想法。这就是如果在学科思想方法这个学科知识之魂的引领下进行学科知识的教学的话，那课堂教学的情境，会不会是别有洞天呢？

于是，我就开始了加强学科思想方法教学的探索与实践。相继取得了一些初步成果。

（1）1986 年 9 月 26 日，在全校“教书育人教学经验交流会”上，做了题为“做一个让人民放心的教师”的发言，其中介绍了以学科思想方法教学为第一层次教学的“三层次单元教学法”的初步探索成果。

（2）1993 年 12 月，教学研究论文《加强学科思想方法教学的认识与实践》发表在《力学与实践》第 15 卷第 6 期上。

（3）1996 年 11 月，教学成果《三层次单元教学法》获 1996 年学院优秀教学成果二等奖。

（4）1998 年 1 月 15 日，教学研究论文《授人以鱼，不如授人以渔——简述三层次单元教学法》，发表在学院院刊第 3 版上。

（5）2001 年 11 月，由我担任责任主编的全国高等职业技术师范院校教材《工程力学》，获 2000 年高等教育天津市级教学成果奖二等奖。该教材是本人应招投的标书，经原国家教委师范司指导下的全国高等职业技术师范院校教材标书评审委员会评审一举中标，并确定本人为《工程力学》教材责任主编。该教材有两个主要特色：一是突出牛顿力学思想方法，并以牛顿力学思想方法为主线，重构《工程力学》学科体系；二是按照凸显牛顿力学思想方法的《工程力学》教材体系进行教学，有利于加深对《工程力学》教材内容的理解和掌握，有利于培养和发展学生的智能。

这些创新成果对我来说，是对“学科思想方法”这个新理念产生了兴趣后，乐此不疲地不断探索和实践而获取的。自然在这些获取中，我不知不觉地被激活了。

除了这里谈到的学科思想方法以外，我还对启发式教学、教学心理学、教育与生命、教学与哲学等方面也产生兴趣，并进行孜孜以求地探索，获取了不少新知识，也相应地提高了自己人文素养。这些在《教学篇》的其他文章中都分别有所涉及，这里就不再详述了。

3. 激活自己的第三套功夫：静心读些东西，注重积累资料

教师要提高自己的综合素养，除了躬耕实践外，还要善于学习，静下心来多读点东西。我这里说的“东西”，除了书外，还包括杂志、报纸等。就是书，也不只是专业书，还包括其他书，如哲学、文学、教育、人物传记等。

开卷有益，应该是没有问题的，而博览群书，像我这样普普通通的平凡人是不可能的。不论是在专业水平方面还是在教学水平方面，应当有选择地读些东西。

首先，读些能消除教材中存在的某些疑问的经典。多年以来，在使用国内工科院校教材《理论力学》时，关于任意力系平衡的充分条件的证明，一直认为存在着证明不严谨的问题。因为在证明中，始终没有提到，在力系的主矢不变量等于零的条件下，力系的主矩亦是力系的不变量这一重要论据。不利用这一重要论据，充分性的证明是十分不严谨的。

最近看到在 2016 年 6 月由哈尔滨工业大学理论力学教研室编，人民教育出版社出版，“十二五”普通高等教育本科国家级规划教材《理论力学》（第 8 版）中，上述问题仍然存在。

而在由朱照宣等编的《理论力学》（1982 年由北京大学出版社出版）中，就提到上述不变量的问题。还有，在苏联 H. H. 蒲赫哥尔茨著，钱尚武等译《理论力学基本教程》（1957 年由人民教育出版社出版）中，也谈到相关不变量的问题。

为克服上述教材中存在的缺陷，在我们主编的获奖教材《工程力学》（1998 年由天津大学出版社出版）中，专门增加了“任意力系的两个特征量”的内容，为任意力系平衡的充分必要条件的证明，打下了坚实的理论基础。

专业的书，要读些经典，因为经典经历了时间的考验。事实表明，读些经典，往往能受到一些启发，使我们更加成熟。

还有，读些能提高教学学术水平的专著。1960 年毕业留校任教后，看到 1962 年《光明日报》“教学杂谈”专栏里，陆续登载了许多教学经验之谈，如“讲课的艺术性”“善诱”“目的在于学到手”“谈谈讲深讲透”“讲课一得”等。

这些，如获至宝，爱不释手，都被我一一剪下来保存起来了。虽然，当时刚参加教学工作不久，主要是从事教学辅导工作，一时还顾不上这些。但是，相信以后，这些会有用的。

这些文章大都谈到“启发诱导”，有的还谈到“我国古代教育家孔子的一条教学原则：‘不愤不启，不悱不发。’”这些经验中的“启”和“发”，深深地感染了我，给我留下了深刻的印象。尽管这时还没有“启发式教学”的提法，但是这些文章是我后来对“启发式教学”感兴趣的缘由。

随着教龄的不断增长，好像有了些积淀，开始思考课堂教学的艺术性了。而课堂教学的艺术性，我认为关键是体现在“启发式教学”上。

究竟什么是“启发式教学”？古今中外对“启发式教学”都有什么说法？对这些问题，我开始了探求。

除了重新学习已有的相关剪报资料以外，我开始查阅相关资料。查阅了《中国大百科全书·教育》，其中谈到了孔子的“不愤不启，不悱不发”的启发式教学思想，也谈到了西方苏格拉底的“问答法”的启发式教学思想。还查阅了王玉生著《中国教育思想研究》，其中谈到了孔子启发式教学的特点和方法，也谈到了孟子继承了孔子的启发式教学思想，还谈到了朱熹的启发诱导原则等。查阅了王鸿江主编的《现代教育学》、游正伦编著的《教学论》等文献，其中也都谈到了启发式教学思想。

通过学习，提高了对“启发式教学”的认识。但是，“纸上得来终觉浅，绝知此事要躬行”，只停留在学习上是不够的，还要在教学实践中身体力行，去探索，去实践，去感悟。在教学实践中，我努力尝试着贯彻启发式教学思想。渐渐地，课堂上不再是“一言堂”，学生也有了“话语权”。在课堂教学上，开始呈现出师生共同探究的生动局面。

启发式教学，不仅是一种教学方法，更是一种教育思想。为了总结对“启发式教学”的一些认识和感悟，我撰写了《谈谈启发式教学》一文，这是我多年来探索“启发式教学”的一点收获，也是探索实践的一份回报。

该文于 2006 年 11 月 25 日，在学校举办的“教学方法报告会”会上做了宣讲，受到与会者的欢迎。与会者为各系教学副主任、各教研室主任及部分毕业班的学生。会后，有的要讲稿，有的拷走了电子版。

2007 年 7 月 18 日和 2009 年 7 月 15 日，分别应本校人事处之邀，本人为新引进教师的岗前培训做了“谈谈启发式教学”的专题交流。

探索"启发式教学"一点的收获,能得以让大家分享,我觉得很荣幸,也感到很高兴。此外,为了提高自己的教学水平,我还阅读了《课堂教育心理学》《生命与教育》。这些书籍,对自己理解"育人为本"的丰富内涵,大有裨益。

再有,喜欢读些导师的哲学著作。还是在刚参加教学工作不久,在 1962 年 12 月 14 日的《光明日报》的"哲学"专栏上,看到一篇小文章《公孙龙的"发引千钧"》。文章解释"发引千钧"说,即以一发之微而能引千钧之重。还进一步解释说,在摩擦力很小的情况下,用微小的力量引动重物是可以的。我对这篇小文章很感兴趣,它既包含了摩擦力、牛顿定律的力学问题,又包含了"大与小"或"轻与重"对立统一的哲学问题。于是,我就把这篇小文摘录在笔记本上。

后来,在《自然辩证法研究通讯》杂志上,又看到了一篇文章《机械运动的矛盾》。文章说机械运动本身的矛盾是:物体在同一瞬间既在这个地方又不在这个地方。文中还引用了恩格斯和列宁关于"运动本身就是矛盾"的许多精辟论述。这篇文章既是力学问题又是哲学问题,而且很深奥,自然也引发了我的新奇和兴趣。我把文中要点也都一一摘录在笔记本上。

也许是专业上的缘故,接触到这些文章后,好像哲学对我有了一种很强的吸引力。除了继续关注自然科学与哲学的相关文章以外,我也开始对导师的一些哲学著作产生了兴趣。

我先后阅读了恩格斯的《自然辩证法》《反杜林论》以及毛泽东的《矛盾论》《实践论》,并就我关注的要点,诸如"辩证法""理论思维""自然科学与哲学""质与量""有限与无限""数学——辩证法的辅助工具和表现形式""运动本身就是矛盾""矛盾性""矛盾的普遍性""矛盾的特殊性""矛盾的联结性""矛盾的主要性""矛盾的同一性""矛盾的对抗性"等都做了专题摘录。通过学习,使自己慢慢有了一点哲学思考的意识。

"辩证法是关于普遍联系的科学",而且"辩证法被看作是关于一切运动的最普遍的规律的科学。"(恩格斯《自然辩证法》)

辩证法的规律,也是思维运动的规律。辩证思维是指按照辩证法规律进行的思维,辩证思维着力在联系和发展中把握对象,在对立统一中认识事物。辩证思维是充满智慧的思维方式。

在教学实践中,我力求用辩证思维的方式分析学科教材,讲解教学内容,并在以传授学科知识为载体的同时,注重学科思维方法的教养。我觉得这些尝试是有益的，并取得了积极的效果。

此外，在辩证思维的启发下，也引发了我对一些教学研究课题的兴趣和尝试。

1978 年 12 月，还是在河北大学的时候，应河北大学哲学系之邀，为该系研究生班做《谈谈数学中的辩证法》的专题报告。本来，哲学系是想请我们数学系派人去讲的。结果阴差阳错，数学系把这个任务交给了我。没有办法，这把我"逼上了梁山"。好在我占了点学数学的便宜，平时又多少有点哲学思考的积蓄，再加上有点"明知山有虎，偏向虎山行"的勇气，通过查阅大量资料和精心准备，觉得还算是交了比较满意的答卷，报告受到了意想不到的哲学系师生的欢迎。报告进行了一天，上午按部就班，教室里一切如常。可是下午一看，教室有点"乱了套"，教室里连过道和门口都坐了不少人。看来，大家觉得上午讲的还有点"干货"，所以下午有一些人被吸引了过来。

报告以自然辩证法的观点阐述数学中的几个问题，主要内容包括数、形、量的起源，数学的特性（高度抽象性、客观现实性、相对独立性、严密确定性、应用广泛性），相对静止与初等数学，变量与运动过程，函数与运动规律，微分与运动连续性，有限与无限，量变与质变等。

我还从科学方法论的角度并以辩证思维的方法，撰写了一篇教学研究论文《试论机械运动的数学认识》。我觉得这也是一种哲学思考，也是我这个"学数学，教力学"的一直想有的而且应该有的一种交代。该文发表后，受到一些人的关注，产生了一定的影响。

另外，要读点"闲书"。这里所说的"闲书"，也可以说是"杂书"，也就是英国哲学家罗素所说的"无用的书"。"闲书"不能给你带来学位，不能给你带来牛奶和面包，"闲书"给你带来的是心灵的愉悦。"闲书"不闲，读点有品位的闲书，能开阔视野，丰富思想，浸润心灵，涵养情趣。

我喜欢翻翻道家和儒家方面的书，如《道德经》《哲思众妙门——〈老子〉今读》《语论》《孟子》《大学》《中庸》《人生智慧海——〈语论〉今读》《古文观止》《菜根谭》等。还喜欢翻翻诗词和散文方面的书，如《唐诗三百首》《宋词三百首》《人间词话》《尼采散文选》《周国平精品集》等。

我们要注重资料的积累，积累是重要的财富，积累会引发由量变到质变的过程。除了做些阅读的文摘笔记外，我情有独钟的积累方式就是传统的剪报，我享受这个过程。目前，已经整理出来的剪报集有《教育卷》《教学卷》

(2 卷)《教师卷》《读书卷》(2 卷)《治学卷》《哲学卷》《哲理卷》《人生卷》《自己卷》(2 卷)《友情卷》《诗话卷》《随笔卷》《散文卷》《乡愁卷》《周国平卷》等二十多卷,还有《文摘篇》多本。估计还有上百卷的剪报资料尚待整理成卷。

剪报集资料:哲学卷、治学卷、读书卷

剪报集资料:哲理卷、人生卷、自己卷、诗话卷等的卷脊

“合抱之木，生于毫末；九层之台，起于累土；千里之行，始于足下。”（《老子》第六十四章）这鲜明的意象，蕴含着为大于细的由量变到质变的哲理，也说明了积累的重要性。

作为一名教师，注重资料的积累，对于提高教师的“两个水平”是十分必要的。而资料的积累，要像培根所说的那样：“不应该像蚂蚁，单只收集；也不可像蜘蛛，只从自己脑子抽丝；而应该像蜜蜂，既采集，又整理，这样才能酿出香甜的蜂蜜来。”

我的论文不论是学术的还是教学的，其灵感都与积累资料的诱发有关。像前面提到的关于学科思想方法的论文，以及关于机械运动数学认识的论文，就是这样的。还有一个有趣的例子是，我的《今晚报》“天津科普之花”获奖征文《从女排姑娘的手说开去》，其灵感就是源于女排姑娘手掌围的积累资料。被誉为“天安门城墙”的周晓兰的手掌围最大，是 213 毫米；而男子的标准手掌围也不过是 202 毫米。为什么？这是个骨生物力学问题。于是，就有了上面所说的我的那篇小文。

将这些剪报集和文摘本，放在案边和床头，兴致来时，不是“正襟危坐”，而是像鲁迅说的那样“随便翻翻”。说是“随便翻翻”，不过有时也是若有所思，就像把某一位志同道合的朋友请出来，面对面交流一番似的。这样，或温故知新，或有所启迪，都受益匪浅，很是惬意。有时夜半醒来，一时难以入睡，就重读或默诵一下《文摘篇》中的佳句名篇。有时，若偶有所得，或许还在笔记本上记上两笔。这样，既增强了记忆，滋润了心灵，还有所启发，促进睡眠，好不快哉！

我想，这激活自己的第三套功夫，也是一种“腹有诗书气自华”的生活方式，对提高教师的综合素养有着潜移默化的作用。

教师特质的“三激活”，是相互联系、相互渗透、相互影响的有机统一体。在“三激活”的教师特质中，“激活自己”是关键，“激活知识”是基础，“激活学生”是目的。只要具有“三激活”的特质，教师在教学中就能教得活，教得好，学生因而就能学得活，学得好。具有“三激活”特质的教师，在太阳底下最光辉的职业中，一定能担当起人类灵魂工程师的崇高使命。

注：

2009 年 12 月 24 日，应天津工业大学经济学院之邀，以本文基本内容在贵院教师会上做了专题交流；

2011 年 3 月 25 日，应我校副校长张兴会之邀，以本文基本内容在我校教风建设经验交流会上做了专题交流；

2011 年 5 月 31 日，应我校工程实训中心主任张玉洲之邀，以本文基本内容向贵中心教师及培训学员做了专题交流；

2011 年 8 月 24 日、2013 年元月 8 日、2014 年 7 月 17 日，分别应我校人事处之邀，以本文基本内容向我校新入职的教师做了专题交流；

2012 年 4 月 18 日，应我校职业教育学院副院长赵欣之邀，以本文基本内容向贵院来自河南许昌职业技术经济学校的进修班的学员做了专题交流；

2012 年 10 月 30 日，应我校附属技校书记张世龙之邀，以本文基本内容向贵校教师做了专题交流；

2015 年 4 月 11 日，应中德职业技术应用大学校长张兴会之邀，以本文基本内容在贵校“首届教学工作会议”上做了专题交流。

勤务篇

俯首甘为孺子牛

——鲁迅

开篇语

本篇收录的是，在天津职业技术师范学院作为普通教师兼任学院教育工会主席期间(1987-1992)，和任学院机械系系主任期间(1993-1998)，所留下不多的相关资料，以及为此篇所写的一些追忆文字。

应该说，在这前后两个“五年”中，作为勤务员，自己的服务能力有限，如果要给服务水平给个评价的话，我只能给自己评个“及格”。

从本篇的记录中，能多多少少看到一点儿，我在为全院教职工和机械系师生服务的身影，以及对一些往事的回忆和追思。

前五年，只能说在为教职工发挥教书育人优势潜能的服务方面，搭建了一些平台。

后五年，只能说在为机械系凸显办学特色的服务方面，付出了一些努力。

当然，能为大家服务，这离不开领导的信任和帮助，也离不开全院教职工以及机械系师生员工的支持和帮助。在这里，请让我先向他们表示衷心的感谢和诚挚的敬意！

初次“出山”

1983年4月，我由原来在天津，后来搬迁到保定的母校河北大学调回天津，来到当时的天津技工师范学院。来学院后，在基础课部力学教研室任教，从事力学教学工作。

这些年来，在改革开放形势的推动下，教学改革在学校逐步深入开展起来。在这种改革大潮的鼓舞下，我也顺势而为投入到教学改革的探索之中。

想法支配行动。有什么样的教学理念，就有什么样的教学行为。教学改革从哪里开始，自然首先应考虑的是，要更新自己的教学观念。

就像前面在《教学篇》中已经谈到的，我以前的教学观念是“以知识为本”。通过学习和思考，为了改变由“以知识为本”向“以学生为本”教学理念的转变，我在教学实践中进行了一些探索，并取得了初步成效。

1986年，我荣获“天津职业技术师范学院优秀教师”称号，并荣获“天津市高教系统教书育人先进教师”称号。荣誉是一种鼓励，并不说明自己做得有多好。但是，荣誉往往容易引起人们的关注。这不，一件偶然的事情就发生了。

1986年底的一天，党委组织部张兆新部长约我谈话，开门见山地说：“党委研究，给你一个任务，参选院工会主席。”

这突如其来谈话，一下子就把我吓蒙了。心想，我哪能干得了这个呀！还想，我性格内向，有些腼腆，干不了这个！当时，心里发怵，急得不行，一时不知怎么是好。愣了好一会儿，我才对张部长实话实说：“张部长，我性格内向，不爱说话，干不了这个。”

张部长好像根本没听我在说什么，而是继续说：“天津市高校就咱们学院还没有正式成立教育工会。”还说：“高校工会主席，必须具有高级职称，而你今年正好评上了副教授，你最合适。”

其实，要从个人性格和兴趣来说，我真的不愿意做这项工作。听到张部长这样一说，我就想，要是今年我没有评副教授该多好，就不会碰上这么为难的事嘛！

想到这里，实在为难，我还是实话实说：“张部长，我真的性格内向，也没经过这么大阵势，真的干不了这项工作。”

张部长好像也不管我心里怎么想，他最后很干脆地说：“这是组织给你的任务，相信你能做好这项工作。”

张部长这样强调，我作为一名新党员，还能怎么办，我也不能再说什么了。我只好服从组织的安排，接受了这项心里没有一点儿底气的任务。

1987 年 4 月 28 日，在学院第一次教育工会代表大会上，我当选为学院教育工会委员会委员、天津市教育工会第三次代表大会代表。6 月 11 日，我被天津市教育工会正式批准为天津职业技术师范学院首任教育工会主席（兼职）。

这次的“出山”，不能不说是一种阴差阳错，还是一种突如其来的阴差阳错。

既来之，则安之。既然接受了，哪怕是被接受，那也要沉下心来，认认真真地去做这项工作，努力去完成组织交给的任务。

（1987 年 4 月）

断想录

——写在即将出任学院工会主席之际

＊ 教育工会是教职工之家，是教职工权益的代表者和维护者。

＊ 教育工会是党联系教职工群众的桥梁和纽带。

＊ 教育工会是学校行政的后盾与合作者，不是与学校唱对台戏。

＊ 少说空话，多干实事，美在心灵，爱满人间。

＊ 入实、求实、务实、实效。

＊ 马克·吐温说得好：“人的思维是了不起的，只要专注于某项事业，那就一定会做出使自己感到吃惊的业绩来。”

＊ 位卑未敢忘忧国，而今迈步从头越。

（摘自 1987 年 1 月《工作手册》）

关于贯彻执行中国教育工会天津市第三次代表大会精神的汇报提纲

一、大会盛况

大会于1987年6月9日至11日，在西郊区政府招待所隆重举行。

出席大会的正式代表298人，特邀代表55人，代表着全市16万教育工作者和教育工会会员。

代表中有老一辈教育家，教书育人先进人物，工会工作者和工会积极分子，学校党政领导，民办教师等。

市委对大会十分重视，市委副书记谭绍文，常委纪曾辉，以及肖元、钱其璈、徐明、潘义清等领导同志出席了开幕式。谭绍文同志代表市委、市政府、市人大、市政协向大会的召开表示祝贺，并作了重要讲话。市委常委王旭东、纪曾辉出席了闭幕式，纪曾辉同志在会上转达了李瑞环市长和吴振副书记对大会的祝贺，对全市教育工作者的问候及敬意。

这次大会是继1955年中国教育工会天津市第二次代表大会32年后召开的，与会代表精神振奋，深受鼓舞，方向明确，信心倍增。大家表示，一定不辜负党和人民的信任和重托，自觉坚持四项基本原则，当教育改革的主力，做教书育人的表率，为发展社会主义教育事业做出新的贡献。

二、主要精神

本次大会的主要精神概括起来就是：发扬教职工的主人翁精神，正确把握两个基本点，紧紧抓住一个根本任务，努力加强三个方面的工作，为培养“四有”社会主义新人而奋斗。

两个基本点：一是要坚持四项基本原则，二是要继续进行教育领域各项改革。

一个根本任务：教书育人，服务育人，管理育人。

三个方面的工作：

(1)加强学校民主建设，积极推进教学改革

工会要积极协助党政领导建立和健全以教师为主体的教职工代表大会制度，使之成为民主对话，民主管理，民主监督的基本形式。借以增强广大教职工的主人翁责任感，集中教职工的智慧，丰富领导思想，完善领导决策，保证各项工作的落实，发挥广大教职工主力军的作用。

(2)勇于为教职工说话，努力为教职工办事

邓小平同志在全国工会"九大"致辞中指出：工会组织必须密切联系群众，使广大群众都感到工会确实是工人自己的组织，是工人信得过的，能替工人说话，替工人办事的组织。

(3)加强工会自身建设，实现工会组织群众化

李鹏同志在全国教育工会第三次代表大会上的讲话中指出："中国教育工会是全国教育工作者最广泛的群众组织，是我国一个重要的社会政治团体，要充分发挥她的作用。""各级领导应当关心、支持他们的工作，把教育工会进一步建设好，使她真正成为党联系教职工群众的纽带，成为各级行政部门的坚强后盾和亲密合作者，成为广大教职工权益的代表者和维护者。"

工会要加强思想建设和组织建设，工会干部和积极分子要认识自己的责任。要在党的领导下，充分发扬工会的特色，独立负责，积极主动做好工作，把工会办成教职工充分信赖的"教工之家"。

三、初步设想

为贯彻执行大会精神，结合我院实际情况，提出几点初步设想，敬请院工会委员会研究讨论。

1. 关于教书育人

(1)提升教书育人认识高度，增强教书育人自觉性

建议在今年教师节期间，以"教书育人"为主题，由学院领导向全院教职工做一次报告，使全院教职工进一步认识"教书育人"的意义和作用，以提高全院教职工教书育人、服务育人、管理育人的自觉性。

(2)倡导成立“教书育人研究会”,探索教书育人的规律

在教师节期间,工会倡导成立“教书育人研究会”,研究会的宗旨是:结合学院教学中心工作,发挥教职工的潜能,探索教书育人的规律,交流教书育人研究成果,推动教书育人深入发展,促进教育教学质量不断提升。

(3)加强教书育人管理,促进教书育人规范化

教书育人是一项系统工程,党政工要齐抓共管,使教书育人工作经常化、制度化、规范化。为此,宜制订几个文件。

一是《教书育人评价标准》,包括教师素养、育人态度、育人措施和育人效果等诸方面。

二是《教书育人表彰办法》,包括精神鼓励、物质鼓励和在评先评优以及职称晋升等方面的倾斜政策。

三是《教师职业道德规范》,包括教师的政治素养、专业素养、人文素养和教师素养等诸方面。

这几个文件力争在下学期由几个部门共同研究制订出来。

2.关于教育改革

为发挥教职工主力军的作用,充分调动广大教职工的积极性和创造性,推动教育改革的深入发展,拟在成立教代会之前,根据学院教育改革的宏观规划和微观管理,号召全院教职工积极参加院工会举办的“我为学院教育改革献一计活动”。

待教代会成立后,再进一步研究教职工在教育改革中如何发挥作用。

3.关于为教职工说话办事

学院工会于今年5月份在全院教职工中进行了一次无记名定向问卷调查,从240份调查问卷统计得知,教职工迫切希望学院能帮助办的6件实事分别是:

专业进修——133人,占55.4%;

外语进修——115人,占47.9%;

科研课题——68人,占28.4%;

文化学习——42人,占17.8%

教育心理学进修——37人,占15.5%

探讨教书育人规律——24人,占10%。

建议学院有计划有步骤地创造条件解决这些问题。特别地,建议学院

先举办两个班，一是教育心理学学习班，二是外语进修班。

另外，要建立和办好工会俱乐部。

4. 关于加强工会自身建设

(1)成立各部门工会委员会，理顺工会系统工作组织关系。

(2)规定工会活动日，加强有关工会文件的学习，开展丰富多彩的教工活动。

(3)配备工会专、兼职干部。

5. 关于教代会

建议我院教代会的成立采取积极稳妥的方针。原因有二：一是我院工会刚成立，有许多工作还没有理顺，要有时间通过学习使教职工对教代会的性质、地位和作用，有一定的了解；二是天津市教育工会等部门制定的《天津市高等学校教职工代表大会实施细则》尚未颁发，该文件的颁发对我院教代会的成立具有指导意义。因此，我们要积极创造条件，在适当的时候成立教代会。

参加中国教育工会天津市第三次代表大会，后排右起第五人为本书作者

(1987年6月14日)

关于进行教职工问卷调查情况的说明

一、动机

为了发挥院工会作为院党委联系全院教职工群众的纽带作用，为了维护全院教职工的合法权益，为了更好地为全院教职工办实事，院工会进行了全院教职工问卷调查。

二、过程

在1987年1月2日，学院教育工会筹备小组成立后，筹备小组就开始酝酿问卷调查相关事宜。先拟订问卷调查的内容，征求一些教职工的意见后，对调查内容做了修订。

随即向院党委呈交了《关于进行教职工问卷调查的请示报告》，该《报告》得到了院党委领导同志的肯定和支持。

1987年4月28日，我院首届教育工会委员会成立后，经过5月8日召开的院工会委员会会议研究，一致同意进行这次问卷调查活动。

5月12日至5月30日，各分会实施问卷调查，组织教职工填写由院工会统一印制的调查问卷。

随后，院工会对全院的调查问卷进行分析研究，写出了总计约两万字的三个问卷调查报告:《提高教职工业务素质 适应教育改革需要》《加强学院民主建设 调动教职工积极性》《关心教职工生活 为教职工排忧解难》。

在8月28日召开的院工会委员会扩大会议上，对《问卷调查报告》进行了讨论和修订，并同意向院党委提交《关于“关于学院教职工问卷调查报告”的报告》(附三个问卷调查报告)。

三、响应

为了及时沟通,《问卷调查报告》(草稿)出来后,在暑假期间,曾呈请部分在津的院党政领导对《报告》(草稿)进行审阅。

院领导对《报告》给以积极评价。黄院长在8月26日召开的中层干部会议上说:"院工会在假期写出了三个问卷调查报告,很有价值,院党委将要认真研究。"

9月10日,院党委召开扩大会议,听取了院工会关于问卷调查情况的汇报,对调查报告中提出的问题和建议进行了讨论。会议对调查报告中提出的一些问题和建议予以采纳,并对一些问题的解决提出了指导性意见。其主要内容如下:

1. 关于外语进修问题。包括中老年教师的外语进修问题,原则上同意办两个进修班,一个是英语班,一个是日语班。具体情况要进一步研究,由教务处落实。

2. 关于教育心理学进修问题。教师的教育心理学进修,宜采取研讨班的方式进行,内容突出师范性。具体落实由职教系牵头,教务处配合。

3. 关于科研问题。关于师范院校的科学研究的宏观指导思想和应用方向等方面的内容,每年市计委和市科委都会联合发布信息,学校有关方面要及时关注。

4. 关于教学条件改善问题。粉笔要逐步改用无末粉笔,投影仪、幻灯要逐步配备。

5. 关于家庭生活困难问题。对于家庭生活有特殊困难的教职工,要给以帮助。对于家庭有困难而自己又不好意思提出来的教职工,应给予更多的关心、了解和帮助。

6. 关于住房问题。总务处要登记、摸底、排队。

此外,还就小孩入托、调房、换房、自行车条、工会俱乐部等方面的情况进行了沟通。

(1987年9月22日在院工会委员会扩大会议上的发言要点)

附：

天津职业技术师范院学院
教职工基本情况调查问卷的基本内容

1. 你的业余体育爱好有哪些？

A 篮球　B 排球　C 乒乓球　D 围棋

E 象棋　F 国际象棋　G 其他

2. 你的业余文艺爱好有哪些？

A 唱歌　B 舞蹈　C 书法　D 京剧

E 话剧　F 乐器　G 其他

3. 你在生活上有哪些困难？

A 家庭住房　B 孩子入托　C 小孩上学　D 经济困难

E 夫妻分居　F 婚姻　G 其他

4. 你在事业上希望帮助解决哪些问题？

A 专业进修　B 外语进修　C 教育心理学进修

D 科研课题　E 探索教书育人规律　F 其他

5. 你对于学院的民主对话、民主管理、民主监督等民主生活的参与意识如何？

A 强烈　B 一般　C 淡薄　D 其他

6. 你认为影响你参与学院民主生活的主要因素有哪些？

A 渠道不畅　B 收效不大　C 怕穿小鞋　D 其他

7. 你认为你在教学上或在工作上的才能是否得到充分发挥？

A 完全得到　B 基本得到　C 没有得到　D 其他

8. 你希望能多得到些什么？

A 理解　B 尊重　C 信任　D 帮助

（1987 年 3 月 12 日）

在学院关于青年教师培养问题座谈会上的发言要点

1.进一步研究这个问题很有必要，既符合我院发展的要求，又适应我院青年教师的愿望。这个问题在学院对话会上和在院工会组织开展的“献计献策”活动中，都迫切地提了出来。

2.青年教师的培养要有规划，这个规划应与学院总体发展规划相适应，总体规划对青年教师培养规划具有指导意义。总之，学院对青年教师的培养要有一个“谱”。

3.青年教师的培养要实行“五定”：

定方向：专业及学科方向；

定目标：应完成的任务及达到的水平；

定方式：培养的途径及方法；

定导师：负责培养的指导教师；

定时间：完成设定目标的时间。

通过这“五定”，关于青年教师的培养，学院有个“谱”，青年教师心中有个“数”。学院有了“谱”，对青年教师的培养，就要统筹规划，给以大力支持。青年教师心中有了“数”，就有了奔头。应当相信，什么事都是逼出来的。

4.关于青年教师培养的途径和办法

(1)脱产进修，国内或国外，要尽力打开门户，能送出去就送出去，这里有个学缘的左邻右舍问题。

(2)在职进修，自学或上学，对同一教研室自学的青年教师，可组织研讨班就经典名著教材进行研讨式自学。

(3)结合科研，在导师的带领下，组织青年教师结合经济建设中的实际问题攻关，在实践中提高专业理论水平和解决问题的能力。

(1988年4月15日)

关于教书育人研究会纪事

1. 教书育人研究会的性质

教书育人研究会，是由学院工会倡导成立的由教职工自愿参加组成的学术性群众团体，受学院教育工会委员会具体指导。教书育人研究会的宗旨是：结合教学中心工作，发挥教职工潜能，探索教书育人规律，交流教书育人研究成果，推动教书育人深入发展，促进教育教学质量不断提升。

2. 教书育人研究会的由来

教学工作是学校的中心工作，教书育人是教师的天职。为配合学校中心工作，更好地发挥教师教书育人的作用，在 1987 年 4 月 28 日召开的学院首届教育工会代表大会上，就倡导过成立教书育人研究会。因管理体制问题，教书育人研究会的成立一时被搁置。

1988 年 3 月 29 日和 1988 年 5 月 18 日，院工会在分别向院党委呈交的《关于深入开展教书育人活动的意见》和《关于健全教书育人管理体制》的两份报告中，又都提出了成立教书育人研究会的问题。

在第二份报告呈交后不久，院党委负责同志告诉我，院党委已研究，同意成立教书育人研究会，并责成我办好教书育人研究会的筹备工作。

随即，经党委同意，成立了由我、赵福来和史季华三人组成的教书育人研究会筹备小组。

筹备小组起草了《教书育人研究会章程》（草案），提出了教书育人研究会第一批会员推荐名单，还提出了教书育人研究会理事会建议名单。这两个名单都与相关单位负责同志协商，并征求院党委的意见，最后由院工会委员会讨论通过确定下来。

3. 教书育人研究会的成立

教书育人研究会成立大会，于 1988 年 9 月 10 日正式召开。党委书记王宪成、副书记吴建昌、副院长黄建邦、副院长薛景文莅临成立大会，参加大会的会员有 48 名。

大会讨论通过了《教书育人研究会章程》，选举产生了教书育人研究会理事会，研究部署了今后的任务。

教书育人研究会首届理事会成员如下：

名誉理事长：王宪成

顾　　问：黄建邦、薛景文、吴建昌

理 事 长：周祖威

副理事长：贺永宜、施泉麟、王成珍

秘 书 长：赵福来

副秘书长：刘汉广

常务理事：周祖威、贺永宜、施泉麟、王成珍、赵福来、刘汉广

理　　事：张君骥、王健民、张德春、张树贵、李佩琏、李万选、史季华

不难看出，教书育人研究会理事会成员呈现出“三多三少”现象。即：民多官少，教师多干部少，高级职称多一般职称少。之所以这样考虑，是基于研究会的性质决定的。同时，为了把握住研究会的方向以及能更好地为教书育人服务，我们建议学院党政领导担任研究会的名誉理事长和顾问。这些想法，得到学院领导的肯定和支持。

会议确定，研究会今后的任务是开展“三育人”课题研究。会议认为，课题研究，要结合我院实际，走实践—认识—再实践—再认识的路子，不断探索“三育人”的规律，着力推动“三育人”工作的深入发展。

会议议论的课题大体上有：

教书与育人的关系问题——什么是教书，什么是育人，什么是教书育人，教书与育人到底是什么关系？

在学科教学中如何体现教书育人？

管理、服务与育人的关系问题——管理与育人、服务与育人到底是什么关系？

如何根据当代大学生不同年级的特点深入开展教书育人？

教育心理学在教书育人工作中的地位和作用是怎样的？

教书育人考评的要素有哪些?

4. 关于成立教书育人研究会的评论

学院党委书记王宪成在第一次理事会议上说:“教书育人研究会是我们学校的一个创造,党委很支持成立这个会,大家最有资格成立这个研究会。”还说:“会不一定多开,但工作要多做,当参谋,出点子。”并鼓励大家:“这个研究会很有新意,在教书育人方面大有用武之地。”

副院长黄建邦在教书育人研究会成立大会上,代表院党委和院行政对教书育人研究会的成立表示祝贺。并说:“教书育人研究会是个咨询组织,会对全校教书育人起推动作用。”

教师张德春在教书育人研究会成立大会上发言时说:“成立教书育人研究会,我很高兴,这是时代的需要,不是可有可无的问题。”他还说:“教书育人,是政治性、科学性、探索性、实践性的综合性体现,是一种软科学。”

5. 教书育人研究会成立后的主要工作

(1)开展“育人一得”征文活动,编印《“育人一得”征文选集》

为开展教书育人活动,院工会于1988年3月倡议,在教职工中开展“教书育人,为人师表”征文活动。该倡议得到院领导的重视和支持。1988年4月,由院党委宣传部、教务处和院工会联合发起,在全院教职工中开展“育人一得”征文活动。

在征文活动中,不少教职工结合自己的教学或工作实践,写出了颇有见地育人心得。经专家评审,获征文一等奖的有两篇,二等奖的有三篇,三等奖的有五篇,还有多篇征文获鼓励奖。

在1988年教师节期间,学院举办的“育人报告会”上,有四位征文获奖者分别介绍了教书育人、管理育人和服务育人的经验及心得。

为了更好地交流“三育人”的经验,院工会教书育人研究会,将获得奖次的征文编印成《“育人一得”征文选集》,并作为礼物献给工作在育人一线的全院教职工。

学院领导非常关心和支持这个《征文选集》的编印,为此撰文表示祝贺并寄予厚望。党委书记王宪成特意为选集撰文——《让教书育人之花结出丰硕之果》,副院长黄建邦也专门为选集撰文——《神圣的职责,可贵的经验》,副院长薛景文在“育人报告会”上作了总结讲话。

这些文章和讲话,对《征文选集》的出版表示祝贺,并指明这次征文活动，对推动我院教书育人工作的深入开展，“起到了带头作用”“是一件很有意义的工作”“受到院领导和广大教职工的支持”；还向《征文选集》的组织者和征文作者表示感谢和敬意。

学院领导的文章和讲话，我们一并收入《选集》中。

(2)举办教书育人研讨会，出版《教书育人论文专辑》

为推动教书育人活动深入发展，也为配合学院建院十周年的庆祝活动，在1990年4月10日主持召开的教书育人研究会一届三次理事会上，提议于今年教师节期间举办教书育人研讨会。该提议得到与会者的普遍支持，理事们认为这个研讨会很有必要。

教书育人研究会，深入动员研究会会员，积极参与研讨会论文征集活动。研究会征得论文29篇，内容丰富，成果丰硕。

为肯定和鼓励研究会会员的积极性，也为更好地交流“三育人”的实践经验和研究成果，教书育人研究会建议学报出版《教书育人研究论文专辑》。该建议得到学院领导的赞同，并予以大力支持。

随即，成立了以齐树华院长为顾问、薛景文副院长为主编的，有11位编委组成的《教书育人论文专辑》编委会。

经过编委会的多次评审，最后确定有20篇论文入选天津职业技术师范学院学报《教书育人论文专辑》。该专辑为学报1991年第1期，于1991年6月15日出版。

劳动部原副部长李沛瑶为专辑题词：**“教书育人 为人师表。”**

著名老教育家，陶行知的学生、原中国教育工会全国委员会主席方明为专辑书录陶行知先生语：**“千教万教教人求真 千学万学学做真人。”**并书赠：“天津职业技术师范学院学报教书育人专刊”。

老同志董志远为专辑题词：**“十年树木，百年树人。教书育人，无尚光荣。”**

院长齐树华为专辑撰写了**《代序言》**。

在此，以示对论文作者的感念和敬意之情，谨将《专辑》的目录列出如下：

(3)主持并起草《教书育人工作条例》(草案)和《教书育人工作评估办法》(草案)。该《条例》和《办法》，经1990年4月10日召开的教书育人研究会理事会讨论，得到认可。

(1991年10月)

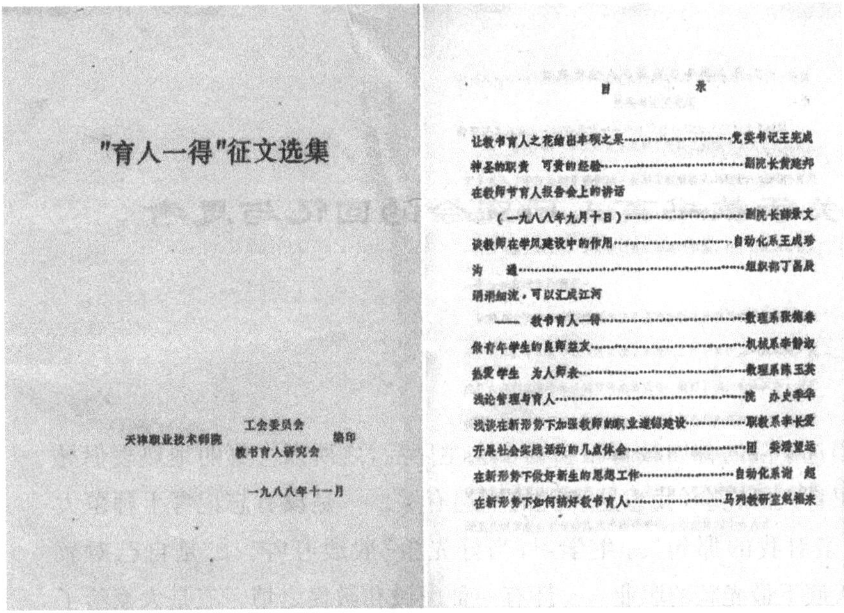

"育人一得"征文选集

天津职业技术师范学院 工会委员会 教书育人研究会 编印

一九八八年十一月

目　录

让教书育人之花结出丰硕之果……党委书记王宪成
神圣的职责　可贵的经验……副院长黄廷邦
在教师节育人报告会上的讲话
（一九八八年九月十日）……副院长薛景文
谈教师在学风建设中的作用……自动化系王成珍
沟　通……组织部丁昌民
涓涓细流，可以汇成江河
——教书育人一得……数理系张锦春
做青年学生的良师益友……机械系李静淑
热爱学生　为人师表……数理系陈玉英
浅论管理与育人……院　办史季华
浅谈在新形势下加强教师的职业道德建设……职教系李长爱
开展社会实践活动的几点体会……团　委潘望远
在新形势下做好新生的思想工作……自动化系谢　超
在新形势下如何搞好教书育人……马列教研室赵福来

《"育人一得"征文选集》封面与目录

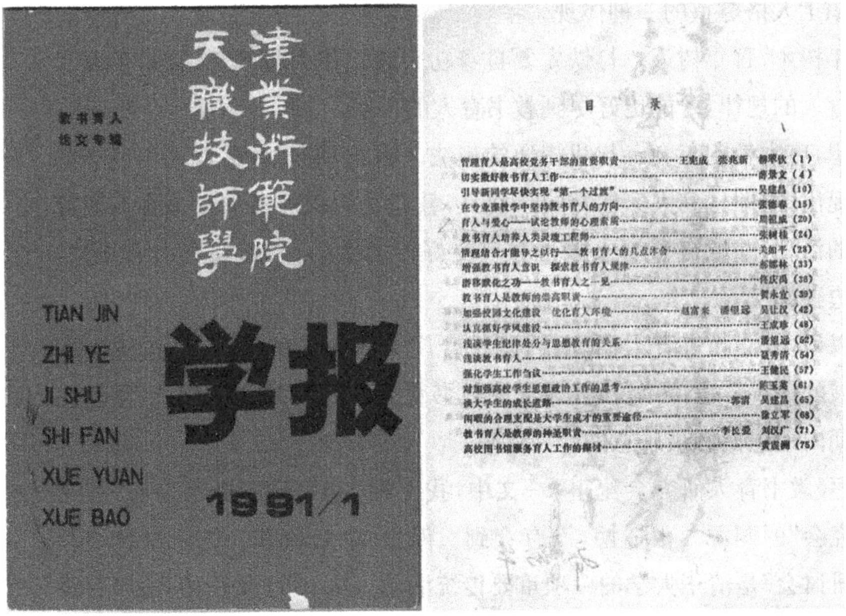

天津職業技術師範學院

教书育人论文专辑

TIAN JIN
ZHI YE
JI SHU
SHI FAN
XUE YUAN
XUE BAO

学报

1991/1

目　录

管理育人是高校党务干部的重要职责……王宪成　张兆新　柳翠钦（1）
切实做好教书育人工作……薛景文（4）
引导新同学尽快实现"第一个过渡"……吴建昌（10）
在专业课教学中坚持教书育人的方向……张德春（15）
育人与爱心——试论教师的心理素质……周祖成（20）
教书育人培养人类灵魂工程师……张树桂（24）
情理结合才能导之以行——教书育人的几点体会……关加平（28）
增强教书育人意识　探索教书育人规律……郝继林（33）
潜移默化之功——教书育人之一见……佟庆禹（36）
教书育人是教师的崇高职责……贺永宜（39）
加强校园文化建设　优化育人环境……赵富來　潘望远　吴让汉（42）
认真抓好学风建设……王成珍（48）
浅谈学生纪律处分与思想教育的关系……潘望远（52）
浅谈教书育人……聂秀清（54）
强化学生工作刍议……王健民（57）
对加强高校学生思想政治工作的思考……陈玉英（61）
谈大学生的成长道路……郭清　吴建昌（65）
闲暇的合理支配是大学生成才的重要途径……徐立军（68）
教书育人是教师的神圣职责……李长爱　刘汉广（71）
高校图书馆服务育人工作的探讨……黄震镧（75）

学报《教书育人论文专辑》封面与目录

关于教书育人研究会的回忆与思考

在当选学院的首届教育工会委员会主席后，之所以会鲜明地热衷倡导成立教书育人研究会，我想这和我的境遇有关。一是没有忘记考上师范大学时，父亲对我的那句“好生学习，当好先生”殷殷叮咛。二是自己对教师——天底下最光辉的职业——怀有一种虔诚和敬畏之情。三是大家给了我这个为教职工服务的机会。我以为成立教书育人研究会，为教职工搭建一个发挥潜能的平台，是教育工会对教职工权益的最好的维护，也是教育工会对教职工人格尊重的一种体现。

十年树木，百年树人。打铁先要自身功夫硬。作为教职工，只有不断了解教书育人的规律，才能更好尽到教书育人的天职。

我想，广大教职工会有与我相通的想法。因此，成立教书育人研究会的倡议一提出，立即得到大家的赞同。而且，教职工还积极参加教书育人研究会开展的活动，并取得了令人瞩目和广受好评的效果。“踏遍青山人未老，风景这边独好”。

可以说，成立教书育人研究会，既符合广大教职工的心愿，又适应教育改革发展的需要。也可以说，倡导成立教书育人研究会并开展活动，是我在五年任期内最想做和最乐意做的一件事。

在写《教书育人研究会纪事》一文中，我上网查了一下，是不是有“教书育人研究会”的渊源。很遗憾，没有查到。但是，也有收获。终于发现，“教书育人研讨会”是清华大学的一项重要传统活动。从1984年开始，每年召开不同主题的教书育人研讨会，至2016年已召开33次。每次教书育人研讨会，由校工会牵头，学校教务处、人事处、宣传部等共同组织。相关报道称，研讨会对于不断提高教师的敬业精神，更新教育思想和教育理念等，起到了积极的推动和促进作用。2016年，清华大学校长陈吉宁在研讨会的讲话中指出："育人"不仅要加强思想政治工作与学习，更要浸透到"教书"及整个培养过程中去，努力做到全方位、全过程育人。

"小荷才露尖尖角，早有蜻蜓立上头。"清华大学的"教书育人研讨会"的召开，比我校"教书育人研究会"的成立早四年。两个"会"，只有"讨"与"究"两字的些许不同。难能可贵的是，清华大学的"研讨会"一直坚持了下来，而且开得越来越有声有色。我想，如果我们的"研究会"也能坚持下来，"研究"的成果也会越来越丰硕。然而，我校的"研究会"却没有坚持下来。从这一点来看，清华大学不愧是"老大哥"——"清华"就是"清华"！

1992年4月，工会换届时，我曾经跟兼任院工会主席的党委副书记沟通，我们都希望新一届院工会委员会能将"教书育人研究会"继续办下去。工会换届后，可能是由于种种原因，"研究会"悄无声息，不了了之。

现在回忆起来，还真是有点遗憾。

"此中有真意，欲辩已忘言。"

（2017年3月）

由一次难忘的寂静想到的

在20世纪90年代，还实行福利分房。如果不是担任学院工会的职务，怎么也不会想到还要主持学院的福利分房工作。1990年10月，被学院任命为分房委员会主任。1991年10月，被学院任命为分房改革领导小组副组长。

学习兄弟院校分房工作经验，结合我院实际情况，起草并主持制订了《分房工作条例》。其中，一个重要想法是：分房以民为本，向住房困难的一线教职工倾斜。

这次分房，房源数量少而要求分房的教职工多。在学院关于分房工作的一次重要会议上，我提议，党委可否做一个决定，中层干部不参加这次分房。接着，我还心情十分激动地说：如果能这样，那在我院，党在群众中的威信，就像“起火”一样，噌地一下子就上去了。我这样说着的时候，右手臂还猛地向上高高举起，比划着像“起火”噌的一声就上去了的样子。

我说完这个提议后，会场的空气好像凝固了一样，一片寂静，鸦雀无声，甚至地面上掉落一根绣花针都能听见。

我没想到会出现这样的场景。领导们可能也没想到，我怎么会有这样的提议。这种不知所措令人尴尬的场面，这种异常寂静得令人有些窒息的氛围，大约持续了十几秒钟。

终于，有个声音，打破了这难挨的沉默。一位领导说：“我看这样吧，祖威刚才的提议，我看我们不要做决定，而是作为一种提倡吧。”这位领导还说中层干部也是人嘛。

听了这位领导的发言，我心里一下子凉了半截。心想，完了，完了，没戏了，我心中的理想实现不了了。既然领导说话了，而且说的也没有错，中层干部的的确确也是人嘛。因此，我就没有再说什么了，也没想再坚持什么了。我想，我只不过是一个兼职的普通教师。然而，心中好像有什么东西堵塞着一样，还是觉得有些不快。

会后，我想了很多。

我想到，为什么会出现这样令人意想不到的尴尬的情况？

我还问自己，为什么有这样的提议，是心血来潮吗？是想出风头吗？

还真不是这样。为了这个提议，我思考了很久，联想了很多：

联想到，不是“吃苦在前，享受在后”吗？联想到，不是“先天下之忧而忧，后天下之乐而乐”吗？联想到，不是“为仁由己”吗？还联想到，这里有信仰；甚至联想到，如果真像我提议的那样，那该多好啊！有时想到这里，禁不住激动得想哭！

我又问自己，是不是太理想化了，我是个理想主义者吗？

我也想到，这个提议本身可能没什么毛病，这个提议的愿望也应该是好的。

我还想到，是不是自己太主观了，是不是自己太幼稚了？毕竟，这个提议是涉及到政策性很强的问题呀。面对这样的问题，可以有自己的想法，但怎么可以自作主张呢！自己有想法，特别是有这样的想法，应当而且必须，事先与党政有关领导沟通，以听取领导的意见和指示。

通过这件事，我意识到自己太幼稚，有点理想主义者的色彩。

还意识到，理想和现实不是一回事，因而在处理决策性的问题时，不能主观，更不能情绪化，一定要多沟通，多请示。

尽管提议未被采纳，而向住房困难的一线教职工倾斜的分房原则，还是得到教职工和领导的理解和支持，并且分房取得了较为满意的效果。

后来，有些教职工见到我时说，周老师，因这次分房，你得罪了一些人，而影响了你的职称晋升。听到这话，我觉得这包含着对我同情的话语里，也包含着对分房工作的认可。有了后者，我是很欣慰的。当然，我会对他们讲，不要那样说，职称未能晋升，那是因为自己条件还不够，不是因为别的。心想，即便是因为别的，我也无怨无悔。

分房中，绝大多数教职工是通情达理的，只有个别教职工，包括个别中层干部，为了分房，情绪有些激动，都是可以理解的。

一次，一位中层干部在办公楼楼道，当着我的面说：“听说就是你不同意给我分房，搞阴谋绝没有好下场！”

这突如其来的带有火药味的话语，一下子把我搞愣住了。心想，怎么还有这样的人，还是一个中层干部呢！

随即，我也没有客气地问道：“你说谁搞阴谋？”

“我没说你！”他可能意识到刚才的话有些过分了，于是想缓和一下气氛，并把矛头指向他自己：“我是说，谁搞阴谋谁没有好下场，我搞阴谋我也没有好下场！”

我接着说：“有事说事，不要说些没用的话！”

一天晚上，一对教职工夫妇来到我家里。除了谈房子问题外，还含沙射影地说，某某单位因分房出了人命。听话听音，看来是想给我来个下马威，以此恐吓威胁我一下。

而我相信，这只是说说而已。我一点儿也不紧张，因为没有那么“水深火热”，再说我也不是被吓唬长大的。只是，没想到他们会说出这样的话来。

我对他们说：“来家里谈情况，我欢迎！”

还对他们说：“有些话，不要那样说，那样不好。”

后来一想，也不奇怪，都是人嘛，十个指头还不一样齐呢！

面对这些情况，我想还是应该多一点理解，谁让我跟他们是处在不同的位置呢。他们一定也是有困难，是有所求呀！

人在不得已的时候，往往会做点出格的事来。所以，在他们有了更多想法的时候，说些过头的话，还是要多一点宽容和理解。

工作也是生活，生活即是老师。

我要感谢这次分房工作，是生活老师，开阔了我的视野，丰富了我的阅历，磨炼了我的性格，增强了我的内心，使我成熟了不少。

感谢生活老师！

致敬生活老师！

（1991 年 5 月）

再度"出山"

1992年4月底，工会任职届满后，我就是基础课部力学教研室的一位全职教师了。

本来，兼职工会工作就是一种阴差阳错，是不得已而为之。现在好了，不再兼职了，我可以心无旁骛地耕耘自己的教育园地了。

但是，好景不长。工会卸任刚半年多一点，大约是1992年底的某一天，党委组织部的副部长张经伟和我谈话，意思是说，学院中层干部要进行调整，还要让我再次"出山"。我说，我刚"进山"不久，我要"进山修道成仙"，默默耕耘自己的园地，不会再"出山"了。就是这样，我反反复复地说这个。离开时，经伟还说了句，你再考虑考虑。我也说了句，不用再考虑了。

大约过了几天，组织部张兆新部长给我打电话，还是说再次"出山"的事。可能是以前打过交道，比较熟的原因，部长说"出山"的时候，还提到几个职能部门，还说可让我挑。也是因为比较熟的原因，我说，您别挖坑让我跳，我就是"进山修道成仙耕耘自己的园地"，根本不想"出山"，更谈不上选择了。您说让我挑，这不是挖坑想让我往里跳吗，我不会上您的当的！电话里，不管部长怎么说，我就是坚守"不再出山"。部长可能没想到我会这样，他最后说，看来我说不动你了，我得请王书记出马了。

果真，我记得很清楚，1983年1月7日，王书记真的打电话来了，还是说"出山"的事。我跟王书记说，两位部长给我说过了，我也向他们表示了，我就是想做一个普通教师，"进山修道成仙"，默默耕耘自己的园地，我不想"出山"。说真的，不知为什么，可能是性格的原因，我对"出山"一点兴趣也没有。因此，在电话里，不论王书记怎么谈，我依然是咬定"不再出山"不放松。我想，王书记知道我这样任性，再谈下去也不会有什么好结果了。最后，王书记不得不说,先谈到这里吧!

没想到,当天晚上,王书记直接找上门来了!

这次,王书记亲临家门,他说了机械系的一些情况。看来,这次让我"再度出山",是想让我去机械系了。心想,以前部长们跟我谈时,从来没有提过要去机械系呀。心里琢磨着,大概是让别人去,而没有人愿意去,这才又打上了让我去机械系的主意。

我和王书记是老乡,都是河南人,而且我比王书记大两岁。王书记调来学院时,我还在工会兼职,因工作关系,有过接触,还算比较熟悉,也有一种亲近感。来到家里,王书记开始谈让我去机械系的时候,我还是没松口,就是不肯"再度出山"。

可是说着说着,王书记好似开玩笑却又很认真地说:"老兄,帮兄弟一把吧,我求你了!"

我这个人,心理很脆弱。我想,王书记是不是事先已经了解到这一点。这次来到家里,特意来了个"攻心为上"的策略。

这一招,还真灵。一听到王书记这句话,我的心理防线基本上就算是土崩瓦解了。

毕竟,王书记是院长兼书记,他能这样谦恭下士,语重心长,我是真的被他的真情实意打动了。更何况"老乡见老乡,两眼泪汪汪",再执拗下去,于情于理,都有些说不过去了。没有办法,我只好接受王书记的一片诚意,不得不向他表示:"那就试试吧。"

就这样,我身不由己,临阵受命,只好准备再度"出山"了。

素位而行,不怨不尤。既然承诺了,就要迫使自己尽快进入角色。

不管做什么事,总得先有个想法。思想是行动的先导,思想会给你智慧和力量。

怎样适应新的角色?以什么样的姿态迎接新的考验?这些都是向王书记承诺后,我必须马上思考和回答的问题。

王书记跟我谈话后的第二天,1 月 8 日,我在日记本里写了以下两段文字,希望内化于心,并时刻砥砺自己前行。

一段是:

"王书记昨晚来家里又谈'再度出山'之事,半月余,兆新、经伟、王书记就'再次出山'之事,已谈六次之多。身不由己,受命于道,只好准备再度'出山’了。”

另一段是：

“工欲善其事，必先利其器。器者，如是也：

思想——道法自然，无为无不为；

信念——一切为了师生，一切依靠师生；

品德——无欲，谦下，服务；

风格——务实，求是。”

没有调查研究，就没有发言权。我想利用寒假的时间，到机械系教职工中走访一下。可要我到机械系去的正式文件，据说要到下学期开学时才能发出。要去走访，怎样才能名正言顺呢？我就给王书记提出来，能不能跟机械系教职工打个招呼，说明我在寒假里可能要去拜访大家。后来，听说打招呼了。

就这样，在寒假里的春节前后，记得还刚下过雪，道上积雪较深，我骑着自行车，先后去到教职工家里，拜访了机械系的部分教职工，了解教职工的一些情况，倾听大家的心声。

1993 年 2 月 5 日，王宪成书记代表学院党委，在机械系全体教职工会议上，正式宣布任命我为机械系系主任。

随即，我在会上也发表了就职演说。除了对组织的信任和大家的支持表示感谢外，主要谈到前面在日记本中写道的一些想法。如，“道法自然，无为无不为”“一切为了师生，一切依靠师生”“无欲，谦下，服务”“务实，求是”等。另外，还谈到能和大家相聚，这是一种缘分，我要珍惜这种难得的缘分。并表示，我一定要努力为大家服好务，不辜负领导和大家对自己的信任、支持和希望。

离第一次“出山”五年后，“进山”还不到八个月，想不到又再度“出山”。而且，1996 年 3 月，还被任命继续连任机械系系主任，并兼任机械系党总支书记。没想到，这在机械系一干又是五年。

（1993 年 2 月）

“弹好钢琴”辩证思维的忆往

机械系是一个职能部门。学校把这个摊子交给你了，怎样做好服务，使这个摊子运行好，不辜负领导的重托和教职工的希望，这是我上任后日夜思考的问题。

麻雀虽小，五脏俱全。一个职能部门，也是一个有机整体，牵一发而动全身。要想使这个有机整体生动活泼地运行起来，就必须有与之相适应的思维方式。

管理一个部门，应该具有怎样的思维方式？

通过学习和思考，我逐步意识到，“弹好钢琴”的辩证思维，是引导一个职能部门不断焕发活力的有效思维方式。

忆往昔，在服务机械系五年岁月里，可以看到一些“弹好钢琴”辩证思维的一些印迹。

一、火车跑得快，全靠车头带

这是一句俗语，说明领导的重要性。如果把一列火车比作一个团队，那么团队的领导班子就是一列火车的“火车头”。领导班子，是带领团队不断锐意进取的关键。因此，不论在什么情况下，一定要加强领导班子建设。

为了加强系领导班子建设，根据所了解的情况和开展工作的需要，上任伊始，在新班子的第一次会议上，我就倡导和提出了《机械系领导班子成员工作手则（十二条）》和《机械系管理体制基本架构（六条）》。经过交流和讨论，这《十二条》和《六条》，得到班子成员的一致同意和赞许。

这《十二条》是：

一、要头脑清醒，不迷失方向

二、要甘当公仆，不失信于民

三、要力成“国宝”，不误为“国妖”①

四、要立群言堂，不搞一言堂

五、要锐意进取，不做“传声筒”

六、要真抓实干，不摆花架子

七、要各司其职，不有令不行

八、要欢迎牢骚，不自以为是

九、要相互信任，不彼此猜疑

十、要同心协力，不争功诿过

十一、要一个声音，不讨好个人

十二、要开展批评，不背后议论

这《六条》是：

一、管理层次责任化

二、管理工作目标化

三、管理决策民主化

四、管理措施制度化

五、管理方式科学化

六、管理手段现代化

这《十二条》和《六条》，还以条幅的形式贴在系主任办公室的墙壁上，以经常警醒自己，并与班子成员共勉。

制定这《十二条》和《六条》的目的，是要求班子成员首先要在思想意识上做好自己。班子成员首先做好自己，才能为全系师生更好地服务。

后来，这件事被别的系知道了，有的系领导还来参观过。我们把这种参观，看作是对这种做法的一种鼓励。

---

① “国宝”“国妖”，出自战国末期思想家、教育家荀子《大略》：“口能言之，身能行之，国宝也；口不能言，身能行之，国器也；口能言之，身不能行，国用也；口言善，身行恶，国妖也。”

二、没有规矩，不成方圆

这是人们比较熟悉的一句贤文，出自《孟子·离娄章》："不以规矩，不能成方圆。"原意是说，没有"规"和"矩"，就无法制作出方形和圆形的物品。后来，这句贤文引申为告诉人们一个重要道理，即做任何事，都要有规矩，懂规矩，守规矩，否则无法成功。

因此，管理一个部门也得立规矩。除了上面提到的《十二条》和《六条》外，我们还立了一些规矩。

一是倡导并建立系务委员会制。系务委员会由系正副主任、系党总支正副书记、各室主任（包括教研室主任、实验室主任、办公室主任、实习厂厂长和系主任助理等）组成，其职责是对系内重大问题进行研究并做出决定。

实施系务委员会制，是为了集思广益，更好地体现管理决策民主化和科学化。系务委员会制的建立，事先向学院呈交了请示报告，并得到了学院领导的同意和支持。据悉，系里建立系务委员会制的，在我们学校还是头一遭。

二是建立管理岗位责任制。起草并主持制订了若干管理岗位责任制，包括《系主任岗位责任制（九条）》《教学科研副主任岗位责任制（十条）》《行政副主任岗位责任制（九条）》《系办公室主任岗位责任制（十二条）》。

因为学院各系实行的是系主任负责制，所以在《系主任岗位责任制（九条）》中的《第九条》特别强调："系主任要与党总支书记经常保持沟通，主动接受党总支的监督和保障。对重大问题，要提交系务委员会和党总支委员会讨论。"

实施管理岗位责任制，能更好地体现管理工作的责任化、目标化和制度化。

三是健全和完善实习厂岗位责任条例。在实习厂原《实习教学管理标准》的基础上，健全和完善实习厂各管理岗位职责条例，包括《实习厂厂长岗位职责条例》《实习厂教学副厂长岗位职责条例》《实习厂生产副厂长岗位职责条例》以及《车工教研组岗位职责条例》《钳工教研组岗位职责条例》等。

机械系实习厂，在学生的技能训练方面，已经做出了显著成绩。这次的健全和完善岗位责任条例，是为使机械系实习厂再接再厉，在技能训练上，做出更大贡献！

四是倡导营造《六少六多》的和谐氛围。每一个人都是独一无二的。中国这么大，人这么多，我们能相聚在一起，这是缘分。大家在一起，要和而不同，和睦相处，心平气和，和衷共济。因此，上任不久，在全系教职工会议上，我就倡导在全系教职工中，要营造《六多六少》的和谐氛围。

这《六多六少》是：

多一些理解，少一点积怨。
多一些善意，少一点尖刻。
多一些宽容，少一点争斗。
多一些奋进，少一点嫉妒。
多一些尊重，少一点孤傲。
多一些爱心，少一点冷漠。

三、牵牛要牵牛鼻子

这是大家比较熟悉的一句中国谚语。这句谚语既形象又生动地说明了，做事情必须抓住关键的重要性。或者说，这句谚语的哲学寓意是，做事情要抓住主要矛盾。

我校的主要培养目标是，为职业教育培养师资。我校建立初期(20世纪80年代初)，经过多次调研，发现职业教育师资队伍中存在一个突出问题："专业理论教师不能指导技能训练，技能训练指导教师基础理论薄弱，不能讲授专业理论课。"这个问题，也就成了我校办学当时亟待解决的关键性问题。或者说，这个关键性问题，就是我校办学中要解决的主要矛盾。

20世纪90年代开始，为了解决这个主要矛盾，学校不断进行一系列教学改革。1993年，在学校的部署下，在机械系以前已取得显著改革效果的基础上，我们继续围绕这个关键性问题，积极进行改革和探索。

回忆起来，牵住牛鼻子，所进行的改革和探索，主要体现在这几个方面。

一是明确培养目标，增强特色意识。要全面贯彻党的教育方针，深化教育改革，提高教育质量，培养具有"双证书"和"双能力"特色的职业教育师资。

("双证书"是指，要求毕业生不仅取得大学本科或专科学历证书，还要取得劳动部门颁发的相应工种的职业资格证书；"双能力"是指，要求毕业生不仅具有从事专业理论教学的能力，还要具有从事指导专业技能训练的能力。）

二是完善培养方案，适应特色需要。在课程体系、教学内容、教学方法、理论教学、实践教学、技能训练等方面，都要深化改革，以适应具有特色培养目标的需要。

三是加强师资队伍建设，实现“双证书”和“双能力”目标。对于实习指导教师要求，在学历上具有大专以上水平，在职业资格证书上具有高级工以上水平；对于专业理论青年教师要求，在专业相关工种职业资格证书上具有初、中级工水平。

四是注重与时俱进，建议培养“双高”人才。原来，“双证书”中的职业资格证书，是指“中级工职业资格证书”。随着职业教育的不断发展，职业学校对我校培养的职教师资的要求越来越高，不仅有量的要求，也有质的要求。

在机械系办学过程中，特别是在专业技能训练教学中，对“双证书”中的职业资格证书的等级，应该有怎样的要求，是要求达到中级工水平，还是要求达到高级工水平？随着时间的推移，这个问题不断地萦绕在我的脑海中。

1995 年，在技能训练教学工作的研究中，我们也多次同学校为我系外聘的技能训练指导教师一起讨论这个问题。我系有两位特聘的技能训练指导教师，一位是刘介臣，另一位是孙凤津，他们都是天津市有名的高级技师，都具有较高的理论水平和丰富的实践经验。在讨论中，他们谈到技校生源的学生，入学时有的已取得中级工职业资格证书，毕业时如果他们还是取得中级工职业资格证书，这有些不太合适。我们还谈到，我系有“奥赛班”（国内技校学生参加国内奥林匹克技能比赛的机类优胜者被我校招生进来组成的班），该班的学生具有较高的技能水平。大家意识到，为适应职业教育发展的需要，在“奥赛班”学生明星效应的激励下，我校“双证书”中的职业资格证书等级的内涵，应该而且能够由“中级工”提高到“高级工”。

通过讨论，一段时间以来，萦绕在我们脑海中的职业资格证书等级的内涵问题，越来越清晰也越来越明确了。大家一致认为，我们的想法要与时俱进，职业资格证书中等级的内涵，应该由“中级工”及时地提高到“高级工”。这样，我校毕业生的水平，才能更好地适应职业教育的需要。

随即，我就把我们讨论的意见和建议向王宪成书记做了汇报，这些意见和建议得到了王书记的肯定和支持。

不久，原劳动部（当时我校直属原劳动部领导）颁发了关于培养“高级工”的相应文件。

1996年，通过大家的共同努力，我机械系机械制造工艺教育专业学生，在普遍取得中级职业资格证书的基础上，培养出我国首批具有本科学历和高级职业资格证书的“双高”毕业生。

1996年，我校成为我国培养“双高”人才的第一校。

1996年和1997年，我校的《实行“双证书”制，培养“一体化”职教师资》的教学成果，分别荣获天津市级和国家级教学成果一等奖。

机械系的教学改革实践，为我校荣获天津市级和国家级教学成果一等奖，提供了强有力的支撑。

五是深化实习厂改革，突出学校办学特色。根据学院领导指示精神，成立了以我为组长的机械系实习厂深化改革领导小组。这次实习厂深化改革的核心任务，就是要为凸显我校“双证书”和“一体化”的办学特色，做出新的贡献。

除了调整实习厂领导班子、健全和完善实习厂岗位责任条例外，这次改革的主要任务还包括：完善培养中、高级工技能训练教学方案，并修订教学计划；开展车、钳工技能训练方法研究；探索技能训练课与专业理论课教学的结合问题；研究青年教师的提高问题；总结产训结合的经验，并研究进一步完善产训结合的措施；完善内部体制机制改革问题等。

这些问题的深化改革和探索实践，为进一步凸显我校办学特色，做出了突出贡献。

六是完成原劳动部资助研究项目，《机类科学技能训练方法——四层次单元训练法》。在王宪成书记的亲自部署和督办下，1996至1997年，由我主持原劳动部资助研究项目子课题《机类科学技能训练方法研究》，并以我为主撰写了课题研究报告《机类科学技能训练方法——四层次单元训练法》，课题研究报告通过部级验收。该课题研究报告发表在《天津职业技术师范学院学报》2000年第10卷增刊上。

四层次单元训练法，是以技能训练的课题为单元，分四个层次进行技能训练教学的方法。第一个层次是“训练方案的自我设计”，第二个层次是“训练方案的信息交流”，第三个层次是“训练方案的具体实施”，第四个层次是“训练方案的综合评价”(这“第四个层次”，是王书记在一次听完汇报后建议补充的，这个建议被课题组欣然接受)。

四层次单元训练法体现了五个特性，即学生的主体性、信息的多样性、技能的综合性、理论的应用性、教师的主导性。

四层次单元训练法凸显了学生的三个变化，即由“要我学”向“我要学”转变，由“我学会”向“我会学”转变，由“我要干”向“我会干”转变。

四层次单元训练法的应用，已经取得显著效果，受到师生的普遍欢迎。

（以上详细内容请参见《教学篇》中收集的上述子课题研究报告）

四、一枝一叶总关情

到了机械系后，有一些教师主动约谈。对于这些主动约谈的教师，我都怀有一种特别敬重之情。一是既然想来而又能来谈，说明这些教师对我是信任的。信任和被信任都是美好的。所以，在我心中，对他们不禁油然而生一份敬意。二是除了信任感以外，他们来找我，我想不是来随便聊聊，而是带有某些想法的话要说，而且这些有想法的话里，还可能包含着自己的某种希望。因此，对于这些教师所说的话，我都特别注意倾听。

要做一个忠实的倾听者，倾听别人内心的想法，倾听别人内心的希望。倾听别人，是一种态度，更是对别人的一种尊重。

作为机械系的一位勤务员，要实现为机械系师生服务的初衷，就得注重倾听机械系教师的想法和希望。倾听，是自己为机械系师生服务的一种必须的内在需求和外在行为。

在交谈中，不同的教师谈的内容各不相同。谈自己的学历背景及专业的志向，谈自己的教学工作的情况及想法，谈青年教师的培养问题，谈管理问题，谈出国前课程安排的想法，谈孩子问题，还有的谈住房问题……

对于教师们的情况，除了认真倾听以外，还要将一些主要内容记在本子上，作为备忘录，以便不断地关注。

倾听，了解教师的想法，达到了沟通和交流的目的。倾听，知道教师的心愿，明确了为教师服务的目标。

在倾听的基础上，对教师所谈的想法和心愿，要多加思考，并谋划落实的路径。

对于教师的专业志趣，要予以特别尊重，因为志趣是教师内在的动力，是教师最好的老师。在教师培养和工作安排上，对教师的专业志趣，要予以特别的关注并尽可能的落实。

对于有的教师的教学工作中的安排问题，一方面要提请教师要多与教研室沟通，另一方面系里也要与教研室多沟通和交流，并希望教研室多考虑教师的意愿，争取尽可能地妥善安排教师的教学工作。通过沟通和交流，有的教师的教学工作中的安排问题，后来得到了妥善解决。

对于一些重大问题，要及时向学校领导请示汇报。如住房问题，涉及学校的全局，我得向王书记请示汇报，因王书记是学校负责联系机械系的校领导。按照王书记指示，我去找总务处负责人谈了教师住房问题的情况，并呈交了申请住房教师的相关资料。后来，这位教师的住房问题得到解决。

对于个别问题，在不影响正常教学秩序的前提下，可以适当灵活个别处理。如，教师出国前的上课问题等。

对于有特殊情况的教师，要给予更多一点的关心。有一位教师因口音问题，给教学效果带来了一定的影响。对于这样的情况，要多加分析，要看本质，要看主流，要尊重，不要随意给教师带来精神压力。

该教师毕业于国内名牌大学，所以不是“专业水平”问题，而是“水土不服”问题。而“水土不服”，不是短时间内能克服的。

考虑到多种因素，我和这位教师沟通和交流，这位教师愿意接受调整一下教学岗位的安排。

刚开始的时候，这位教师好像对岗位的调整还有些想法，有点不太自在。这个，我们看在眼里，记在心上。

在这段时间内，这也是我心里放心不下的一件事。因此，我常去他那里，看看他，聊聊天，多沟通，多交流。交流促进了相互理解。慢慢地，大家相处和谐了，融洽了。这位老师也踏实了，自在了，也有说有笑了。

后来，他跟我说，想跟他的室主任学学电脑。我说，好哇！接着，他让我去跟主任说说这事。我说，是你想学，你得自己主动去拜师呀！

之后，他主动去拜师了。自然，在这之前，我跟他的室主任已打过招呼，请他收下这个“徒弟”，并认真当好这个“师傅”。

这师徒俩相处得很不错。夏天来了，这位“徒弟”还请他的“师傅”和他的同事们吃西瓜。虽然我没赶上吃这西瓜，但听说后心里也是甜丝丝的。

每个人都有自己的长处。作为勤务员，要为大家服好务，就得搭建合适的平台，使每个人各得其所，发挥优势，人尽其才，乐在其中，体现自己的价值。

当我在机械系为大家服务即将任届期满时候，有一件事也让我费了点心思。想当初，我来到机械系的时候，上一届系领导班子没有为新一届班子留下一分钱(那时各系都有创收任务)。没留下，当然有没留下的理由。现在，要卸任了，我问机械系办公室主任赵培，系里创收还有多少钱？她说，还有五万多。这在当时的1998年，也是个不小的数目。

这五万多怎么办？是作为福利让全系教职工分了，还是给下一届系领导班子留下？

这个问题，我在脑子里闪现过多次。分了，大家可能很高兴，说不定还会说你好。可我最后的想法是：不分，留下！

没想得太多，只是觉得"分了"，好像有点"俗"，而"留下"，下一届班子可能有更好的用场。

常言道："家里有粮，心里不慌" 嘛。

毕竟，机械系也曾经是我的"家"呀，"留"在家里好！

峥嵘岁月稠

怎么也没有想到，我一个普普通通的教师，因为阴差阳错，还在校工会干了五年，又在机械系干了五年。对我来说，这十年既平凡又不平凡。说平凡，是说这十年，我并没有做出什么太出奇的事。说不平凡，是说这十年，除了教学工作外，在任职工作中，我每走一步都是陌生的，都是在探索中砥砺前行。

教育工会是教工之家。

难忘那，为起草向一线教职工倾斜的《教职工分房方案》，查阅不少兄弟院校相关资料作为参考的忙碌身影。

难忘那，为使分房向一线教职工倾斜，而倡导中层干部不参加这次分房的提议，在学院相关会议上遭到冷遇的尴尬局面。

难忘那，在分房工作中，第一次遇到个别中层干部气急败坏当面质问的意外之事，以及个别教职工晚上到家中含沙射影蓄意恫吓的无聊之举。

难忘那，在大家的共同努力下，分房工作取得了广大教职工较为满意的效果，基本实现了分房向一线教职工倾斜的初衷，从而得到春华秋实的内心喜悦。

教书育人是教师的天职，也是教育工会的根本任务。

难忘那，由倡导成立"教书育人研究会"，经过不断努力做好各项筹备工作，到"教书育人研究会"正式成立，所经历的兴奋历程。

难忘那，"教书育人研究会"成立后，由《"育人一得"征文选集》编印成册，到学报出版《教书育人研究论文专辑》等，广大教职工开展教书育人活动的生动局面。

难忘那，在学院党委的领导下，在全院教职工的努力下，学院的工会活动取得了一定的成效，本人于1988年获得"七五立功奖章"。

在机械系的五年岁月里，也留下了难忘的印记。

难忘那，“无为无不为、无欲、谦下、服务、一切为了师生”，传统文化与现代理念相融合的管理服务思想的确立，为给自己再度“出山”带来的信心和力量。

难忘那，“弹好钢琴”辩证思维方法的应用，建立了胸怀大局，抓住中心，突出重点，统筹兼顾，协调配合，关心大伙，有条不紊的管理机制。

难忘那，为突出学院办学特色，在学院的部署下，机械系师生与时俱进，开创高校培养“双高人才”（具有本科学历和高级工职业资格证书）锐意进取的改革精神。

难忘那，学院《实行“双证书”制，培养“一体化”职教师资》的教学成果，于1996和1997年分别荣获天津市级和国家级教学成果一等奖，机械系师生艰苦奋斗，为获得此教学成果做出的坚强支撑。

难忘那，在机械系师生的共同努力下，机械系于1995年获学院先进单位，机械系党总支于1996年获学院党委先进党总支的集体荣誉。

难忘那，在机械系师生的共同努力下，以及在全院中层干部同仁的支持下，本人获得学院1996－1997年度优秀处级工作者的荣誉称号。

十年服务岁月，历经磨砺，感慨良多——

首先要感谢学院领导对自己的信任，为自己搭建了为大家服务的平台。没有组织的信任，没有服务的平台，除了是一位教师以外，我什么也不是。在这里，要特别感谢张兆新部长和王宪成书记，是他们不断地启发和鼓励，才使我走上了服务的平台，才有了为大家服务的机会。

还要感谢学院的首届教育工会委员会的委员们对我的帮助和支持。因为工会是我涉足服务的第一个平台，一切都要从头学起，是委员们给了我很多指教和帮助。在这里，要特别感谢黄振州、王世宾等委员，因当时他们都是学院中层领导，工作经验丰富，好多事情我都要事先向他们请教，他们都给了我很多具体的帮助。

又要感谢机械系领导班子的同仁，以及机械系的全体师生们，是他们敞开胸襟，包容我这个“外来户”的到来，并且大家团结一致同心协力，按照学院精心部署，为突出学院办学特色，做出了机械系师生应有的突出贡献。在这里，要特别感谢各室（包括教研室、实验室、实习厂、办公室等）的主任（厂长）们，因为经常和他们在一起，是他们给了我许许多多的理解、帮助和支持。在这里，还要感谢我系外聘的两位实训指导教师——刘介臣高级技师和孙凤津高级技师——是他们精益求精的实训指导，以及他们支持“培养高级工”的意见，为我校首创高校培养“双高人才”，做出了积极贡献，我们不能忘记他们！

也要感谢自己，感谢自己在磨砺中，不断地认识自己。在顺境的和谐中，常常意识到，自己就像一颗小苗一样，在和煦阳光的照耀下，在充沛雨露的滋润下，生命的潜能得以发挥，个人才得以不断成长。顺境中，要学做事，要能谦下，要善待别人，这样才能不断进取。在逆境的挫折中，慢慢体会到，挫折是一种历练，使自己开阔了眼界，丰富了阅历，积累了经验，增强了定力，使自己不断长大。逆境中，要学做人，要善待自己，要催人奋进，这样才能不断蜕变，超越自我。

政声人去后，民意闲谈时——

自 1992 年起，离开工会的服务岗位已有 26 年了。直到去年有的教师见面时，谈起当年工会成立教书育人研究会的事，还津津乐道地谈起当时广大教职工开展教书育人活动的生动活泼的情景。

自 1998 年起，我就离开机械系了。但离开后，常被“娘家人”请回去做“客”，我也常回“家”看看，与“娘家”相处得很好。离开“娘家”后，有的“娘家人”见到我时，还不时提起在一起的美好岁月；甚至学校别的部门的老师见到我时，也不免要夸上几句，说自己在机械系的口碑不错。

后来，王书记和我闲谈时，也不止一次地说过：“祖威，当初选你去机械系，是选对了。”

我说这些，有“老王卖瓜”之嫌。其实，我是想说，回顾这十年的服务历程，我没有多大的本事，只是自己还算“认真”而已。就像王书记曾经开玩笑说的那样：“祖威喝酒，就像他干事一样认真！”

“认真”，我自认为这是我性格特征的核心。不管做什么事，尽管我的能力不强，但我一定要尽力把事情做到位，绝不敷衍了事。否则，心里总感觉过意不去，不踏实，好像连自己都对不住，更不要说对不起那些应该对得起的了。

老人家一再强调：“世界上怕就怕‘认真’二字，共产党就最讲‘认真’二字”。

我很喜欢这句话，喜欢“认真”这两个字。“认真”二字特别适合自己的脾气，也就逐步形成了自己性格特征。

这十年的服务岁月，是成长的岁月，是美好的岁月，是难忘的岁月，是值得感恩的岁月。

感恩你，这一生中难忘的十年服务岁月！

“七五立功奖章”证书

获院1987—1988年度“教书育人先进工作者”证书

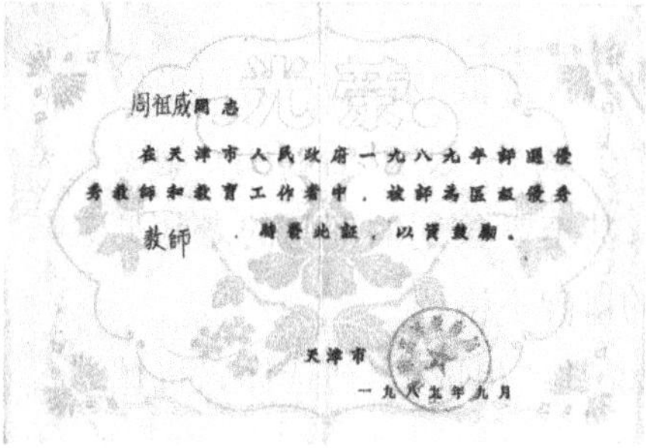

获市高教系统1989年“优秀教师”证书

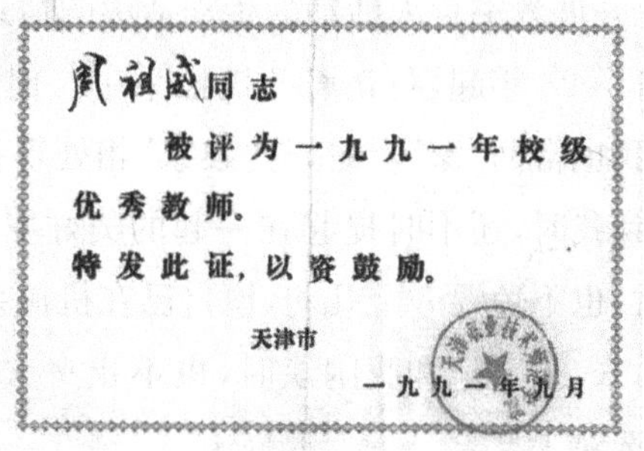

获校1991年“优秀教师”证书

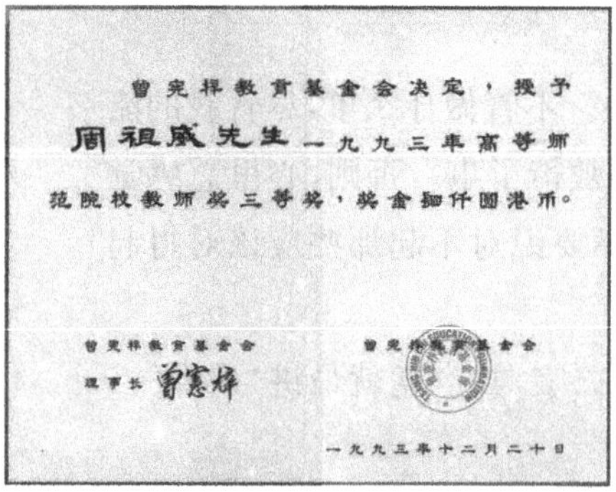

获曾宪梓教师奖证书

获校“优秀处级工作者”证书

督 导 篇

教学督导的核心理念就是两个字：服务

——为教师服务

——为教学服务

——为提高教学质量服务

——周祖威《以人为本 服务教学——督导组成立十周年工作小结》

开篇语

这里收录的是，在教学督导组工作期间，有关督导的随笔、议论、经验交流、工作总结和建议等。

从这些文字中，可以看到我校教学督导组成长的历程；也可以感受到教学督导组的教师，在与广大教师“重在交流”的切磋琢磨中，所表现出来的殚精竭虑的敬业精神；还可以体会到广大教师，面对教学督导组教师的甘于奉献精神，所流露出来的诚挚敬意和感激之情。

教学督导制是提高教学质量的重要措施

——兼论教学督导制在教学质量监控机制中的作用

在高等学校的教学工作中，教学建设、教学改革和教学管理是相互联系的有机整体，也是保证和提高教学质量的基本要素。教学管理应当坚持目标管理和过程管理相结合的方针，建立有效的教学工作和教学质量管理机制。学校根据教育法律制订的法规性教学文件，确定了教学单位和师生的教学基本行为。建立和健全教学督导制，对教学工作依法进行监督、检查、评价、指导，可以更好地使教学工作在依法治教、依法管理的法制轨道上运行。依法加强教学督导，是学校教学法规得以贯彻执行的重要保障，是教学监控机制的重要环节，也是提高教学质量的重要措施。

教学督导组是一个教学咨询机构，由学院资深的延聘、退休的教授、副教授组成。我院教学督导组成立两年来，在教学副院长的直接领导下，进行了一些教学督导的工作，下面谈谈我们的实践与认识。

一、深入实际，调查研究，对教学运行进行督导，是保持教学工作有序进行，维护良好教学环境的重要保障

教学督导组成立之初，通过现场调查统计，召开学生、教师座谈会，了解当时的教学运行状况和师生们对教学状况的看法。结果发现，教学状况多有不尽人意之处。如，学生平时上自习的出勤率不高，仅为30％－40％；有的教师不按时上课；有的教师不按授课计划上课；甚至有的教师上课是在念讲稿，等等。

正在进行教育思想大讨论的广大师生，怀着面向21世纪教学改革的巨大热情，迫切希望改变这些现象。

经过反复研究，教学督导组建议，以“教考分离”为切入点，力促改变教学中的一些不良现象。又通过召开师生座谈会，听取师生的意见，大家支持这种想法。随即，教学督导组向教务处和教学副院长，提出了关于“教考分离工作的设想和计划”的建议，立即得到教务处和学院的支持。教务处提出了“关于支持《教考分离工作的设想和计划》的意见”以及“关于我院期末考试扩大教考分离课程范围的意见”。学院发出了“关于转发教务处《关于我院期末考试扩大教考分离课程范围的意见》的通知”。依据《意见》，这次期末考试的课程，由原有的3门扩大到17门，有14门课程要建立了有一定数量的试题库，有2457名学生参加教考分离的考试。

牵一发而动全身。一项较大范围的教考分离工作在全院展开，广大师生都能正确对待，并积极支持这项工作。学生们勤奋了，学生平时上自习出勤率达到70%—80%，教师们更加敬业了，原来一些教师上课“散软”的现象得到了克服。一个稳定有序，具有活力的教学氛围蔚然而成。

二、评价教学，反馈信息，对课堂教学进行督导，是调动教师积极因素，提高教学质量的有效措施

为较客观地了解学生对教学质量的评价，教学督导组于1999年6月，在全院进行了课堂教学问卷调查。调查方式采用“全员式”，即每位学生都参与对所在班的所有现行任课教师的教学质量评价，填写“课堂教学状况信息表”。调查内容包括：教师出勤、教学手段、教学方式、教学内容、作业批改、答疑辅导、教学效果和综合评价等。本次调查有68个班参加(应届毕业班除外)，有2271名学生参加了答卷，答卷率为95.5%，其中有效答卷为1955份，有效答卷为86%。本次调查涉及现行任课教师151名。考虑到“综合评价”的内涵丰富，能更好地反映教师的全面素质，故以“综合评价”作为学生对教学质量满意程度的评价指标。为清晰地反映评价的整体态势，将评价指标分为四个等级：非常满意、满意、基本满意、不满意。

调查结果表明，本学期学生对教学质量满意程度评价的等级为基本满意，基本满意率为99.34%。而其中满意的教师数量占现行任课教师数的一半强一点，非常满意的教师数仅占五分之一多一点。这说明，教师的整体教学水平有待进一步提高。

为了向教师反馈学生评价的信息，我们以直接向教师(不经过系、部领导)发送"致教师的反馈信息函"的方式,将学生对每位教师所教课程的评价信息原汁原味地传达给教师,不做结论性意见,仅做评价信息沟通。这种信息沟通方式,教师是接受的。对评价较好的教师,这是一种客观鼓励;对评价不太好的教师,这是一种内在警示。这样,对教师总结经验,改进教学,不断提高教学质量会起到积极促进作用。如果能建立起相应的激励机制和约束机制,则促进作用会更大。

三、发现典型,总结经验,对教师进行督导,是推广先进经验,提高教师教学水平的良好方式

在学生对教学质量进行评价的基础上,我们选择了被学生评为"非常满意"的老、中、青三位教师作为考察对象,进一步了解他们的教学实际情况。首先,督导组全体成员深入课堂听课,并在听完后进行讨论,予以分析评价。大家认为,三位教师的讲课,即有共同的优点,又各有所长,特别是青年教师李春华的课堂教学,对广大教师,尤其是对青年教师,更具有借鉴指导意义。随后,教学督导组建议,在全院组织一次李春华老师的公开课,除所教班的全体学生参加外,要求全体青年教师和有关系、室的教师参加。

建议被采纳,公开课如期举行。公开课讲完后,组织听课的教师进行评课。发言的教师都充分肯定了这次公开课,纷纷指出李春华老师讲课,内容精通,思路清晰、逻辑性强、表达流畅,而且还能相互交流,师生互动,联系实际,举一反三。有的老教师说:"这是学院建院以来的第一次公开课,活动本身具有深远意义。"还有的老教师无不感慨地说:"要是全院的青年教师都有这样的教学效果,该多好!"有的青年教师说:"特别感谢学院给了这次学习机会,这种活动很好,尤其是对我们青年教师,希望以后举办这种活动。"

此外,我们还认识到,配合教务,抓住重点,对教学工作进行专项督导,如对课程建设、毕业设计、教育实习、技能训练等进行专项督导,也是促进专项教学建设,实现专项教学目标的有力手段。

为保证和提高教学质量,教学督导大有作为,值得不断实践和探索。

注:本文收入《教学督导组成立十周年纪念·教学督导资料汇编》,2008 年 11 月。

好的课堂教学效果从哪里来？

——由学院评选“优秀主讲教师”引发的思考

这是一个既简单又复杂的问题。说简单，是说好的课堂教学效果自然主要来自好的老师，因为老师是教学过程的主导者；说复杂，是说要想说清好的课堂教学效果，需要老师具备哪些素养就不这么容易了。

幸好，学院已开始实施的“优秀主讲教师”评选活动，为进一步思考这个问题提供了时空。通过听课，教学督导组教师发现不少老师的课堂教学都各有特色。可以看出：教师要想取得好的课堂教学效果，具有专业知识是必要的，但只有专业知识是远远不够的，还要具有其他素养。到底好的课堂教学效果需要老师具备哪些素养呢？素养是品质，也是行为。现就感触较深的一些老师的教学行为表现，结合笔者的教学实践感悟，加以概述。

一、树立“主体”思想，开发个人潜能，培养创新精神，促进个性发展

现代教育思想，强调学生在教学活动中的“主体地位”。就是说，把学生看成是具有主动性、积极性、创造性的活生生的人。因而在教学活动中，老师要发挥主导作用，激发学生自身发展中的主动性、积极性、创造性，开发学生自身发展中的潜能，引导学生主动地去思考、探究，鼓励学生充分地表现自己，发挥学生的创造性思维，让学生的潜力、能力和信心得以加强，促进学生个性发展。

在课堂教学中，有的老师为体现以学生为主体的教育思想，贯彻启发式教学思想，掌握教学艺术，调动学生的积极性，引导学生主动地去思考，去研究，培养学生独立思考、解决问题的能力。

如魏伟老师在讲授垂直相交两直线的投影定理时，不是一开始就直接

讲解和论证该定理本身，而是先用一个木圆规进行各种动态的演示。他把圆规的“两条腿”掰成直角，且置于空间的任意方位。然后，一面变换该角在空间的方位而使其仍保持任意性，一面问学生：“该直角在投影面上的投影是直角吗?”由于该直角在空间变换方位时，其投影角明显看到是在由小变大，所以同学们回答：“不是!”再继续变换该角的方位，使直角的两个边都平行于投影面。再问：“这时，该直角在投影面上的投影是直角吗?”同学们异口同声回答：“是!”“为什么?”老师自然问道。这时，老师引导同学分析出：这两个角的两个边分别平行，两个角相等，所以是直角。还继续变换该角的方位，使得直角的一边平行于投影面。还问：“此时，该直角在投影面上的投影还是直角吗?”这时，同学回答的声音小了，而且不是用同一个声音回答。有的同学说：“是!”有的同学说：“不是!”看来，此时同学们对这个问题还不是完全清楚。

这时，学生就到了关键时刻，也就是到了至圣先师孔子所说的“不愤不启，不悱不发”的“愤”“悱”状态。所谓“愤”，即学生的心求通而未通的状态；所谓“悱”，即学生的口欲言而未能言的状态。孔子强调的是，不到学生心求通而未通之时，不启发他；不到学生口欲言而未能言之时，不开导他。要让学生先到达“愤”“悱”的状态，再启发、开导他。从心理学上讲，“愤”“悱”状态是“受激发状态”。此时，学生的求知欲望被极大地调动起来，学生的大脑处于高度专注、积极思维之中，是思维的最佳时刻。此时，老师若能开启学生思维的闸门，思维之水就会奔流涌出，从而促进学生领悟。

“这个投影到底是不是直角呢?”老师面对学生“心求通”“口欲言”的渴望心情，不是简单地把结论告诉学生，而是继续引导学生共同探求结论。老师利用线的投影特性，引导学生步步逼近，环环相扣，有如抽丝，有如剥笋，最后自然而然地共同得出结论：上述投影是直角，这就是“直角投影定理”。

这样的教学，就是以学生为主体的教学，就是启发式教学，就是进入艺术殿堂的教学。还有的教师，为贯彻以学生为主体的教育思想，锐意进取，挑战自我，以自己的创新意识、创新精神、创新行为积极培养学生的创新能力，努力促进学生的个性发展。

如李莉老师，对留给学生的编程作业，要求学生“有自己的思路”“不要相信教师说的都是最好的”，并“允许犯错误”，鼓励学生编程时要“求异”“创新”。为了给学生创造表现自己的机会，老师让作业有代表性的同学上台在黑板上展演自己编写的程序，并向同学们讲述自己编程的思路。

有位同学在编写计算机的程序时，使用了一个具有两个语句功能的语句。这样一种非常规的做法，一般同学是不敢想的。李莉老师对这位学生的做法大加赞赏，还说不仅自己没有想到，而且从自己手中现有的教科书中也都没有看到过。老师在赞赏这位同学的同时，激动不已，两次建议并带头鼓掌，对这位同学的创新精神给以肯定和鼓励。

这样的教学有民主、宽松的氛围，这样的教学是师生的共同学习，这样的教学有学生的主动性得以充分发挥的开放时空，这样的教学有以鼓励或促进学生创新为主的教师评价。（顺便说明，应当重视赏识教育。心理学家说过："人性最深层的需要就是渴望别人的欣赏和赞美。[1]"老师的赞赏会增强学生的自信心。）正是在这种有利于培养创新精神的课堂教学环境中，同学有了成功感，潜能得到了开发，自信心增强了，学习的兴趣和效率提高了。有的同学能自觉地作到一题多解，有的同学甚至编程"上瘾了！"还有的同学乐意在自己宿舍里当同学的编程"小老师"。这是一种多么生动活泼的学习局面！

实践证明，要想有好的教学效果，必须有好的教育思想和好的教学观念。

二、设计教学方案，明确教学目标，优化教学过程，拓展育人价值

我们强调学生的"主体"参与性，并不是主张教师与学生在课堂上进行随意性很强的教学。教学过程是一个特殊的认识过程，必须按其规律精心设计教学方案（即教案）。

我们的优秀主讲教师都非常重视教学方案的设计。

李春华老师说："备课是教学过程的首要环节，是教师教学的重要基本功，也是教师的职责和应遵守的规则。"还说："备课是一项长期、艰苦、创新、细致的再加工再创造过程，没有'日间传授夜间思'的艰苦劳动是难以有所建树的。"（说得多好，多么深刻，多么敬业，多么执着，多么感人！）

魏伟老师还说："讲课实际上是一种再创造，在选材、次序安排、选择例题、设置提问、多媒体课件制作等方面都需要精心设计。"（说得同样精彩，多么细致，更贵在"精心设计"四个字上！）

刘盾老师也说："课前精心备课，认真撰写教案……我每学期都认真撰写和修改教案。很多知识、内容是我们在教学中不断加深认识、不断提高的，所以应该经常总结和修改教案，也就是进行知识的不断更新和提高。”(说得富有新意，贵在与时俱进，常讲常新!)

教学方案是教学的重要依据，因而教学方案的设计要体现以学生为主体的教育思想，其内涵也应与时俱进，更有利地促进学生的全面发展。在设计教学方案时，有几个方面及其内涵应该给以新的关注。

第一，明确教学目标。在一个教学单元里，学科的具体的基本思想、基本方法、基本知识、基本技能，以及学生从学科的本单元教学中可能获得的哪些人文精神的滋养，都要做到心中有数(下面还会进一步谈及)。

第二，优化教学过程。这里，有这样几层含义：

其一领悟和掌握该教学单元的学科思想和学科方法[2]。这是实现教学目标的指导思想。学科思想方法是学科知识的灵魂，只有领悟和掌握了他，教师在引导学生探求学科知识时，才能进入“会当凌绝顶，一览众由小”的境界，才会有胸有成竹，挥洒自如，左右逢源，得心应手的感觉，师生才都会感到是一种精神上的享受。有的老师很关注这一点。

如刘盾老师说：“对教材的基本思想……都仔细琢磨。”

还如孙爽老师说：“讲课不应只讲知识点而忽略学科思想，《画法几何》的基本思想是通过两个转换——将空间问题化为平面图形来求解和用平面图形来说明空间状况——来研究‘形’与‘影’的关系，并根据不同教学内容加以细化，从而在教学上取得了非常好的教学效果。”

其二精心设计单元教学的“开场白”。这是实现教学目标的突破口之一。这里所说的“精心设计”开场白，是说在单元教学讲授的开始引入部分，一定要生动有趣，引人注目，以符合教学过程规律性的第一个环节的要求——“激发动机[3]”。教育家说过，成功的教学所需要的不是强制，而是激发学生的兴趣。心理学家认为，兴趣是一种能够转化为学习动机的内在心理因素。不少老师都很注意精心设计“开场白”，其创意新颖，出其不意，引人入胜。

如魏伟老师在讲到“剖面图”这一节时，不是急于开门见山地讲“剖面图”的概念及其他，而是先让学生看一张带有键槽的零件图，并特别强调学生观察键槽的宽度和深度。由于该图没有采用剖视画法，键槽的形状只能用虚线表示，因而从这个图上来读键槽的宽度和深度比较费解。此时，老师顺势提出一个问题:“能否有办法使得键槽的宽度和深度一目了然呢?”接着,老师明确地指出:“可以!这就是要利用我们今天要讲的‘剖面图’的知识。”这样的“开场白”,自然引起了学生的兴趣,调动起了学习的欲望,这与那种“上次我们讲到×××,今年我们开始讲‘剖面图’”的“开场白”相比,是完全不同的两种境界。

“开场白”的“趣”从何“引”?可以从本学科的学科世界、现实的生活世界和学生的心灵世界中去发现,去挖掘,去提炼。

其三,以学生为主体推进教学过程。这是实现教学目标的重要过程。如何推进呢?对于讲授课,不论是对于“重点”的阐述,还是对“难点”的辨析,教师都要有计划地、有目的地、有启发性地设问质疑。因为疑,最容易引起定向——探究反射,有利于创造一种使学生进入“心愤愤”“口悱悱”的境界。在此状态下,教师要发挥主导作用,启发诱导学生主动地去思考,去探究,而且要十分重视思考、探究的过程,以培养学生独立思考、分析问题和解决问题的能力。对于讨论课或习题课,鼓励学生充分表现自己,发表不同意见,求异、创新,培养学生独立思考、解决问题和创新能力。

第四,拓展育人价值。现代教学论认为,教学过程不仅是传授和学习文化知识的过程,也是学生全面发展的过程[4]。长期以来,学科教学的育人价值往往被局限在传递学科知识上,而漠视了学科教学本身对学生独特的发展价值[5]。这里所说的“独特的发展价值”,是指学科对学生人文精神培养的价值。实际上,每门学科中都蕴涵着丰富的人文精神。教师在学科教学中,要自觉地挖掘和发挥学科本身对学生人文精神养成的潜移默化的作用。

学科教学本身可以从哪几方面发挥人文精神养成的潜移默化的作用呢?笔者认为至少有这样几个方面:

一是蕴涵在学科中的学科思想、学科方法和科学美;

二是推动学科发展的科学家的人格特征、科学态度和奉献精神;

三是学生在学科的学习过程中获得的经历、体验和感悟;

四是讲授本学科教师的敬业精神、教学艺术和人格魅力。

例如,如果在讲述牛顿力学体系的核心,即三大运动定律的同时,还讲到牛顿力学的思想方法是严格遵循“因果律”和绝对化的时空及质量观;还讲到是牛顿完成了科学方法三步曲“观察—实验—理论”的最后环节,即由实践到理论的质的飞跃,从而迎来了科学的黎明,开始了真正的“科学时代”；还讲到因为牛顿的“上帝第一推动”说，使他陷入唯心主义，因而被称为“伟大的科学家，渺小的哲学家”，等等。这些人文精神的滋养，对于提高学生的认识论和方法论方面的修养，无疑是非常有益的。

实际上，已有不少老师在学生人文精神的养成上，都正在通过学科教学本身起着潜移默化的作用，并取得成效。例如，前面提到的被李莉老师两次建议给以掌声鼓励的同学，对于有这样的学习经历、体验、感悟，相信他是终生难忘的，并相信他的这种经历、体验、感悟对他的自信心的增强，兴趣的养成，个性的发展，乃至人生价值的取向都会起到积极的作用，甚至是影响一生的作用。

应当强调的是，为拓展学科教学的育人价值，在设计教学方案时，首先要考虑的是认真挖掘本教学单元对学生人文精神养成的价值，而不再是只考虑本单元教学的重点和难点。要把注意力从“教书”为本转向“教学生”为本，通过“教书”实现全面“育人”的目标。

三、重视表达能力，讲究语言艺术，注意交流方式，合理使用媒体

讲授法仍是目前常用的一种教学方法。这就要求教师具有传输知识、智能的能力，这也称为表达能力，它又分为语言表达能力和非语言表达能力。

教师的语言艺术性表现在哪些方面呢？主要表现在具有“六性”。

一是清晰性：发音准确，吐字清楚，音量适度，清晰入耳。心理学研究表明，讲授语言的清晰度与学生的学习效果为正相关。

二是逻辑性：叙述说理，思路清晰，推导有致，完整严密。这取决于对学科思想方法的把握，并会使教学产生点石成金的效果。

三是简明性：简明扼要，措辞精当，惜话如金，好懂易记。如刘盾老师在讲到 555 定时器的工作原理时，用“入同高、输出低，入同低、输出高”十二个字进行了概括，使学生能很快掌握。这就体现了“简明性”。相反，语句啰嗦，容易引起学生厌烦。

四是准确性：概念清楚，原理准确，用语规范，资料无误。否则，概念、原理表述不清楚，学生将会如入云雾山中，不知所云，甚至引起反感。

五是节奏性：语速适中，适当停顿，语调起伏，酌情反复。语速过慢，信息量小，不利于集中学生注意力；语速过快，学生来不及理解或理解不深。

适当停顿,停顿的时间不论多么短暂,可为学生提供安静的机会,便于学生思考、鉴别、消化和组织教师前面讲的内容。停顿有利于学生“以退为进”。对于重要的结论,加重语调表述,可以增强学生的注意力。轻重起伏的语调,可以调节学生的情绪,不至于感到平淡乏味。对于“重点”或“难点”之处,酌情反复有助于教师重新构思语句或组织思路,以便学生从不同的角度去看,变得易懂。[6]

六是启发性:形象生动,比喻有趣,富有哲理,有感染力。如有的老师为强调学生要记笔记,引用谚语:“好脑袋瓜子,不如烂笔头。”还有的老师在分析不同定理的特点时,引用成语:“尺有所短,寸有所长。”这些,效果都很好。因为谚语和成语是语言的精华,都具有凝练警策、形象和谐、立意精辟、富有哲理等艺术特色。笔者在介绍爱因斯坦的相对论时空观时,引用了诗仙李白的诗:“人生非松柏,年貌岂常在;吾当乘云螭,吸景驻光彩。”并解释李白所说的是,乘上飞腾的神龙,就可以使时光停滞(“吸景”)而永葆青春(“驻光彩”)。还特别提出,我国唐代浪漫主义大诗人李白,在诗中十分明白地表述的相对的时空观,与出生晚了十个多世纪的20世纪的伟大科学家爱因斯坦的相对论时空观几乎完全合拍了。对此,学生们十分感兴趣,纷纷将此诗记在笔记本上。事实上,某些古代诗词对自然科学起了抉微探幽的作用。

自然科学有两门近亲,一门是哲学,一门是文学。作为学科教师,提高哲学和文学修养对于增强我们的语言表现力是大有帮助的。

非语言交流的方式包括文字、表情、姿态等。这里特别强调一下表情交流在传输知识中有着重要影响。一般认为,“眼睛是心灵的窗口”。人们通过视线的接触,交流友好、亲切、害怕、焦虑、愤怒、憎恨的情感和所有人类的情绪。在课堂里,教师应该有意识地注视全部学生,同时也应该让全班学生的眼光时刻注视自己,并在学生面前展现出发自内心的热情、敬业、关爱、温和、理解、尊重、宽容、真诚、豁达等情愫,以促进师生的情感交流,使学生感到老师是和蔼可亲的,是值得亲近的,从而形成民主、和谐的师生关系。只有“亲其师”才能“信其道”。如果学生喜欢一位老师,也会喜欢这位老师所教的学科;相反,如果学生讨厌一位老师,也会讨厌这位老师所教的学科。

多媒体课件具有信息量大、文图并茂、形象生动、表现力强等特点,不少老师在利用多媒体进行教学。方法各有不同,有的老师采用的是以讲授为主,课件为辅的方法;有的老师采用的是利用课件与利用黑板相结合的方法；有的老师采用的是讲授课利用课件，而讨论课或习题课利用黑板的方法，都取得了较好的效果。但在使用多媒体教学中，也存在一些应该注意的问题：有的页面切换较快，学生记笔记跟不上，有的学生甚至干脆不记了；由于页面切换较快，使学生对一问题很难有一个整体的思考和认识过程；有的老师过分依赖课件，那种挥洒自如的激情演讲没有了，那种老师与学生面对面的心灵与情感的交流不多了。如何合理使用多媒体进行教学，这是一个值得探讨的问题。在这方面，希望更多的老师创造出更多的、更好的经验来。

参考文献：

[1]张新彦，教学评价的正向功能，江苏教育报，1999－12－31

[2]周祖威，加强学科思想方法教学的认识与实践，力学与实践，1993，15(16)：68

[3]孙绵涛.高等教育学概论，武汉：华中师范大学出版社，1994，206

[4]中国大百科全书总编辑委员会《教育》编辑委员会，中国大百科全书·教育，北京：中国大百科全书出版社，1987，153

[5]叶澜，重建课堂教学价值观.教育研究，2002，(5)：5～6

[6](加)江绍伦著，(邵瑞珍等译)，课堂教育心理学，南昌：江西教育出版社，1987，47－48.

注：

2003年1月14日，本文由执笔者在学校“新世纪首届教学工作会议”上作了宣讲；

2003年5月2日，本文应约在《天津职业技术师范学院报》上全文发表；

2008年11月，本文收于《教学督导组成立十周年纪念·教学督导资料汇编》。

天津职业技术师范学院报　2003年5月2日　6

好的课堂教学效果从哪里来

——由学院评选“优秀主讲教师”引发的思考

教学督导组周祖威（执笔）

这是一个既简单又复杂的问题。说简单，是说好的课堂教学效果自然主要来自好的教师，因为教师是教学过程的主导者；说复杂，是说要想说清好的课堂教学效果需要教师具备哪些素养就不这么容易了。

目前，学院已开始实施的“优秀主讲教师”评选活动，为进一步思考这个问题提供了空间。通过听课，专家组发现不少教师的课堂教学都各有特色。从中可以断言：教师要想取得好的课堂教学效果，具有专业知识是必要的，但只有专业知识是远远不够的，还要具有其他素养。到底好的课堂教学效果需要教师具备哪些素养呢？素养是品质，也是行为。现就教学行为表现并结合笔者的教学实践感悟，加以概述。

2003年5月2日院报的第6版

重在交流—“五步曲”评课模式

我院自2002年实施评选“优秀主讲教师”以来，已先后有38位教师被评为“优秀主讲教师”。把评选优秀主讲教师作为一种制度，这是一个新生事物。如何做好参评教师课堂教学的评教工作，对我们来说，这不仅在实践上，也在认识上都是个新问题。随着时间的推移，这个问题越来越尖锐地出现在我们面前，需要我们去思考，去探索，去认识，去实践。

听课，是了解教师课堂教学状况的基本方式，也是评价教师课堂教学质量的主要途径。

开始阶段，我们听课大体上是这样进行的：“优秀主讲教师”每学期评选一次，每次根据参评教师的人数，组成相等数目的专家听课小组；小组每次听课后，各位专家分别填写“听课记录”和“评价表”，待听完该听的次数（一般是小组听3次，大组——全体参评专家——听1次，每次两学时）后，就可以计算出专家评审组对每位参评教师课堂教学质量的评价分数了；对于达到90分以上（含90分）者，该参评教师就可入围参加进一步的评审，对于未达到90分者，该参评教师就被一票否决了。

在这阶段，怎样做好听课，我们是摸着石头过河，各听课小组的作法有所不同。有的小组听课后，专家之间有些议论，但没有与被听教师进行交谈；有的小组听课后，专家不仅相互议论，还直接与被听教师进行切磋，凡是这样做的效果都较好；有的小组听课后，专家虽然也与被听教师有交谈，但谈的气氛不是很融洽，谈后的关系显得有些紧张等。

总的说来，摸着石头过河，心中底数不是很大。这时，我们感到周围的气氛有点儿不那么轻松，特别是与有的参评教师的关系不那么和谐。比如，去某系听课，有的教师碰见我们就半开玩笑地说：“又来整我们了！”又比如，因为听课后的一次交谈，使得一位参评教师很不愉快，甚至气愤。还比如，有的未被评上的参评教师心中感到有些不服："我怎么不行！我哪儿不行！"（后来知道，听课小组确实没有和她交谈过。）

摸着石头过河难免会碰着，"不那么轻松"与"不那么和谐"，也不时地使我们心中感到隐隐作痛——到底怎么了！我们为什么不那么受欢迎？

痛定思痛，挫折和教训引发我们对一些问题的高度关注和深刻反思：

——评优是目的，还是手段？

——评优活动应是封闭式，还是开放式？

——评优是注重结果，还是注重过程？

——评审专家是裁判，还是教练？

——听课后评审专家与参评教师要不要进行交流？

——如果需要交流，应着重谈哪些内容？

——交流应该在什么样的姿态下进行？

——"听课"究竟应该采取什么样的模式？

一、"五步曲"评课模式的创立

带着上述问题，我们学习了教育部《关于进一步加强高等学校本科教学工作的若干意见》等文件，《高等教育学概论》等论著，[1]以及报刊上关于现代教育思想和教学理念的一系列文章，[2][3]并结合教学督导听课实践中正反两方面的经验进行认真思考。

思考出智慧，思考可升华，思考能进入新的境界，思考可发现新的天地。通过学习和思考，我们逐步认识到：

——评优不是目的，而是一种手段，一种提高教师教学质量的激励机制；

——评优不应是封闭式的，而应是开放式的，参评教师应是评优活动的主体；

——评优要注重结果，但更应该注重过程，并把评优过程作为以评促优的过程；

——评审专家不仅是裁判，更应该是教练，评审专家不能听课后打个分就完事了，还要"导"，还要"引导"参评教师提高教学学术水平。

经过近一年在认识上和实践上的不断探索，我们终于总结出了较为行之有效的“五步曲”评课模式。这“五步曲”是：一听课，二评议，三交流，四改进，五提高。

下面介绍“五步曲”评课模式的具体内容及做法：

关于“听课”。对每一位参评教师都有一个相应的专家听课小组，每个小组至少由三名专家组成，且其中至少有一名与参评教师是同一专业的专家（如果督导组缺少，可吸收校内外专家参加）。专家听课要做笔记，要填写“听课记录”和“评价表”。为了使实施“五步曲”有相宜的时间，一般安排小组两周听课一次，每次两学时，共听三次。为了多视角地了解参评教师，还要安排大组（全体督导组成员，有时也包括组外专家）听课一次。

关于“评议”。所谓“评议”，就是听课小组每次听课后，要找一个时间，小组专家在一起对参评教师的本次课堂教学进行评议，看有哪些方面较好，不足的方面又有哪些，还有哪些改进的建议。在评议时，凡涉及专业知识方面的事情，要特别注意倾听本专业专家的意见，以便对情况能够准确把握。对于评议，要力争做到“沉淀”与“升华”相结合。所谓“沉淀”，就是上述评议的内容，不论是“较好的方面”，还是“不足的方面”，都要翔实，都要落到实处，不要泛泛，要使参评教师能“看得见，摸得着”，做到心中有数。所谓“升华”，就是上述评议的内容，要有高度，也就是要上升到教育学、教学论、心理学，甚至哲学的高度来认识，要使参评教师不仅能知其然，而且能知其所以然，做到心明眼亮。通过这样的“评议”，就为下一步的“交流”做好了准备。

关于“交流”。“交流”就是对话，是在“评议”的基础上，就前述“评议”的内容，在约定的时间和地点，听课小组的专家与参评教师面对面地交流。

“交流”什么？可以“交流”的内容是很丰富的，它涉及教学的各个方面，诸如：

教学理念方面——以教师为主导，以学生为主体，以学生为本，学生自主思维，开发潜能，发展个性等；

教学内容方面——学科知识，学科思想，学科方法，学科人文教养价值等；

教学规律方面——教学过程是一个特殊的认识过程，也应遵循“从生动的直观到抽象的思维，并从抽象的思维到实践”（列宁语）这一认识路线[4]等；

教学方法方面——启发式，表达能力，教学语言，教学艺术等。

每次“交流”，不一定要面面俱到，应依据课堂教学的实际情况，实事求是地确定交流的内容。

怎样"交流"?"交流"的目标是一致的,是为了提高教师素养,是为了提高教学质量。因此在"交流"时,我们强调"较好的方面要说够,不足的方面要说透"。人是需要赞赏的。"较好的方面要说够",可以增强教师特别是青年教师的自信心,而自信心对一个人来说是必不可少的。交流是一种人际关系。从"交流"的双方来看,专家组好似处于强势一方。但现在的"交流"是学术交流,是学科学术和教学学术的交流,即便是在做"不足的方面要说透"的交流时,我们仍然强调交流的态度应该是"切磋琢磨"的态度。也就是说,"交流"时要相互尊重,相互倾听,相互商量,相互研究,相互学习,取长补短,发扬长处,纠正不足。"交流"双方的关系不是对立的关系,也不是居高临下的关系,而是平等的关系,是朋友的关系,是诤友的关系。

关于"改进"。"交流"之后,参评教师一般都能认真对待专家组提出的需要改进的地方,由于是隔一周再听课,给参评教师留下了较充分考虑改进的时间,所以再次听课时,一般都有些改进,有的甚至有明显的改进。

关于"提高"。提高包括两个方面,一是参评教师的教师素养的提高,二是参评教师的教学质量的提高。通过"交流",对一些"看得见,摸得着"的具体问题,包括课堂教学方案设计的问题,课堂教学的"开场白"问题,学科知识的问题,教学语言的问题,教学课件使用的问题,板书的问题等,参评教师比较关注,也会及时着力改进,往往会收到立竿见影的效果,从而促进了教学质量的提高。通过"交流",对一些"看不见,摸不着"的理念问题,包括以学生为主体,学生自主思维,学科思想方法,学科人文精神教养等问题,也引起参评教师的关注,并且根据情况的不同,有的在加强学科思想方法教学方面尝到了甜头,有的在开发学生潜能方面取得了令人欣喜的效果,有的在挖掘学科人文精神教养方面进行了积极的尝试等,这些都有利于教师素养的提高。教师素养的提高是根本,只有不断提高教师的素养,才能保证教学质量的不断提高。

这就是"五步曲",它是一个相互联系,相互依存,相互影响的"评课"系统。

二、"五步曲"重在"交流"

"五步曲"评课系统的关键是"交流"。"交流"为什么这么重要,这需要我们对“交流”做进一步的认识。

《现代汉语词典》上说：“交流是彼此把自己有的供给对方”，“自己有的”应当包括自己的思想。说到这里，我们很自然地想起英国作家肖伯纳的关于交换苹果和交流思想的有名的比喻。他说，你有一个苹果，我也有一个苹果，而我们彼此交换这个苹果，那么你和我仍然是各有一个苹果；但是，倘若你有一种思想，我有另一种思想，而我们彼此交流这些思想，那么我们每人将有两种思想。

还有一位日本学者提出了“人际关系的乘法效应”，他给出两个有趣的算式：5＋5＝10 和 5×5＝25。意思是说，两个人如果彼此不交往，或者虽有交往却无坦诚交流，他们的能力都不会有任何提高(5＋5＝10)。反过来，如果他们交流信息，相互协商，便可能因为相互“感应”而产生思想共振，使两个思想重新组合而发挥出成倍高于原来的能力(5×5＝25)。这就是人际关系的乘法效应。

与“乘法效应”相近的又有哲学家提出的“视野融合”的论点：两个或两个以上的人为同一问题而交流思想，可以使他们的视野相互交叉，相互融合，形成一种具有综合价值的新视野，使交往者摆脱原有视野的束缚，进入一个更自由的思想天地。

只要是坦诚地去交流，就往往会产生意想不到的效果。我们曾和一位教“制图”的参评教师交流过一个问题——学科思想方法问题。我们说力学有力学的思想方法，数学有数学的思想方法，每门学科都有自己的学科思想方法，你制图学科的思想方法是什么？当时，对于这样提出问题可能感到有些意外，同时对问题本身可能也感到有些模糊，所以他说有待深入思考后再谈。在这种情况下，我想我们双方对这个问题的想法(不管他原来对这个问题的想法处在什么程度)在相互“感应”，在相互“融合”。后来，通过多次交流和反复切磋，终于概括出了制图学科的基本思想方法是“形”与“影”的相互转化。这种精辟的概括，对我们各自来说，都是新思想，新视野，这就是交流的魅力。再后来，他还告诉我们，用学科思想方法引领教学内容，讲起来得心应手，左右逢源，简直是一种精神上的享受，这就是交流的效力。

可以想见，交流是沟通信息的平台，交流是相互学习的园地，交流是丰富思想的源泉，交流是思想升华的天梯。正因为如此，参评教师都乐于交流，有的主动争取交流，有的希望有机会常交流。现在，我们与教师(不仅是参评教师)的关系和谐了,也更融洽了。

三、"五步曲"评课模式的特色和效果

"五步曲"评课模式的创立,使得教学督导在评课中的定位、目标和途径进一步明确了。这个定位就是以教师为本,这个目标就是为教师服务,这个途径就是"五步曲",就是"重在交流"。因此,"五步曲"评课模式具有鲜明的特色。

1."五步曲"体现"以人为本"的人文理念

"五步曲"重在"交流",而交流的双方是平等的关系,是朋友的关系,是诤友的关系,不是对立的关系,更不是"整人"的关系。通过交流,"较好的方面要说够","不足的方面要说透",有助于增强教师的素养,有助于提高教师的水平,有助于完善教师的人格。

2."五步曲"凸显为教师服务的根本宗旨

为了"交流",教学督导组成员间要"沟通"。为了使"问题"作到"沉淀"与"升华",教学督导事先要精心准备,有时还要查阅参考资料。这样,在"交流"时的"切磋琢磨"才能说到点子上,才能得到实效。教学督导的辛勤耕耘,就是为教师服务,就是用心为教师服务,就是用爱心为教师服务,就是倾心为教师提高教学学术水平服务。

3."五步曲"创立规范化、民主化、科学化、和谐化和有效化的评课模式

"五步曲"评课模式是一个有序系统,因而具有规范的可操作程序。由于"五步曲"评课模式体现了"以人为本"的人文理念和凸显了为教师服务的根本宗旨,所以该模式具有民主化、科学化和和谐化的特质。特别"五步曲"的"七周四次"系列评课模式是一个多重信息反馈系统,重在交流,使得参评教师对"好的方面"和"不足的方面"都越来越心中有数,且不断明确"改进"和"提高"的方向,因而这样的"交流"的效果是日益显著的。

正因为"五步曲"评课模式具有这些鲜明的特色,所以评选"优秀主讲教师"制度的实施越来越受到广大教师的欢迎,参评教师与教学督导的关系越来越和谐了,参评教师的感受越来越深,收获越来越大了。

如有的说:"整个评选过程,程序严谨、公开、公正,对教师提高教学水平帮助非常大。"

再有的说:"各位老教授把我当作自己的晚辈来看待,对我的讲课有充

分的肯定，同时指出了很多我自己所不能意识到的不足之处。就像是有名的医生给病人看病一样，把我的授课检验得一清二楚，而且还对症下药，让我对自己的教学有了充分的认识，对我的教学生涯起到了非常重要的作用。”

又有的说：“‘评选’工作是提高我院教学质量的一个非常好的措施，既是一些优秀教师脱颖而出的平台，更是向老师学习，向同行们学习的一个非常好的机会。”

还有的说：“感谢学校所开展的优秀主讲教师的评选活动，能够参加评选，我才有幸能与督导组教师近距离接触，不仅学到了宝贵的教学经验，而且最宝贵的是他们的人格魅力会对我产生深远的影响。太多的收获似乎用语言无法表达，在未来的工作中，我要以加倍的努力来感谢老师的指导和帮助。能够经历优秀主讲教师的评选活动，对于我这个青年教师来讲是一种幸福。”

参考文献：

[1]赵玉林. 高等教学督导工作运行论[M]. 武汉：武汉理工大学出版社，1998.

[2]张钧澄，金声涛，朱作宾. 试论高校督导的组织建设和工作机制[J]. 中国大学教学，2003，11：39—40.

[3]庄东江，蔡映辉. 高校教学督导工作的实践与创新[J]. 中国大学教学，2003，11：41—42.

[4]周祖威. 加强学科思想方法教学的认识与实践[J]. 力学与实践，1993，15(6)：68—69.

注：

2006 年 12 月 28 日，本文发表于《天津工程师范学院学报》，2006 年第 16 卷第 4 期；

2008 年 5 月 14 日，本文在“天津市普通高校教育教学导督工作会议”上做了交流；

2008 年 11 月，本教学研究成果以《重在交流——“五部曲”评课模式的创立与实践》为课题名称，获校级教学成果一等奖，成果完成人：周祖威、张连仲、王成珍、黄强、安淑芝（只限报五名）；

2009 年 5 月，本教学研究成果以《构建重在交流“五部曲”多循环评课模式，切实提高课堂教学质量》为课题名称，获天津市级教学成果二等奖，成果完成人：周祖威、张连仲、王成珍、黄强、安淑芝（只限报五名）。

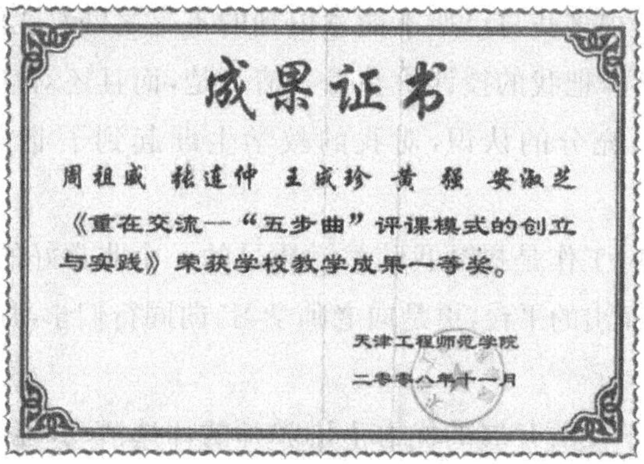

成果证书

周祖威 张连仲 王成珍 黄 强 安淑芝

《重在交流—“五步曲”评课模式的创立与实践》荣获学校教学成果一等奖。

天津工程师范学院

二零零八年十一月

“五步曲”获学院教学成果一等奖成果证书

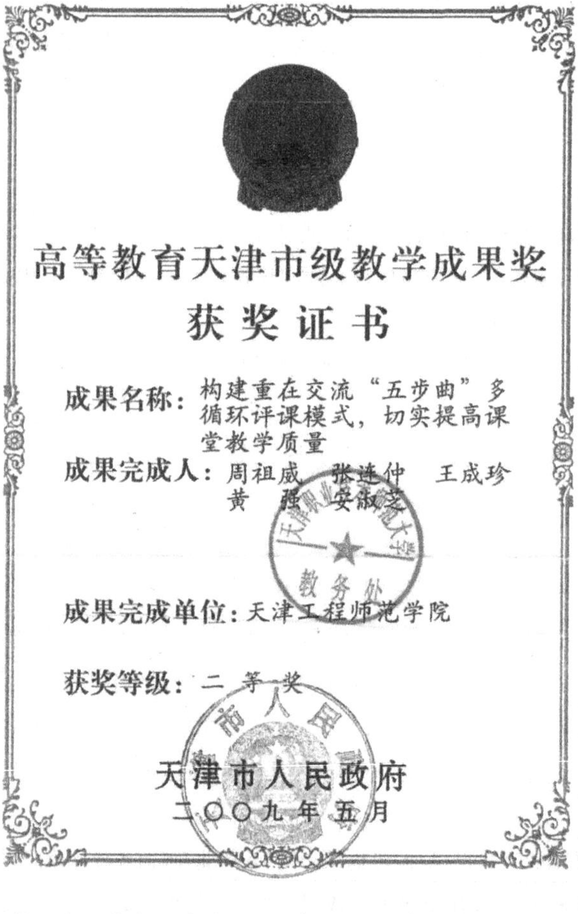

高等教育天津市级教学成果奖

获奖证书

成果名称：构建重在交流“五步曲”多循环评课模式，切实提高课堂教学质量

成果完成人：周祖威 张连仲 王成珍 黄 强 安淑芝

成果完成单位：天津工程师范学院

获奖等级：二 等 奖

天津市人民政府

二〇〇九年五月

“五步曲”获天津市级教学成果二等奖成果证书

以人为本　服务教学

——教学督导组成立十周年工作小结

光阴荏苒，日月如流，天津工程师范学院教学督导组成立已十年了。

教学督导组现有成员12名(包括外聘1名)，其中有退休教授11名，在职教授1名，这里面还有8位曾任过系主任或教务处长职务。这是一个富有教学经验，具备管理能力，热爱教学工作，充满热情智慧的团队。

在庆祝督导组成立十周年
大会上作工作小结

回顾过往，十年历程历历在目。在校领导的重视和关怀下，在教学副校长的直接领导下，在教务处的配合和指导下，在各部门和广大师生的支持下，教学督导组不断探索，以人为本，倾情奉献，在为教师服务上，在为教学服务上，付出了不懈的努力，并取得了令人注目的成效。

下面，从两个方面对教学督导组十年来的工作进行小结。

一、主要工作

十年来，教学督导组的工作目标随着不断探索而越来越明确，工作内容随着教学形势的发展而越来越丰富，就按工作历程来小结教学督导的主要工作吧。

1.倡导“教考分离” 推动“双风”建设

在1998年初教学督导组筹备成立之际，通过现场调查和召开师生座谈会，就了解到教风和学风都存在一些不尽如人意之处。如，有个别教师随意不上课，有的教师上课是在念讲稿等，学生平时上晚自习的出勤率仅为30%至40%。

为改变这种局面，加强教风和学风建设，通过讨论，督导组以“教考分离”为切入点，提出《关于教考分离工作的设想和计划》的建议，立即得到教务处和学校的支持，学校发出了《关于转发教务处“关于我院期末考试扩大教考分离课程范围的意见”的通知》。依据《通知》和《意见》，1998－1999学年第二学期期末考试，教考分离的考试课程由原来的3门扩大到17门，有14门课程建立有一定数量试题的题库，有2457名学生参加教考分离的考试。

一石激起千层浪。教师们更加敬业了，个别教师“软散”的现象得到克服。学生们勤奋了，上自习的出勤率达到70%至80%。一个稳定有序，具有活力的教学氛围蔚然而成。

2.进行问卷调查 反馈教学信息

自1997－1998学年第二学期开始，每学期都面向学生进行全员的关于教学质量的“课堂教学问卷调查”。问卷内容包括教学内容、教学方法、教学态度和教学效果等方面。每次将调查结果，一方面以“调查报告”的形式作为教学信息反馈给教学副校长以供参考，另一方面以直接发送“致教师的信息反馈函”的方式，向教师反馈学生对教学的原汁原味的评价信息，以便起到激励或勉诫作用(1999－2000学年第二学期后，这项活动转由教务处直接运作，并作为期中教学检查的一部分)。

此外，自1998年度开始，每年对应届毕业生在毕业前夕，进行问卷调查。问卷内容是对几年大学生活的感受和建议，涉及育人环境、以人为本、办学特色、个性发展、理论教学、技能训练、教育实习和毕业设计等方面。该调查是把这个特殊群体，在特殊时间，以特殊视角反映的特殊信息，作为学校的宝贵财富留下来，以资校领导办校治学的参考。如《2005届毕业生问卷调查报告》，应学校安排于2005年8月16日，在“教学评估培训班”上做了反馈后引起了强烈反响，所反映出来的一些问题，为以评促改，起了重要推动作用。

3. 发现教师典型　推荐公开教学

在学生对课堂教学质量评价的基础上，教学督导组从被学生评价为“非常满意”的教师中，选择了老、中、青三位教师作为考查对象，进一步了解他们的教学具体情况。通过课堂听课和课后交流，发现三位教师的课堂教学各有所长。但青年教师的课堂教学，对广大教师，尤其是对青年教师，更具有借鉴意义。于是，教学督导组建议，在1998－1999学年第二学期，全院组织一次该青年教师的公开课，建议被教务处采纳。

公开课的效果非常好，受到广泛好评，产生积极影响。教师纷纷谈到，该教师的讲课，内容娴熟，思路清晰，逻辑性强，表达流畅，而且能师生互动，相互交流，还能联系实际，举一反三。有的老教师说：“这是建校以来的第一次公开课，活动本身具有深远意义”，“要是全校青年教师都有这样的教学效果，该多好”。有的青年教师说：“这种活动很好，尤其是对我们青年教师”，“希望以后多举办这种活动”。

4. 投入教学评估　力行以评促建

在2000年对学校进行教学合格评估的迎评过程中，教学督导组参与了评估的规划部署，系统调研，监督检查等一系列工作。特别是教学督导组进行的面向学生的课堂教学问卷调查和毕业生问卷调查所提供的信息，对促进教学质量的提高，以及推进学校教学以评促建工作都起到积极作用。

在教学合格评估过程中，教学督导组在“重在建设”方面也做出了贡献。如，“班级课程教学档案制”就是根据教学督导组的具体建议而建立的。该档案包含“作业讲评记录”“考试质量分析”“课程教学小结”等12项内容。该制度的建立，为规范教学活动，加强教学管理，完善监控体系，提高教学质量，起到了重要作用。在教学合格评估时，教育部评估专家对建立班级课程教学档案给予了充分肯定，认为这很好，并希望将该项制度坚持下去。

学校也高度评价了教学督导组在教学评估中的工作，认为“教学督导组为全校教学评估工作做出了重大贡献”，并把“充分发挥教学督导的作用，是以评促建按质按量完成的一条宝贵经验”列为教学合格评估的“主要经验和收获”之一。

在2006年的本科教学水平评估中，教学督导组一如既往，在各个方面继续发挥了积极作用。

5. 实施"优讲"评审　创"五步曲"模式

学校在教学合格评估"合格"后，为开创教学督导工作的新局面，通过"走出去，请进来"，向兄弟院校教学督导组学到不少东西，受到很大启发(先后去过天津体院、北师大和北京交大等院校)。通过讨论，大家认为，提高教学质量的关键在于提高教师的素养。为建立教师的激励机制，学校决定建立优秀主讲教师制，并制订了《优秀主讲教师评审办法》(试行)。从2001－2002学年第二学期开始，教学督导组成员作为专家评审组的主要成员，参与优秀主讲教师的评审工作。到2007－2008学年第一学期为止，学校已评出38位优秀主讲教师。为发扬学校办学特色，2007－2008学年第二学期优秀主讲教师的评审，扩大至工程实训课程教师。

听课，是评价课堂教学质量的主要方法。如何做好参评教师课堂教学的评价工作，是个需要思考、探索的问题。通过思考和探索，并不断总结正反两方面的经验，教学督导组在对待评优的目的、手段、结果、过程、封闭与开放式、评优活动主体、评审专家身份和作用等方面有了新的认识，并在不断实践的基础上，于2004年初，正式创建了"五步曲"评课模式(详见《重在交流——"五步曲"评课模式》一文)。这"五步曲"是：一听课，二评议，三交流，四改进，五提高。"五步曲"是一个相互联系，相互影响的评课系统，其关键是"交流"，要重在"交流"。"交流"是沟通信息的平台，是相互学习的园地，是丰富思想的源泉，是思想升华的天梯。"五步曲"评课模式在优秀主讲教师评审中起到积极的作用，受到参评教师广泛的、热烈的、由衷的欢迎。同时，也受到学校领导的好评，并提出在全校的评教活动中加以推广。

6. 参与教学活动　实行专项"督导"

受教务处等职能部门的委托，教学督导组还参与其他一些教学督导活动。诸如，教学研究课题立项和验收的审议，精品课程建设立项和验收的审议，教学计划的审议，青年教师教案的检查，毕业设计初、中期检查，毕业设计答辩，教育实习检查，对新开课或开新课的教师的试讲进行听课审议，等等。

仅以2007年为例来说明：

3月，受教务处委托，对58份班级课程教学档案进行了检查，对25个班的毕业设计(论文)的开题报告进行了检查；

4月，受教务处委托，对9门精品建设课程进行了验收审议；

5月,受教务处委托,对4个新建专业进行了验收审议,对21门申报校级精品课程进行了审议;

6月,受教务处邀请,参加了毕业生校级答辩小组的答辩活动;

9月,受人事处委托,对11名新上岗教师进行了跟踪听课;

11月,受教务处委托,对110多项教改立项进行了审议;

12月,受人事处委托,对29名新引进教师岗前培训后进行了听课评议。

上述专项活动中,教学督导组最后都提交了相应的审议报告或反馈表等,提出意见和建议。

7.总结探索研究　交流教学感悟

如何提高课堂教学效果,这是每位教师都十分关注的事情,也是教学督导组多年来一直思索的问题。借助于"优秀主讲教师"评审活动,发现有些教师的课堂教学很有特色。通过不断学习和探究,以现代教育思想和教学理念为指导,分析和认识这些各具特色的教学实践活动,并结合教学督导组成员的几十年的教学实践的感悟,教学督导组总结出了《好的课堂教学效果从哪里来——由学校评选"优秀主讲教师"引发的思考》的教学探究成果。该成果在2003年1月14日召开的学校"新世纪首届教学会议"上宣讲时,受到极其热烈的欢迎,且会后好评如潮,反响强烈,纷纷要求将宣讲全文印发。后来,该宣讲稿在学校校刊上全文发表。

前面提到的"五步曲"评课模式,也是教学督导组从教学督导实践中总结出来的教学探究成果。该成果于2005年1月9日,在学校"首届教研室工作研讨会"上做了宣讲,受到与会者的好评。

有的教学督导组成员,还撰写了《谈谈启发式教学》的教学研究论文,并于2006年11月25日在教务处举办的教学方法报告会上做了宣讲。还有的成员,在《教学督导论坛》上,就"教学风格的多样性"等问题,发表了自己的见解。这些都受到大家的欢迎。

概括起来说,我校教学督导组的工作主要是三个方面:一是"听课",包括"优秀主讲教师"的评审听课和跟踪听课、"末位教师"的随机听课以及新引进教师岗前培训后的试讲验收听课等。以2007－2008学年第二学期为例,教学督导组先后对10名"优秀主讲教师"申报者进行了评优听课,对15名"优秀主讲教师"进行了跟踪听课,对18名"末位教师"进行了随机听课等;二是"专项",包括各种专项调查、专项检查、专项评审,发挥了监督、检查、评估、指导等职能；三是“研究”，包括教育思想和教学方法研究、教学评价理念和评价方法研究、教学督导功能与工作范围研究等。例如，“优秀主讲教师”评选已扩大到实训教师，教学督导组进行了实训教学评价方法研究，协助教务处制定了实训教学评价指标体系。

二、基本经验

教学督导组虽然做了一些工作，也取得了一定的成效，但其广度、深度和力度还不够，因而还总结不出有多么深刻的经验体会，但有几点感受还是令人难忘的。

1.树立“督导”意识　探索“督导”理念

开始时，对“督导”是什么，只能从字面上作顾名思义的认识，“督导”就是监督、督察、评价、指导等。但“督”谁、“导”谁、怎么“督”、怎么“导”，这些问题还比较模糊，只能先干起来再说，在干中学习，在干中探索。凡是做的事情，受到各方面欢迎的，其中最重要的，应该是教学督导的理念。

根据十年来的实践，我们认为，教学督导的核心理念就是两个字：“服务”。也就是说，发挥教学督导组的人力资源优势，为教师服务，为教学服务，为提高教学质量服务。无论是初期倡导的“教考分离”“问卷调查”“公开教学”，还是后来创立的“五步曲”评课模式，都反映了这种核心理念。

有了这种核心理念，也就有了教学督导的定位，因而教学督导工作起来，就目标明确，任务具体，态度谦和，教学督导组成员发挥作用，也就有了自己的宽广的平台。

2.做到“以人为本”　倾心服务教师

这主要体现在《重在交流——“五步曲”评课模式》的实施上。在未实施“五步曲”评课模式之前，对申报“优秀主讲教师”的教师的评课方法，只是看专家组听课评价的平均分数，凡达到90分及以上者，专家组就同意推荐。未达到90分者，就被专家一票否决了。这样的办法带来的后果是，被否决的教师对督导组有对立情绪，关系有些紧张，不那么和谐。如有的教师说：“我怎么不行？我那儿不行？”等。

教学督导组“不那么和谐”，使我们心中不时地感到隐隐作痛。痛定思痛，挫折和教训了我们，引发我们对一些问题的高度关注和深刻反思：

——评优是目的，还是手段？

——评优活动应是封闭式，还是开放式？

——评优是注重结果，还是注重过程？

——评审专家是裁判，还是教练？

——听课后评审专家与参评教师要不要进行交流？

——如果需要交流，应着重交流哪些内容？

——交流应该在什么样的姿态下进行？

——“听课”究竟应该采取什么样的模式？

思考出智慧。通过学习和思考，我们逐步认识到：

——评优不是目的，而是一种手段，一种提高教师教学质量的激励机制；

——评优不应是封闭式的，而应是开放式的，参评教师应是评优活动的主体；

——评优要注重结果，但更应该注重过程，并把评优过程作为以评促优的过程；

——评审专家不仅是裁判，更应该是教练，评审专家不能听课后打个分就完事了，还要“导”，还要“引导”参评教师提高教学学术水平。

经过近一年在认识上和实践上的不断探索，我们终于在2004年初，正式创立了“重在交流——‘五步曲’评课模式”。“五步曲”是：一听课，二评议，三交流，四改进，五提高。

“五步曲”强调“重在交流”。而交流时又强调，“较好的方面要说够，不足的方面要说透”。同时还强调，交流的态度应该是“切磋琢磨”。也就是说，“交流”时要相互尊重，相互倾听，相互商量，相互研究，相互学习，取长补短，发扬长处，纠正不足。还应该明确，“交流”双方的关系不是对立的关系，也不是居高临下的关系，而是平等的关系，是朋友的关系，是诤友的关系。

在这种“以教师为本”，诚心为教师服务的思想指导下，参评教师与教学督导组的关系越来越和谐了，参评教师越来越感到收获大了。对于参评“优秀主讲教师”，无论评上还是评不上的教师，都感受良多。如有的参评教师说：“各位老教授，把我当作自己的晚辈来看待，对我的讲课有充分的肯定，同时指出了很多我自己所不能意识到的不足之处。就像是有名的医生给病人看病一样，把我的授课检验得一清二楚，而且还对症下药，让我对自己的教学有了充分的认识，对我的教学生涯起到了非常重要的作用。”

3. 增强自身素质　提高“督导”水平

虽然学校领导和很多教师都说，教学督导是学校的宝贵财富，尽管教学督导组成员也在实际工作中把几十年积累的教学感悟奉献出来与大家分享，但是教学督导组成员都年过“花甲”了，还有几位已“古来稀”了，都老了，光吃老本就有些跟不上教育发展的形势了。为了不光吃老本，还要立新功，不少教学督导组成员都自觉学习现代教育思想、教学理念和教学方法，并用这些新的思想、理念和方法，进一步挖掘总结自己的教学经验，以便更好地做到“督之有法”，“导之以理”。前面提到的教学督导组的教学研究论文《好的课堂教学效果从哪里来——由学校评选“优秀主讲师”引发的思考》《重在交流——“五步曲”评课模式》《谈谈启发式教学》等，都凸显了以学生为主体，学生自主思维，开发个人潜能，培养创新精神，促进个性发展，以人为本，启发式教学，感受生命成长的快乐，提高生命质量等现代教育思想、教学理念和教学方法。

为了更好地增强自身素质，不断提高“督导”的水平，教学督导组近来又做了两件事。一是在组内开辟了《学习园地》，就是将“中国教育报”等媒体的剪报材料分别集成《教育篇》《教学篇》《教师篇》《名师篇》《督导篇》等，放在组内供大家平时学习参考。二是教学督导组设立了《教学督导论坛》，每月举行一次专题研讨活动，由督导组成员轮流做主讲人，讲后大家进行讨论。目前，已进行了《谈谈启发式教学》《试论教学风格的多样性》等研讨。

我们认为，在与教师交流时，可以交流的内容是很丰富的，涉及教学的各个方面。诸如：

教学理念方面——以教师为主导，以学生为主体，以学生为本，学生自主思维，开发潜能，发展个性等；

教学内容方面——学科知识，学科思想，学科方法，学科人文教养价值等；

教学规律方面——教学过程是一个特殊的认识过程，也应遵循“从生动的直观到抽象的思维，并从抽象的思维到实践”这一认识路线等；

教学方法方面——启发式，表达能力，教学语言，教学艺术等。

而这些交流，对教学督导的要求是很高的。要达到这种要求，交流必须上升到教育学、教学论、心理学，甚至哲学的认识高度。因此，我们要注重学习，不断增强自身的素质修养。

教学督导虽然取得了一定成效，但还存在许多不足，需要进一步加强。如，对现代教育思想及教学理念的学习、理解和实践，对“督导”规律的认识与实践等。

展望未来，教学督导大有可为。我们将继续发挥余热，以人为本，奉献爱心，更好地为教师服务，为教学服务，为提高教育教学质量服务！

注：

2008 年 12 月 23 日，在学校召开的“庆祝教学督导组成立十周年大会”上，本文为教学督导组的工作小结；

本文收入《教学督导组成立十周年纪念·教学督导资料汇编》。

院党委书记吴炳岳和市教委高教处处长张卫国在庆祝学院教学督导组成立十周年大会上向督导组成员颁发荣誉证书(自左至右分别为周祖威、王成珍、张卫国、吴炳岳)

院党委书记吴炳岳(左)向教学督导组颁发“突出贡献奖”

倾情奉献　鞠躬尽瘁

——怀念教学督导组成员张德春同志

德春同志，您从2007年3月16日离开我们已经一年多了。您的音容笑貌时时浮现在眼前，您的言谈话语也时时在身边回响。在纪念学校教学督导组成立十周年之际，我们更加想念您，更加怀念您。

教师是太阳底下最光辉的职业。您热爱这光辉的职业，更加珍惜和热爱退休后的教学督导组工作。

在工作中，您总是那样既富有激情，又踏实认真；既敢于直言，又注意倾听；既崇尚实干，又勤于思考。虽说，您是教学督导组的“老大”，但您一点儿也不“老”，而是一个富有朝气、充满活力的人。

在实行“五步曲”评课模式中，对于“交流”，我们强调“较好的方面要说够，不足的方面要说透”。而您对“较好的方面要说够”，能往往上升到哲学的高度来加以点评；对“不足的方面要说透”，能从学术角度做到严肃认真、一丝不苟。这些使得参评老师不仅受益匪浅，而且深受感动。记得，有一次交流，先有评审老师对参评老师的注重学科思想方法教学给予肯定后，您觉得意犹未尽，又着重强调：只要把握住学科思想方法，就能引领学科知识的教学。您的这个“引领说”得到参评教师的认同和赞许，并给该位参评教师留下了深刻印象。直到现在，每当谈及至此，该位教师还都为您的“引领说”感慨不已。

您总是一心扑在工作上，而唯独不注意自己的身体。在2006年9月下旬的一天，您让我陪您一起参加商贸系的一个教学研讨会。我觉得您近来身体好像有点不太好，就陪您去了。在会上，您做了认真而有见地的发言，受到与会者的欢迎。但是我看到您在讲话时，精力没那么充沛，有些疲惫的感觉。

会后，走在楼前的广场上，我问您："近来身体怎么样?"您说："腿总有点疼。"我说："您把裤子提起来，让我看看。"真是不看不知道，一看吓一跳。我一看，腿发紫，而且肿得厉害。我蹲下身用手一摸，腿是硬邦邦的，这时我心里就急了。平时问起您身体怎么样，您总是说没事，可现在怎么会弄到这种地步！刹那间，心想，不能再拖下去了，一定要赶快去医院好好查一查。于是，我就带着命令的口气对您说："从明天起，您不要来了，至少'十一'长假前不要来了，到医院好好检查一下后再说。"

从这以后，您再也没能来学校了。检查的结果是，腹股沟有肿块，而且是癌细胞转移了。此后，病情是越来越重了。当初去看您，您总是说，我想督导组，我想大家，我想工作，每当听到这些，心里就不是滋味，多好的同志啊！已经病成这样了，您想的还是督导组，是大家，是工作，真是鞠躬尽瘁啊！

您的高贵品质和敬业精神感人至深，令人敬佩！在您病重期间，学校领导，相关部门领导，督导组同志们以及您倾注爱心的优秀主讲教师们都多次去看望，这是对您人生价值的肯定，是对您人生意义的褒奖。

我们要以您为榜样，以人为本，奉献爱心，努力做好教学督导工作，热情为教师服务，为教学服务，为提高教学质量服务，为彰显学校办学特色服务。

敬爱的德春同志，安息吧！

注：本文写于2008年8月2日，收入《教学督导组成立十周年纪念·教学督导资料汇编》。

关于建立班级课程教学档案制的建议

院教学评价工作委员会：

以评促建，重在建设，为规范教学活动，促进教学质量提高，有效管理和利用教学资料，建议建立班级课程教学档案制。

班级课程教学档案按班级分课程建立，其档案项目见附件，该档案由课程主讲教师负责建立。每门课程结束后的下学期补考的一周内，由主讲教师负责将教学档案资料装入学院统一印制的教学档案袋内，交教研室主任签收后，存档于教研室。

若此建议经院教学评价工作委员会讨论采纳，应由教务处发文，经院批准后执行。

附件：《班级课程教学档案项目表》（略）

教学督导组　周祖威
1999 年 3 月 18 日

附：

关于建立班级课程档案制的通知

劳社津教师发(1999)20号

各系、部、进修中心及各教学单位：

以评促建，重在建设，为规范教学活动，提高教学质量，加强教学管理，利用教学资料，经研究决定建立班级课程教学档案制。现将有关事项通知如下：

班级课程教学档案按班级分课程由课程主讲教师负责建档。档案内容的项目见附件一。每门课程结束后的下学期补考后的一周内，由主讲老师将教学档案资料整理装入学院统一印制的教学档案内，并在其上签名后交教研室主任签收，存档于教研室。

班级课程教学档案制自本通知下发之日起开始执行。

附件一：班级课程教学档案项目表(略)

附件二：学生作业讲评记录(略)

教务处

1999年5月5日

悠悠督导岁月情

自1998年3月在机械系任职届满，随即被当时的教学副院长孟庆国提名聘为学院教学督导筹备组组长算起，一直到2014年10月被学校聘为第七届教学督导组组长任期届满，立即又由当时的教学副校长孙奇涵提名被学校聘为学校教学督导组顾问，任职至2017年1月止，这督导历时近十九年，可谓悠悠督导岁月。这期间，相继由当时的教学副院(校)长孟庆国、张兴会、孙奇涵提名，被学校聘请为学校教学督导组组长(由本人请求，2002年第二届只任副组长)。特别地，分别于2008年2月和2011年7月，还由当时的教学副校长张兴会推荐，被天津市教育委员会聘请为第一届和第二届"天津市普通高校教育教学质量专家督导委员会"委员。2012年12月，还被天津市人民政府教育督导委员会聘请为"第五届天津市兼职督学，聘期三年"。

悠悠督导岁月，不禁感慨良多。

首先要感谢上述诸位领导对自己的信任，为自己提供了一个新的服务平台。信任是一种态度，也是一种力量，是外在的信任转化为内在恒久的力量。教学督导，督什么？导什么？怎么督？怎么导？应该说，对于这些问题，在督导组刚成立的时候，我是不明确的。不懂，就要学习。要使自己的想法适应新的情况，就得学习。正是有了外在的信任，转化为内在的不竭动力，自己才不断有了关于教学督导的学习、探索和实践的勇气和信心。感谢历届领导的信任之情！

教学督导组自成立至第七届，成员除了我之外，还有王承子、王成珍、黄强、张连仲、安淑芝、高玉奎、金国朴、赵启、张德春、刘锡珍、王璞杰、张铁城、杨金梅、崔正昀、安合祥(外聘)、宋延民、王凤忠等。其中，多为退休教授，还有不少担任过系主任(相当于现在的院长)和教务处处长职务。教学督导组是一个富有教学经验，具有管理能力，热爱教学工作，充满奉献精神的团队。

督导组成员爱岗敬业，热情奉献，彼此尊重，相互学习，在教学督导工作中，除了为学校做出“突出贡献”外，还在工作中结下了深厚的情谊。上述大多数成员，从督导组彻底退下来后，酝酿多次的聚会，终于在2017年10月相聚了。这次相聚，达成几点共识：一是，每年至少聚会一次，实行AA制；二是，按年龄排座次，轮执主持聚会（座次为：老大黄强（1937.7.9）、老二王成珍（1937.12.28）、老三周祖威（1938.5.1）、老四张连仲（1938.11.0）、老五高玉奎（1940.9.10）、老六王璞杰（1941.9.16）、老七赵启（1942.7.5）、老八张铁城（1942.8.1）、老九崔正昀（1944.4.13）、老十安淑芝（1944.12.16））；三是，在微信中，建立“督督群”。现在群内成员，彼此牵挂，相互祝福，信息分享，颐养天年，“督督群”是一个暖心的群体。难忘督导群友的情深意长！

教学督导组，是在教学副校长的直接领导下，和教务处的具体的部署下开展工作的。一直以来，学校领导，特别是教学副校长，以及教务处都非常重视教学督导工作。每个学期的开始，教学副校长和教务处的负责同志都要深入到教学督导组，说明本学期教学工作的主要部署，以及对教学督导工作的具体要求。教学督导组，按照学校的部署精神和具体要求，安排落实方案，并逐步实施。教学副校长和教务处对教学督导组的老师们，还都非常关心和爱护。平时常说，督导组的老师们是学校的宝贵财富，要多注意自己的身体。一旦督导组的某位老师身体不适或住院治疗，相关领导常能去看望和慰问。曾经有一段时间，为了放松心情，养精蓄锐，学校和教务处还利用暑假，组织教学督导组成员（后来还包括家属），到天津市内一些休闲之地，一方面进行研讨活动，一方面进行修养活动。虽然时间不长，却是关怀备至。感激学校和教务处的历届领导，以及教务处的战友们，对教学督导组成员的关爱之情！

刍议篇

职教催生，
天命担当。
与时俱进，
续写华章。

——周祖威《校庆赋》

开篇语

本篇收录的大多是，应学校相关领导和有关部门之约，适时而写的一些拙见文稿。此外，也有自己即兴写的几篇东西。这些可能没有什么价值，以现在的眼光来看或许更没有什么意义。只不过是，留下点儿过往的些许情结而已。

另有两篇科学小品，一是与前中国女排周晓兰的手有关，二是跟苏东坡的“竹杖芒鞋轻胜马”有关。都颇为有趣，也一并收录进来。

增强特色意识　加快教学改革

以经济建设为中心的不可逆转的改革大潮正在神州大地涌动。科学技术是第一生产力,劳动者是生产力的第一要素。必须依靠科学技术进步和提高劳动者素质,来促进生产力的发展。发展教育,特别是大力发展职业技术教育,是推进科学技术进步和提高劳动者素质的战略措施。我院是一所职业技术师范院校,其培养目标有自己的特色,要把我院办出"特色",使其更好地适应经济建设的迫切需要。我认为,这是我院的工作中心,也是我院的改革中心。

我院进行了不少改革,迈出了可喜的步伐。为了适应改革形势的发展,紧紧抓住我院改革的中心,我觉得有两个问题需要进一步考虑。

一是增强我院教职工"特色"意识,形成全院教职工齐心协力,共办"特色"的局面。目前,在我院教职工中,对于我院的办学"特色",还没有完全达成共识。有不少教职工认为,办"特色"只是机械系和自动化系专科的事,与自己关系不大等。教职工是我院改革的主体,对于"特色"达不到共识,就会影响办"特色"的积极性的发挥。

二是加快教学改革步伐,建立和完善具有"特色"的教学体系。为适应经济建设发展的需要,和把握社会主义商品经济对教育带来的挑战和机遇,应当重建学院内部机制和完善具有"特色"的教学体系。这里包括办学模式、专业设置、师资培养、教学内容、教学方法等。这两个问题应尽快提到议事日程,否则就会勿失良机。

（1992 年 4 月 27 日）

注:本文应时任院办主任柳翠钦之约而写,并于 1992 年 4 月 27 日登载《天津职业技术师范学院报》第二期。

关于我院走内涵发展道路的若干问题

一、更新观念，立足职教，解决学院定位的认识问题

职业教育是教育结构体系的重要组成部分，大力发展职业教育是经济社会发展的需要。我们必须更新观念，特别是要破除人们头脑中往往存在的“六重六轻”的观念：

重普通教育，轻职业教育；

重理论，轻实践；

重专业理论，轻专业技能；

重理论教学，轻实验实训教学；

重理论教师，轻实验实训教师；

重知识型人才，轻技艺型人才。

只有克服传统教育的这些负面影响，确立为职业教育服务意识，才能更好地办出我院特色。

二、深化改革，提质增效，建立学、研、产、训相结合的运行机制

人才的规格培养，要求有与之相适应的教学质量保证体系和教学运行机制。我们的培养规格是“一体化”的职教师资。通过改革，应抓好教学质量体系建设，建立以教学为中心，教学、科学研究、产品开发和技能训练相结合的相互促进的良性循环的运行机制（如下图）。

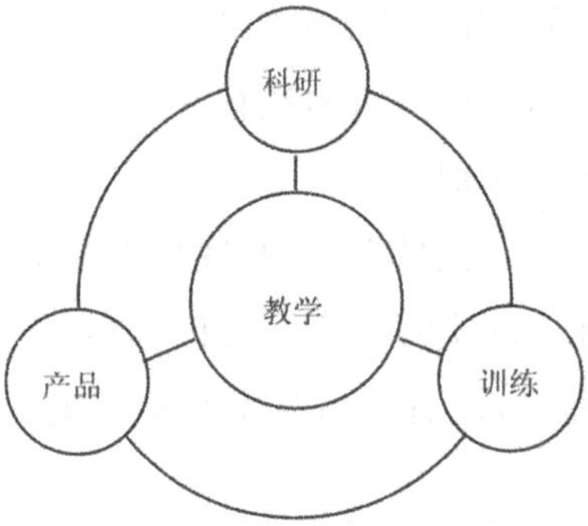

其中，要特别注意下面几个方面：

1.课程内容建设——既要注重学科的知识性，又要强调学科知识的应用性。对一些基础课程，应突出“三用”(管用、够用、实用)，增加建模内容，如数学建模、物理建模、力学建模等，并开展建模活动；对专业课程，应突出“三性”(职业性、技术性、应用性)，加强课程设计、工艺设计、毕业设计等教学实践活动。

2.师资队伍建设——建设能文能武的“一体化”的师资队伍。实习指导教师的职业资格证书最低要达到“ 双高”标准；一些专业基础和专业课程教师在专业技能上要达到相应的职业资格证书等级标准。

3.科学研究和产品开发——加强面向21世纪的教学研究，并面向教学和市场开发教学软件、教学及其他产品，借以提高专业教学和专业技能水平。

4.开发学生潜能——培养学生的创造力和动手制作能力，实施“猎潜计划”，开展科技制作竞赛活动等。

在上述改革中，都要建立相应的激励机制。

三、发挥优势，调整充实，完善为职教服务的办学体制

1.抓住机遇，发挥优势

我院至少有三种优势：地位优势(部属地位)、效应优势(光环效应)、资源优势(人力和物力)。优势也是机遇。要抓住机遇，发挥优势，这样就会优上加优。否则，丢掉机遇，就会优而无势，甚至被淘汰。

2.发现问题，调整充实

主要问题有：

招生体制——自招生源质量有日渐下滑的趋势。

专业设置——有重复现象，如机械系的现有两个本科专业，除生源不同外，专业内容与培养目标无大的区别。

实习基地——基础薄弱，仍以机械系为例，现缺少钳工装配维修实习车间和实习设备；车工和钳工无一间实习教室。按传统实习方法，这样似乎还过得去，而采用科学的训练方法，没有实习教室是不行的。在这方面，我们还不如有的技校。

这些问题，要认真分析，找出原因，对症下药，逐步解决。以上所述，是通过学习而思考的几个问题，也是在深化改革中，需要认真关注和探索的几个方面。

（1998 年 2 月 28 日）

注：本文为一次学校中层干部学校讨论会上的发言提纲。

教育实习改革方案

教育实习是师范教育规律的反映，是师范院校的一门必修课程。为了强化我院的师范性，并使我院的教育实习突出体现“实行‘双证书’制，培养‘一体化’职教师资”的办学特色，特制订我院教育实习改革方案。

1. 实行双证书制的专业，教学计划中的必修课程《教材教法》的教学内容，必须包含生产实习教学法的内容。

2. 实行双证书制的专业，除集中的 4 周教育实习外，还要在技能训练期间，穿插安排生产实习教学法的讲授，并穿插安排以同学为学生的生产实习课的教学实习。对此，每个学生至少编写 3 学时的教案，必须讲课 3—6 学时。生产实习课的教学实习要做到理论教学与技能训练相结合。

3. 实行双证书制的专业，教育实习的课堂教学实习课程，应着重安排专业基础课程，并且与生产实习教学课程有机地结合起来。做到既有讲授理论课，又有指导技能训练，从而经受“既能讲授理论课，又能指导技能训练”的“一体化”教师的教育实习锻炼。

4. 实行双证书制的专业，借鉴“机类科学技能训练方法——四层次单元训练法”等方法，注重将技能训练与技能教学相结合的训练方法，从而提高学生指导技能训练的能力。

5. 强化教师的师范意识，每位教师在每个班授课时，现身说法，做一次示范课，将自己特有的教学艺术传授给学生，使每位学生能受到众师之长的教学艺术的熏陶和浸润，借以提高教学学术水平的素养。

6. 实行双证书制的专业，在技能训练期间，开展学生“一体化”教学竞赛活动，藉以培养和提高学生“一体化”的水平。

（2000 年 10 月）

注：本文应时任院长王宪成之约而写。

办学特色凝练之我见

（方案 1）——**“三重说”之一：**

文武双全的“双师型”教师队伍

脑手并用的“知行观”教学机制[1]

能讲会做的“国宝化”培养模式[2]

（方案 2）——**“三重说”之二：**

“双师型”教师队伍

“知行观”教学机制

“国宝化”培养模式

（方案 3）——**“1+1=1 说”：**

“双师型”＋“知行观”＝“国宝化”

（方案 4）——**“五字说”：**

“国宝的摇篮”

（方案 5）——**“一体两翼说”：**

“一体”——“国宝化”培养模式

“两翼”——“双师型”教师队伍

“知行观”教学机制

（2006 年 3 月 29 日）

注释：

[1]“知行观”源自战国末期思想家、教育家荀子的《荀子·儒效》：“不闻不若闻之，闻之不若见之，见之不若知之，知之不若行之。”

[2]“国宝”源自荀子的《荀子·大略》：“口能言之，身能行之，国宝也；口不能言，身能行之，国器也；口能言之，身不能行，国用也；口言善，身行恶，国妖也。”

校　庆　赋

——为30周年校庆而作

天子之津，海河一方，工程师院，闪耀光芒。
职教催生，天命担当，与时俱进，续写华章。
办学理念，特色鲜亮，动手动脑，全面成长。
“一体化”师，培养方向，“双证书”制，质量保障。
成果新异，荣登金榜，内外瞩目，交口赞赏。[1]
特色专业，优势承扬，精品课程，业内推广。
工程实训，技艺精强，科技竞赛，战绩辉煌。
师资素质，文武相彰，精心育人，桃李芬芳。
培养模式，特立独创，本科技师，金榜再上。[2]
校园文化，技能崇尚，润泽生命，内化素养。
水平评估，皆得优项，春华秋实，无愧头羊。[3]
科学发展，开来继往，一流大学，争圆梦想！

(2009年5月1日)

注：

[1]教学成果《实行双证书制，培养一体化职教师资》获1997年国家级教学成果一等奖。

[2]教学成果《培养高等技术应用人才的一种新模式——“本科＋技师”》获2005年国家级教学成果一等奖。

[3]《光明日报》在头版发表文章的编者按中写道：“天津工程师范学院是技能人才教育领域的领头羊……”

建校30周年庆祝大会合影

关于建立上课与说课示范制的建议

一、宗旨

发挥教学水平较高教师的教学示范作用，不断培养学生的师范素质。

二、含义

上课与说课示范制，是指依据各专业的教学计划，在每个学期内，择优选定教学水平较高的若干教师，在课程教学中，各进行一次或两次上课与说课的师范课。通过这样的现身说法，耳濡目染，以不断增强教师和学生的师范素养。

三、实施

1. 每次示范课用时两学时，第一学时用于上课的示范课，第二学时用于说课的示范课及评课。

2. 每次示范课，应组织同行专家参与听课和评课，所在班的学生也共同参与评课。

3. 通识课程的示范课的课程及教师由教务处负责确定，专业基础课程与专业课程的示范课程及教师由各二级学院负责确定。

4. 实训课程同理论课程一样实行该示范制。

5. 对参加上课与说课的主讲教师应有一定的激励机制。

四、意义

1.提高教师的教学素养

要上好课和说好课，就会涉及“教什么、怎么教、为什么这样教”的问题，这就要思考、学习、研究、总结，这就会不断促进包括教育思想、教学理念、教学方法、教学技能、教学艺术、教学风格等教学素养的提高。

2.增强学生的师范素质

如果每位学生每个学期能听到2至3位老师的示范课，那么大学期间会感受到20位左右高水平教师的教学“绝活”。这样，博采众长，潜移默化，学生的师范素质就会不断增强。

3.强化学校师范氛围

有利于营造教师爱岗敬业和学生热爱教师职业的生动活泼的师范氛围。

（2009年9月13日）

注：本文应教务处之约而写。

天津职业技术师范大学教案评价表(讨论稿)

学院名称:____________________ 课程名称:____________________

授课教师:____________________ 教师职称:____________________

	评价项目	A	B	C	D
1	字迹清晰,图表工整				
2	基本内容具体明确、层次清楚				
3	有"激发动机"的开场白设计				
4	有突出重点、分散难点的方法选择				
5	有师生互动交流的问题设计				
6	有启发式教学中引发学生自主思维的问题设计				
7	有以传授知识为载体注重学科思维方法教养				
8	教学过程设计体现学科的科学性和教学的规律性				
9	有巩固、应用知识的习题活动				
10	有创新性、个性化特色				
评价总分数(百分制)					
专家意见					

评价专家(签字): 年 月 日

(本表应教务处之约于2010年10月29日设计)

关于《卓越职教师资培养实验班培养方案》的阅后意见(十条)

1. 学校建立“卓越职教师资培养实验班”,是一个睿智的决定。在“大众教育”中,也理应有“精英教育”,既“有教无类”,又“因材施教”,不拘一格培养人才。这符合以人为本、全面实施素质教育的教育改革发展战略主题。

2. 实验班培养方案在诸多方面体现了创新精神:

指导思想高屋建瓴——着眼于创新职教师资培养模式;

培养目标特色鲜明——立足于培养卓越职教师资;

教改思路革故鼎新——致力于改革课程体系、课程内容、教学方法等;

管理机制生动活泼——建立于鼓励个性发展的多元管理机制。

3. 实验班培养方案中,蕴含着许多新的人才培养观念,如“三课堂制”“双导师制”“开放机制”“淘汰机制”“联动机制”“CDIO 工程教育理念”等。这些都有利于提高人才培养水平。

4. (建议一)在“培养目标”的内涵中,宜增加“工程思维”的内容。“教育就是教人思维”,工程教育就应该教人工程思维。理论思维是知识型的思维方式,工程思维是筹划型的思维方式。工程思维是介于理论思维与实践之间的筹划型思维,是为了使理论思维能够有效地在实践中得到良好的应用。因而,加强工程思维的教养是必要的。我思故工程在。

5. (建议二)基于以上认识,可考虑在“专业教育类课程”的“基础平台课程”中,增设《工程哲学》或《理论思维与工程思维》等类似课程。

6. (建议三)关于“培养目标”,在《决定》《若干意见》和《实施方案》中的表述各异,以《若干意见》的表述较好,但需进一步概括和精炼。可否概括为“培养卓越的‘三好’职教师资”,这“三好”是:专业理论和专业技能好;教育理论和教学艺术好;人文视野和人文素养好。

7.(建议四)实验班是创举,不可避免地会遇到很多困难。“天降大任于斯人也,必先苦其心志,劳其筋骨,饿其体肤,空乏其身……”实验班师生是一个特殊教学群体,要树立艰难困苦、玉汝于成的坚强信念,要建立特殊教学群体的非一般的教学及管理体制和机制。如可不可以为实验班建立一个专门图书阅览室等。

8.(准备好了吗?)计划好定,重在落实。如CDIO的项目准备好了吗?四位一体的知识节点或节点群准备好了吗?等等。实验班每走一步都是很艰难的,要一步一步地向前跋涉,衷心祝愿走好每一步。

9.(一点商榷)“业务培养规格”的第一条说“具有扎实的自然科学基础”,这种提法欠妥。因为自然科学包括理、化、天、地、生、数、力七门,而我校涉及的自然科学只有数、理、力,化学好像也没有。建议改为“具有扎实的相应自然科学基础”。

10.(一点提醒)《若干意见》中的“业务培养规格”对外语没提要求,而机类培养计划中有要求,电类也没提要求,但机、电教学进程表中对英语课程都有安排。这一致吗?

(2011年6月13日)

注:本文应教务处之约而写。

关于教师教学素养考核的几点想法

1. 百年大计，教育为本；教育大计，教师为本；教师大计，素质为本。教师的素质，决定教学的质量。教师素养的厚度，决定学生发展的高度。实施教师教学素养考核制度，是学校提高教学质量的有力措施，也是健全教师管理制度的内在要求，更是教师才华的展示平台。

2. 大学教师的学术水平应包括教学学术水平和学科学术水平。但是，目前在评价大学教师学术水平时，往往存在着重学科学术水平而轻教学学术水平的现象。因此，实施教师教学素养考核之举，亦即既重视教师的学科学术水平，又关注教师的教学学术水平，这是学校对教师管理和评价不失偏颇的重要体现。

3. 教师教学素养的内涵，主要是指教师的教学学术水平，包括教师在从事专门学科教学活动中展现出来的学科知识、教育思想、教学理论、教学理念、教学方法、教学手段、教学艺术、人文精神、人格魅力等方面的素养。

4. 教师教学素养考核宜采取三维评价模式，即自我评价、学生评价、专家评价。

(1)自我评价，突出反映教师自身的教学学术水平及其主要业绩，如教学改革成果、教学研究论文、教学荣誉称号等。

(2)学生评价，突出反映教师所授课班级学生的亲身感受，以学生的喜欢程度来评价教师的教学学术水平。

(3)专家评价，突出反映专家组成员对教师在教学活动中所表现出来的教学学术水平加以评价。

5. 教师教学素养考核的评价体系，应按三维评价模式分别制订，即分别制订出《自我评价指标体系》《学生评价指标体系》《专家评价指标体系》。各评价指标体系，应突出重点，便于操作，简单易行。此外，还应在三维评价的基础上，对三维评价进行综合评价，以确定最终的评价结果。

6. 教师教学素养考核模式的运行机制，应由教务处统一设计协调运行。

教师教学素养考核，由教师本人自愿申请参加，经院、校同意后，列入校考核计划，实施考核。

校考核计划，按教学年度安排。考核计划包括，考核教师及人数、考核教师所授课程与班级、教学年度学期安排等。

自我评价、学生评价、专家评价应在同一学期内进行。学生评价和专家评价，在同一学期内至少要进行三次，每次评价都要进行面对面的交流。

教务处负责组织专家对三维评价进行综合评价，并由专家组提交综合评价报告。

7. 教师教学素养考核的功用，除了有助于提高教师的教学素养和教学质量外，其考核成绩可作为评选优秀教师和晋升职称的重要依据。特别地，对于申报晋升职称者，其考核成绩若处于"末位"，将实行"一票否决制"。

8. 教师教学素养考核成绩的有效期为两年，逾期可重新申报该项考核。

9. 优秀主讲教师若晋升职称，也须申报教师教学素养考核，其优秀主讲教师称号，将在考核评价体系中予以承认，并获得相应的"附加分"。

抛砖引玉，仅供参考！

（2013 年 5 月 28 日）

注：本文应副校长孙奇涵之约而写。

“竹杖芒鞋轻胜马”

——谈手杖的功用

苏东坡词《定风波》，有“竹杖芒鞋轻胜马”句，说明词人把手杖作为护身之器。

人到老年，一般都会出现步态失稳现象。据北京积水潭医院统计，老年人步行跌倒而造成股骨骨折的，占全部股骨骨折人数的80%。在英国，老年人步行跌倒而造成死亡的，占整个老年人事故死亡人数的一半以上。这些，都是多么触目惊心的数字！

步行是单足支撑身体，髋外展肌要付出约等于整个体重的1.6倍的力量，股骨头要受到约等于整个体重的2.4倍的压力。老年人往往负担不了这么大的力量，因而常感到髋部疼痛。久而久之，会造成两条腿不一样长等病变。

使用手杖，情况就不同了。当手对手杖施加体重的六分之一压力时，髋外展肌所要担负的力量降低到体重的0.6倍，股骨头所受的压力也降低到体重的1.3倍，两者差不多都降低了一个体重的力量。如果，手对手杖施加的力再大些，上面说的两种力还会降得更低。国外临床证实，手杖能防止股骨头的退化性病变。

俗话说：“小时四条腿，长大两条腿，老来三条腿。”老年人拿起手杖，以防患于未然，应该说是一件有利健康的好事。

（1985年3月28日）

注：本文于1985年3月28日，刊登在《今晚报》“夕照明”专栏里。

从女排姑娘的手说开去

你可知道，荣获“三连冠”的我国女排姑娘，不仅具有令人敬佩的拼搏精神，而且还有一双超乎常人的大手？

孙晋芳的掌围是208毫米，“铁榔头”郎平的掌围是203毫米，“天安门城墙”周晓兰的最大——213毫米。而女子标准掌围是182毫米，女文艺工作者标准掌围是171毫米，男子标准掌围也不过是202毫米。女排姑娘的手也可称得上是“手中之冠”了。

为什么女排姑娘的手比一般男子的手还大呢？

原来，有生命的骨是一个反馈控制系统，存在着功能适应性的力学效应。也就是说，在外力作用下，骨会有所反应而在骨的每一点产生应力（一种信息），这应力就像无数“小精灵”一样，时刻控制着骨的变化。在产生的实际应力等于最优值应力时，骨的成骨细胞与破骨细胞的活性相等，骨组织的生长与吸收相互平衡。但当产生的实际应力大于最优值应力时，成骨细胞占主导地位，即骨生长；而当产生的实际应力小于最优值应力时，破骨细胞占主导地位，即骨吸收；如果产生的实际应力过高或过低，骨都将萎缩。

女排姑娘不断的“拼”与“搏”，使手骨常受到大于最优值应力，由于这些较大的“小精灵”的长时增生效应，手也就逐渐变得异乎寻常的大了。

有一个学生，他的右肩胛下角明显下垂。这是长期用右肩单挎较重书包（一般在五公斤左右）而造成的肩胛骨变形。“小精灵”的“魔力”，真是不可低估！

你也许知道，宇航员在失重飞行中，骨的钙和磷的含量降低。因为在失重飞行中，骨的实际应力低于最优值应力，此时骨中无机盐的排出占主导地位。这是骨的功能适应性的短时力学效应。如果让宇航员在航天器里做些体操，使骨受到与在地球上正常活动时相近的应力，钙和磷的损失就很小。

有人将猴子全身用石膏固定60天，然后作椎骨体外检验。结果表明，静卧时低应力的“罪行”，不只是使骨的钙和磷的含量降低，而且使骨的尺寸变小，强度减弱。

还是常言说得好，“生命在于运动”，对于有生命的骨也是这样：“动则兴，不动则衰。”

骨骼是身体的支架。你当然希望有一副健壮的骨骼和优美的体形，那就请你“闻鸡起舞”，经常进行正常的体育活动。而且，不可忽视日常生活中的姿态美，一定要“站有站相，坐有坐相”。不然的话，天长日久，不正确的坐、走、站等姿态诱发出的“小精灵”，会使骨骼产生畸形而影响你的形体美了。

（1985年6月8日）

注：

本文是参加由天津市科普创作协会、天津日报社、今晚报社等九家单位联合主办的天津市“科普之花”征文活动的征文，刊登在1985年6月8日《今晚报》“科普之花”征文专栏里，并获“科普之花”征文作品三等奖。

天津市“科普之花”征文作品获奖证书

作品名称《从文排姑娘的手说开去》

奖励等级 三等奖

作　　者 周祖威

责任编辑 戚永馨

出版发表单位 今晚报

天津市科普创作协会	《科学浪花》
天津电台	《天津标准化》
天津日报	《科学与生活》
今晚报	《健康文摘》
开发报	《大众花卉》
技术市场报	《长寿》
天津青年报	《求医问药》
天津法制报	《智慧树》
天津工人报	《卫生科普报》

联合主办

获奖证书

潮弄篇

喜见弄潮子，
豪情搏巨浪。
真心付桃李，
生命共激扬。

——周祖威《潮弄夫》

开篇语

本篇收录的是作为教师的代表，在学校有关学生会议上的讲话。青年人朝气蓬勃，是祖国的未来和希望。在教育改革的大好形势下，特别是在大力发展职业教育的大潮中，青年学子站立潮头，是激流勇进的弄潮儿。很多学子考入我校，成为发展职业教育的生力军。作为一名教师，我深深被他们投身于职业教育的激情所感染。所以说，他们是弄潮儿，我是被他们弄潮的激情感染的一位潮弄夫。

这些讲话，就是我这位潮弄夫对弄潮儿的期盼、祝愿和共勉！

还收录了几件学生的来信，留作珍贵的记忆和怀念，并向他们表示衷心的感谢！

崇高的使命　光荣的选择

——作为教师代表在1985年全校迎新大会上的讲话

各位领导、同志们、同学们：

今天，大家欢聚一堂，迎接新同学，我们心里非常高兴。在这里，我代表全校教师，向新同学——我校的新主人——表示热烈欢迎！

同学们，职业技术教育是现代教育的重要部分，是社会主义现代化建设的迫切需要。在我国教育体制改革，大力发展职业技术教育的今天，你们选择职业技术教育作为自己终身的职业，我认为，这是一个有胆识的选择，光荣的选择，值得自豪的选择。时间是公正的。再过七八年和十几年，当你们桃李满园和中华腾飞的时候，我相信，历史会记住你们，人民会感谢你们。到那时，回顾今天的选择和走过的历程，你会感到无限的欣慰。

教师是人类灵魂的工程师。为四化建设培养出又多又好的有理想，有道德，有文化，有纪律的人才，是教师崇高的历史使命。要培养“四有”人才，教师首先要成为“四有”的人。

作为今天的教师——培养教师的教师——我们更感到自己肩上历史重担的份量。我们要增强使命感和责任感，忠于人民的教育事业，积极参加教育改革，不断提高教学能力和教学水平，热爱和关心学生，全心全意为学生服务，以身作则，为人师表，发扬“春蚕”精神，把毕生献给神圣的教育事业。

对于明天的教师——今天的同学们——我们希望你们热爱职业技术教育事业，认清人类灵魂工程师的光荣使命，努力学习现代科学技术，坚定共产主义信念，立志做一个有理想，有道德，有文化，有纪律的人才，成为开创20世纪90年代和21世纪职业技术教育大业的生力军。

同学们！天涯处处有芳草，我们有足下的土地。愿大家在职业教育这块土地上，沐浴阳光，汲取营养，经受春风秋雨的洗礼，以自己生命的光辉，为祖国的社会主义教育事业做出更大的贡献！

谢谢大家！

（1985年9月23日）

教书育人　为人师表

——作为教师代表在第二届教师节全校庆祝大会上的讲话

各位领导、老师们、同学们：

今天，我们怀着喜悦的心情庆祝自己的节日——教师节。我首先代表受到表彰的教师，向全校的教育工作者和老师们，表示热烈的祝贺和崇高的敬意，并向未来的教师——全校的同学们表示衷心的祝愿和美好的期望。

作为教师和教育工作者，我们做的工作离党的要求和人民的期望相差还很远，但是党和人民却给了我们很高的荣誉，我们深感受之有愧。荣誉应当归于党的领导和同志们的支持，荣誉是对我们的鼓舞和鞭策。我们一定要谦虚谨慎，戒骄戒躁，再接再厉，在教学的中心工作中，在创建精神文明和争做优秀教师的活动中，不断探索，继续奋进，争取更大的成绩。

同志们，从体制入手的教育改革正在深入发展，尊师重教的社会风尚正在广泛形成。在新的形势下，我们该怎么办？

我们想，作为教师要加强自身学习，努力提高自己的思想素质、业务素质和艺术素质。思想素质，就是忠诚党的教育事业，就是要深刻认识教育体制改革的深远意义和树立培养智能型人才的新的教学观念；业务素质，就是专业水平和教学水平，就是要使学生具有学科的正确思想、有用的知识、解决问题的能力；艺术素质，就是教学的艺术性。有了这些素质，才能达到优良的教学效果。

作为教师，不仅是“人类智慧的天使”，还是“人类灵魂的工程师”，我们要为人师表，教书育人。人才，是社会主义现代化建设成败的一个重要关键。人才，不只是有知识的人，还应是德、智、体、美全面发展的人。我们的大学生，基本素质是好的，是大有希望的一代。但他们还不成熟，他们也热切地希望能得到老师的帮助。因此，我们要尊重学生，关心学生，热爱学生，理解学生，做他们的良师益友。在教书育人的园地里，我们要呕心沥血，春风化雨，要倾注更多的爱。我们相信，今天的辛勤耕耘，一定会迎来明天的桃李芬芳。

同志们，同学们，让我们在各自的岗位上，更加辛勤的耕耘，去迎接更加美好的明天！

谢谢大家！

（1986 年 9 月 11 日）

当代青年的佼佼者

——作为教师代表在1986年全校迎新大会上的讲话

各位领导、老师们、同学们：

在今天这个令人十分高兴的迎新大会上，请让我首先代表全校教师，向来自全国各地的新同学表示热烈欢迎！

同学们，四化需要人才，人才需要教育，教育需要教师。你们能根据社会主义建设的迫切需要，选择职业技术教育作为自己的职业，我们感到由衷的喜悦。

在这里，请允许我再次代表全校教师向你们表示崇高的敬意！

教师，是人类智慧的天使，是人类灵魂的工程师，是太阳底下最光辉的职业。教师受到全社会普遍的重视和尊敬，我们应为此感到光荣和自豪。希望同学们热爱自己未来的职业，增强自己的责任感和使命感，努力学习，奋发图强，立志振兴职业技术教育大业，为我中华展翅腾飞做出自己卓越的贡献。

同学们，你们是当代青年的佼佼者，是祖国希望之所在，大学生活为你们创业立功开辟了一条宽广的道路。但是，生活是严峻的，道路不是平坦的，进入大学不等于就进了“保险箱”，路还要靠自己一步一步地去走，险峰还要靠自己一步一步地去攀登。希望同学们在新的征途上，更加自信、自尊、自爱、自强，时刻牢记家长和老师的期望，以及人民和时代的重托，严格要求自己，不要有“松口气”的思想，要不断把自己锻炼成为有理想、有道德、有文化、有纪律的德、智、体、美全面发展的专门人才。

新的生活开始了，祝愿同学们精神愉快，学业进步，团结友爱，开拓奋进！

谢谢大家！

（1986年9月15日）

发展个性　闪耀韶华

——作为教师代表在1987年全校“三好学生”和“优秀班集体”表彰大会上的讲话

各位领导、同学们：

参加今天的这样的大会，我心里非常高兴，请首先让我代表全校教师向荣获“三好学生”和“优秀班集体”称号的同学们表示衷心的祝贺！

团委潘书记，让我在这个大会上给同学们讲几句话。我有些不敢当，但又盛情难却。在此，我谈点想法，愿与同学们共勉。

同学们，你们是80年代青年的佼佼者，是实现祖国现代化的希望所在。应该意识到，社会的现代化，离不开人的现代化，没有人的现代化，实现社会的现代化是不可能的。什么是现代化的人呢？现代化的人是具有新型个性的人。一提到“个性”也许有人会“心有余悸”，甚至于“毛骨悚然”。我看，大可不必。新型个性的核心是独立性和创造性，是内心对自我教育的追求。新型个性是“自尊型个性”。

由于我国几千年封建社会的影响，我们中国人都属于“归属型个性”。它过分崇拜权威，缺乏合作精神，平均主义观念较强等，因而束缚了人的主动性、开拓型、创造性和竞争精神。这些已构成了对当前改革和开放的严重阻碍。建设我们的国家需要有能接受和创造新事物的个性。

中共中央十二届六中全会通过的《关于社会主义精神文明建设指导方针的决议》中有这样一句话：加强精神文明建设，就要“坚持一切着眼于建设”。所谓“着眼于建设”，我认为就是要更新观念，着眼于创造新事物，就是要培养新人，着眼于现在和未来。“有自尊型个性”的主要特征是，积极进取的人生态度，独立思考的自主意识，争强好胜的竞争精神，惜时如金的效率观念，充满热情的爱国主义。我们的越来越宽松的社会环境，为青年开辟了个性发展的广阔前景。同学们，你们生而逢时，是值得羡慕的一代。

希望同学们不断实现观念的转变，努力把自己造就成有个性的丰富多彩的四有新人。是金子就要自己把它擦亮，让它早日发光，不要把它埋在泥土里而默默无闻。《决议》指出："在我们的时代，荣誉属于为建设祖国、保卫祖国而坚忍不拔，压倒一切困难，做出卓越贡献和光辉榜样的人们。"

期盼明年这个时候，你们当中能涌现出更多的"三好学生"和"优秀班集体"。

谢谢大家！

“一体化”教师的摇篮

——作为教师代表在1995年全校迎新大会上的讲话

老师们，同学们：

我们刚刚欢庆了建院的15周年，现在又迎来了我们的新主人，可以说是双喜临门。在这里，请允许我代表全院教师，向你们——来自全国各地的新同学——表示热烈欢迎。

同学们，发展需要人才，人才需要教育，教育需要教师。我们学院是国家劳动部所属的唯一高等学府，我们的培养目标是为职业技能开发事业培养高层次的教师和管理人才。培养既能讲授专业理论，又能指导生产实习的“一体化”教师，是我们学院的办学特色。而具有本科专业水平和高级工技能水平的“双高”人才，是“一体化”教师的特别要求。这一点，希望同学们从现在开始就要不断有所认识，有所行动，有所建树。

同学们，既重视理论，又重视技能，这是我们学院的特色，也是你们的成才之路，还是职业技术教育的要求，更是经济发展的需要。科学技术是生产力。在某种意义上说，科学技术是潜在的生产力。只有通过具有技能的劳动者把科学技术形成产品，科学技术才能成为现实的生产力。没有高水平的技术工人，就没有高质量的产品，也就没有高增长的经济效益。

有资料表明，我国青年工人中，高级工只占1%，中级工约占10%，而发达国家高级工占15%，有的超过20%，中级工占60%。

因工业产品不合格，我国一年损失达人民币2000亿元。这是多么发人深省和触目惊心的数字啊！在这些数字面前，我们更加感受到一种使命感、责任感和紧迫感。同志们，我们任重而道远！

教师是太阳底下最光辉的职业，是人类灵魂的工程师。

同学们，你们将是跨世纪的教师。祝愿你们在新的大学生活中，摆正位置，把握机遇，奋发有为，全面发展，牢记学院“爱国、敬业、团结、创新”的校训，不断把自己造就成为出色的跨世纪教师，为祖国的腾飞做出卓越的贡献！

谢谢大家！

（1995 年 9 月 27 日）

展望未来 任重道远

——在1997年全系迎新大会的讲话

同学们：

我首先代表全系师生员工，向你们——来自全国各的新同学—表示热烈欢迎。

我真为你们高兴，因为你们是具有特殊意义的大学生：

——你们是在中共“十五”大胜利召开的日子里光荣地走进大学校园的。具有化时代意义的“十五”大的灵魂，是高举邓小平理论伟大旗帜。旗帜就是方向，我相信，在伟大旗帜的指引下，你们在大学生活中会得到全面而迅速的成长；

——你们是跨世纪的大学生，是21世纪的英才。“十五”大描绘的21世纪中叶祖国的宏伟蓝图，必将历史的在你们这一代实现；

——你们当中技校来的学生，是我系五年制本科机制工艺教育专业，首届招收的大学生。该专业将培养具有大学本科学历和高级工技能等级证书的“双高”人才，你们将为办出我院特色做出新的贡献。

展望未来，任重道远。大学生活是人生征途的里程碑，是人生征途的加油站。希望你们奋发图强，锐意进取，珍惜大学生活宝贵时光，提高自身全面素质——政治素质、思想素质、专业素质、人文素质、心理素质等，以崭新的精神风貌迎接新世纪的挑战。

祝愿你们，人人都成为21世纪祖国的栋梁之材！

谢谢大家！

（1997年9月18日）

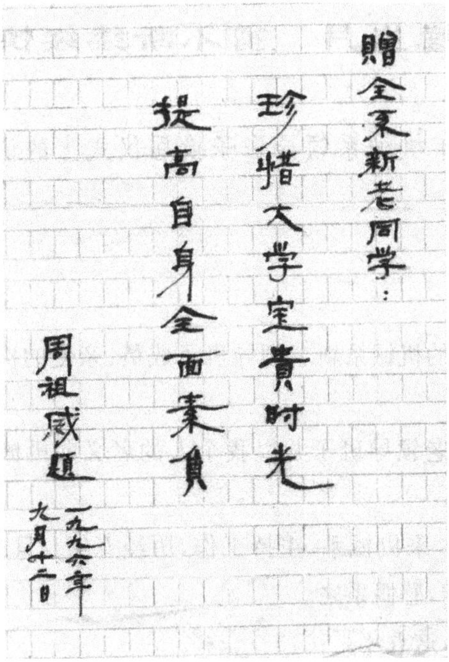

为全系同学题词手迹

难忘怀峥嵘岁月　剪不断缕缕情丝

——在1998年机械系领导班子换届仪式上的讲话

尊敬的孟院长、尊敬的机械系新老领导班子成员、亲爱的机械系老师及同学们：

首先，我代表机械系老领导班子并以我个人的名义向机械系新领导班子的成立表示祝贺！

光阴荏苒，身受使命，来机械系，主持工作，历经五年。日月轮回，已至花甲，卸任之即，浮想联翩，感慨系之。

回顾五年，就系而言，这五年是：

——对学院办出特色有所新的贡献的五年；

——师资队伍素质有所新的提高的五年；

——整体凝聚力有所新的增强的五年；

——人才培养环境有所新的改善的五年。

这些，都是在院党委的领导下，在各部门的支持下，经过全系师生共同奋斗的结果。在此，我由衷地向各级领导表示感谢，向全系师生表示敬意！

回顾五年，对我来说，这五年是：

——经受实际锻炼的五年；

——感悟人生真谛的五年；

——体现生命价值的五年；

——获得精神升华的五年。

这些都是与领导及同志们的信任、理解、关心、支持分不开的。否则，我将一事无成。在这里，我向给予我支持的同志们表示诚挚的谢意！

这五年也是留有许多牵挂的五年。从办学特色，到人才成长，还有许多事情要做。我希望并相信机械系新的领导班子，一定会高举旗帜，深化改革，锐意进取，无私奉献，真抓实干，把机械系的工作推向新水平。

我还想说的是，我虽然不再担任机械系的领导职务了，但我还是一名在职教师，我们还会在同一片蓝天下，在同一个校园里，共度一段美好时光。

即使是在以后的日子里，我都会魂系机械系。难忘怀，曾经的峥嵘岁月；剪不断，不舍的缕缕情丝。

愿我们的师生之情常在，愿我们的同志之谊永存！

谢谢大家！

（1998年3月6日）

信念·耕耘·素养（节选）

——应邀在机械工程学院教育家协会成立大会上的讲话

院友们，大家好！

还是在去年教师节的前夕，咱们学院的顾红欣副书记和几位同学到家里来看望的时候，顾书记就提出一个想法，希望我给咱们卓越师资班的同学们讲点什么。上个月，顾书记又重提此事，并约定在今年春暖花开的时候，这个愿望得以实现。今天我来了，就是兑现这个承诺的。

其实，我和大家是有缘分的。一是，退休前一直给咱们学院讲专业基础课——《理论力学》或《工程力学》；二是，除讲课外，还曾在咱们学院服务过五年；三是，顾书记是我的弟子。正因为如此，当她提出上述希望时，我就欣然答应了。我和大家是真正的院友。

尽管我离开咱们学院已有十五年了，但是我一直没有离开学校，咱们学院一直在我心里，而且“常回家看看”。可以说是，难忘怀峥嵘岁月，剪不断万缕情丝。

这次回来同大家交流，应该是一次“回乡探亲”吧。虽然没有“少小离家老大回，乡音无改鬓毛衰”的情境，但多多少少还是有一种，“院友相见不相识，笑问翁从何处来”的感觉。然而，心中抹不去的却总是有一种，“月是故乡明，人是故乡亲”的情怀。

既然是“回乡探亲”，就要带点礼物。带什么礼物好呢？也就是“讲点什么”好呢？作为一名在教育园地耕耘了半个多世纪的老教师，我想应该把自己在耕耘中那些最触动自己心灵的体悟，愿与你们——未来的教师们——分享。

先给大家讲一个我亲身经历的故事。这故事我多次讲过，今天还想给你们讲一讲，这里包含着我送给大家的第一件礼物。

第一件礼物——信念

1949年初，我们家乡河南信阳解放前夕。快过年了，都在为过年做些准备。一天，我们家用砂锅炖着一锅卤肉。到了后晌，有人传国民党军队来了的风声。过一阵子，一帮国民党的兵，闯进我们住的大杂院里。不一会儿，有两三个兵冲到我们家做饭的地方。这几个兵，来势汹汹，东瞅瞅，西望望，看到地上正炖着一锅卤猪头肉，便不由分说，就连锅带肉一起抢跑了。急得我和母亲待在一边，都不知道该怎么办。

这是我亲眼见到的国民党兵的样子，这些人太霸道了，蛮不讲理，简直是一伙土匪！

这时，我不到十一岁。这件事情虽然已过去近七十多年了，但好像是发生在昨天一样。这些国民党兵可恨可恶的凶煞面目，在我心里留下了一个永远抹不掉的伤痕。

1949年的春天，家乡解放了。那时候，我在柳林镇小学上学。有好多天，南下的解放大军，不断从我们学校门前的平汉公路通过。有几天，下了大雪，有解放军来到了我们校园里，帮我们打扫操场上的雪，还教我们扭秧歌，教我们唱歌。**"解放区的天是明朗的天，解放区的人民好喜欢……"**这首歌，就是在这个时候，解放军教我们学会唱的。这是我第一次面对面地见到解放军，还和他们一起唱歌跳舞。心想，还有这样的军队！

有了亲眼见到两种不同"兵"的亲身经历，谁好谁坏，一下子就看清楚了。解放军跟国民党的兵，完全不一样，一个天上，一个地下。解放军和蔼可亲，乐于助人，很可爱，很美好，我打心眼里喜欢。

也不知道怎么地，在这些日子里，在这种氛围中，我身上好像正在起着某些微妙的变化，眼睛好像亮堂了，世界好像变大了，好像一下子长大了不少。

也许就在这个时候，正是解放军的美好形象，在我幼小的心灵里，播下了美好的种子。一种热爱美好、向往美好的念头，像春芽一样，开始在心里萌发了。

慢慢地，我常常在心里对自己说：长大了，要像解放军那样，做一个播种美好的人。

这里，就包含着我今天要送给大家的第一件礼物。这个礼物叫作“信念”。

信念，就是心里对自己说的话，就是告诉自己要做怎样的人，要做怎样的事。

“做一个播种美好的人”，这就是我少年时代开始萌发的一种人生信念。

虽然这个信念开始时还是朦胧的，是不清晰的，还不知道“做一个播种美好的人”，应该做什么，应该怎样做。然而，随着慢慢的长大，随着各种社会活动的洗礼，随着人生历练的不断体悟，这个信念逐渐变得清晰起来，明亮起来，有了知道“自己该怎样做”的一种体悟和自觉。

人往往是这样，一件事，一句话，甚至一个动作，会影响自己的一生。这些，我都有亲身的感受。我相信在座的院友们，或多或少也会有类似的感受。

信念是生命的支点。信念赐给生命的，是心中的灯火，是精神的力量，是行动的执着，是人生的从容。

正是有了这样的信念，这一路走来，在许许多多“美好”事物的滋养下，自己也学着做些播种“美好”的事，也收获了一些“美好”的记忆。

不会忘记，在初中期间，在假期里回到家乡时，应乡村干部的邀请，同他们一起，到各村各户宣传粮食统购统销政策，并协助做调查统计工作的愉快心情。

也还记得，在高中时期，作为班上的生活委员，每到开饭的时候，为全班同学做好饭前饭后服务的欢快身影。为此，学校还给我颁发过一枚“热爱集体”的奖章。

在咱们学院(那时称系)服务的五年，是峥嵘岁月的五年，是经受历练的五年，也是收获快乐的五年。在这五年里，咱们学院也成为全校的“先进单位”，党总支也成为全校“先进党总支”，我个人也被评为“优秀处级工作者”。政声人去后，民意闲谈时。离开我们学院已经十五年了，还时不时地听到还算认可的闲谈声。

人的行为是受信念支配的。以上的点点滴滴回忆，就是在“做一个播种美好的人”的信念支配下，自己所经历的一些事情。正是因为有了这样信念的支撑，所以做起事来，就有了方向，就有了力量，就有了坚守，就有了快乐。尽管在追求信念的过程中，会遇到风雨和困苦，只要自己心中信念的灯火还亮着，只要自己心中信念的旗帜不倒下，那么所有的风雨和困苦，都算不了什么。不仅如此，还应该感谢这些风雨和困苦，殊不知正是经历了风雨和困苦的洗礼和磨砺，才会使自己的信念更加坚实和执着。

大家记得至圣先师孔子奋进不已的生命历程吗，这个历程是什么？

这个历程就是："吾十有五而志于学，三十而立，四十而不惑，五十而知天命，六十而耳顺，七十而从心所欲，不逾矩。"这是孔子生命心路历程的自白。

"三十而立"，从字面上讲，就是三十岁就能自立。从内涵上说，就是孔子以"仁"为人生目标，在三十岁左右完成了对"仁"的体认和自觉。

时代不同了，"三十而立"，应该怎样来理解？我想，每个人都是独一无二的，可以有各自不同的理解。然而，我理解其内涵的核心应该是相通的。那就是说：人到三十岁左右的时候，就应该确立自己生活的基本信念了。也就是说，人到三十岁左右的时候，应该在心里明白自己要做怎样的人，要做怎样的事了。

现在，你们还处于"志于学"的时期，正走在迈向"三十"的一段路上。你们"立"得怎么样，都"立"了吗？我希望并相信，你们的信念正在确立之中，或者已经确立了。

"立"与"不立"，是两种状态，是两种境界。英国大文豪萧伯纳说："一个有信念的人，可以化渺小为伟大，化平庸为神奇。"一个没有信念的人，会怎样呢？如果从萧伯纳上述的话中，找两个词来描述的话，这两个词应该是：渺小和平庸。

对于那些永远"立"不了的人，我国的一位当代哲学家周国平说过这样的话："这样的人不该说'三十而立'，最好改说'三十而混'。"哲学家这样说，应该是哲学家的一种幽默。

信念应该是美好的。祝愿你们——未来的教师们——在坚守自己美好信念的历程中，不断认识自己、做好自己，成为自己！

这就是我要送给大家的第一件礼物，叫作："信念"。

还要送给大家一件礼物，叫作："耕耘"。

第二件礼物——耕耘

关于教师，有许多名人名言。诸如，

“师者，所以传道授业解惑也。”（韩愈）

“教师是太阳底下最光辉的职业。”（克鲁普斯卡娅）

“教师是人类灵魂的工程师。”（加里宁）

“教师是知识种子的传播者，文明之树的培育者，人类灵魂的设计者。”（培根）

“教师是学生的道德楷模。”（苏霍姆林斯基）

……

然而，我喜欢人们把教师称为园丁。没有耕耘，就没有收获。只有今日的辛勤耕耘，才有明日的桃李芬芳。

耕耘，就是传道授业解惑，就是教书育人，就是做一个让人民放心的教师。

“做一个让人民放心的教师”，是我的“做一个播种美好的人”人生信念，在教师职业中的体现。或者说，“做一个让人民放心的教师”，就是我做教师的信念。

作为园丁，作为教师，作为“做一个让人民放心的教师”，要耕耘好自己的园地。

应当怎样耕耘好自己的园地，我的体会和感悟凝练在自己的一首小诗《耕耘》中：

只顾耕耘，不问收获。
智慧耕耘，总有收获。
一分耕耘，双重收获。
感恩耕耘，乐享收获。

“只顾耕耘”，是说耕耘时，心无旁骛，专心致志，不要想别的。否则，心猿意马，会适得其反。

“不问收获”，不是说，不要收获，而是说，只要你辛勤耕耘，收获跑不了，收获就在那里。

所以说，前两句要表达的是耕耘的态度，是说教师在耕耘中，要有无私奉献的敬业精神。

“智慧耕耘”，是说耕耘要有文化，耕耘不仅仅是学科知识教育，还有以学科知识为载体的学科思想方法和学科思维方法的教育。

“总有收获”，是说只要智慧耕耘，总会收获到比知识还更重要的东西，这就是关于思维方式的收获。

因此说，第二个两句要表达的是耕耘的内涵，是说教师在耕耘中，既要注重知识教育，又要注重思维教育。思维具有原创性，有了思维的知识，知识才是活的，才是可发展的，才是可创新的。因此，要“使思维成为教育的重点”([美]拉吉罗)。

“一分耕耘”，是指教师耕耘好自己的园地，这个园地既包括知识的田园，又包括学生的心地。亦即，既教书又育人。

“双重收获”，有两层含义：一层的意思是说，在耕耘中，要强调学生不仅仅有知识方面的收获，还要有思维方式的收获，这样才能体现“教育就是教人思维”([英]爱德华·德波·诺)的教育目标。另一层的意思是说，在耕耘中，教师也要和学生一样，在知识和思维方面，也要有“常耕常新”的收获。

可以说，第三个两句要表达的是耕耘的目标，是说教师在耕耘中，要以传授知识为载体，注重思维的教养，做到学科知识和思维方式的两方面都有收获。

“感恩耕耘”，是说感恩在耕耘中，逐步形成上述各句所表达的耕耘的理念、目标和精神。

“乐享收获”，是说正是在上述的理念、目标和精神的鼓舞下，师生在共度的耕耘日子里，收获了知识，启迪了智慧，开发了潜能，发展了个性，润泽了心灵，激扬了生命，师生共同享受到生命成长的快乐。

应当说，最后两句想表达的是耕耘的生本性，是说教师在耕耘中，要体现“教育即生命”的教育本质，要体现教育的目的在于生命不断成长。

人是需要有想法的，我常常把《耕耘》作为自己的座右铭。

锄禾日当午，汗滴禾下土。种瓜得瓜，种豆得豆。春种一粒粟，秋收万颗子。在耕耘自己的园地中，有了认真的付出，就会有丰厚的回报。

1986年，我创立了“三层次单元教学法”，并获得了学校优秀教学成果二等奖。

1998年，我任责任主编的全国高等职业技术师范院校教材——《工程力学》出版，先后荣获校级优秀教学成果一等奖，以及天津市级教学成果奖二等奖。

2008年，主持学校教学督导组工作期间，开创的《重在交流——“五步曲”评课模式的创立与实践》教学成果，荣获校级优秀教学成果一等奖，并相继荣获天津市级教学成果奖二等奖。

在耕耘中，本人还得到了一些鼓舞和激励，多次获得了荣誉称号。

1978年，被评为河北大学先进工作者，荣获一等奖。

1986年，荣获学校优秀教师称号，并荣获天津市高校系统教书育人先进教师称号。相继地，分别应当时的天津大学纺织分校和天津轻工业学院的邀请，作了“教书育人为人师表”的经验交流。

1988至1991年，又先后荣获学校“教书育人”先进工作者、学校优秀教师、天津市总工会“七五”立功奖章、天津市高校系统优秀教师等荣誉称号。

1993年，荣获曾宪梓高等师范院校教师三等奖。

1998年，荣获学校优秀处级工作者称号。

此外，还发表了《加强学科思想方法教学的认识与实践》《试论机械运动的数学认识》等多篇教学研究论文。

另外，还撰写了《谈谈启发式教学》《教师的特质——“三激活”》《启发式教学与〈春夜喜雨〉等教学研究文章。前两篇，应学校不同部门以及有的部门先后多次相邀，为全校教师、有的学院的培训教师以及新引进的教师多次宣讲过。《教师的特质——“三激活”》一文还应邀在天津工业大学经济学院做了专题报告。

这里，说说教师的特质——“三激活”(激活知识、激活学生、激活自己)中的“激活学生”。

在耕耘中，作为教师，要激活学生，我注重三套功夫。一是树立现代教育思想，确立学生主体地位；二是承扬启发式教学思想，激发学生自主思维；三是创设自主学习时空，开发学生优势潜能。

在创设自主学习时空中，我开展了一些教学活动。如，小论文活动，实行鼓励分，作业批语，师生交流等。

在这些活动中，有些学生的自我意识进一步得以唤醒，优势潜能进一步得以开发，自主发展进一步得以加强，心灵火花进一步得到绽放，生命活力进一步得到激扬。

在耕耘中，要重视作业批语这个教学事项。作业批语，不仅是教学信息沟通的桥梁，也是师生心灵交流的渠道。

机 9501 班有一位学生，作业写得很潦草，但思路还比较清楚。我在作业上写了批语："希望写得认真些！"学生不以为然，依然故我。第二次再写上批语："思路尚清晰，表述过于简单，仍欠认真！"还是变化不大。第三次又写上批语："要注意分析，分析好，大有益！"接着还写过"只要认真，相信你会学得更好！"等多次批语。

精诚所至，金石为开。后来，这位学生的作业写得好多了。特别是，期末考试考了 102 分（实行鼓励分，得了 5 分的附加分）。

更令我没有想到的是，他快毕业时突然来找我说："周老师，我想考研。"我高兴地说："那好啊。"他还说："周老师，您得帮我准备考力学。"我说："那没问题。"结果，他考上了北京理工大学的研究生。

举这个例子是想说，作为教师在耕耘中要付出爱心，因材施教，因势利导，开发潜能，促进学生健康发展。

在耕耘中，作为教师，对学生的表现不尽如人意的地方，既要给以适当的批评，也要给予应有的尊重。

一次，在机 9201 班课堂上，我问一个学生："请你告诉我，你对这个问题是怎么想的?"学生站起来说："我没想。"

这个回答有些出乎我的意料，心想，怎么会这样！这时，我没有着急，没有训斥，而是真诚地说："想不好没有关系，我们可以讨论。没想，这可不好。请坐吧。"

自这以后，这位同学好像变了，变得听课很认真，比想象的要好得多。课下，跟他交谈，肯定了他的变化，鼓励他继续好好学。这位学生有些愧疚地说："再答不上来，有些不好意思，也是对老师的不尊重。"

他还颇有感触地说："周老师，我不仅从您那里学到知识，还从您身上学到了很多做老师的品质。要是老师都像您这样，那该多好啊！"

学期末，这位学生考试成绩特别好，是全班唯一的一个满分 100 分。

这个例子说明，在耕耘中，只要教师真诚尊重学生，真心爱学生，学生就会真诚尊重教师，真心爱教师。正如马克思所说："只能用爱交换爱，只能用信任交换信任。"

耕耘是诚实的劳动，劳动可以创造一切。春耕夏锄秋收。辛勤耕耘不仅收获了丰硕的果实，也收获了生存的智慧，更收获了成长的快乐。

这就是送给大家的第二件礼物，叫作："耕耘"。

第三件礼物——素养

建国60周年教师节前夕，温家宝总理到北京第三十五中学看望师生，在同北京市部分中小学教师座谈时说："百年大计，教育为本；教育大计，教师为本。"看到之后，颇有感触，沉思之中，我想顺势再加上八个字："教师大计，素质为本。"

西汉学者扬雄说："师者，人之模范也。"

俄国哲学家、作家车尔尼雪夫斯基说："要把学生造就成一种什么人，自己就应当是什么人。"还说："教师素养的厚度，决定了学生发展的高度。"

俗话说："打铁先要本身功夫硬。"

不言而喻，要"做一个让人民放心的教师"，就必须不断地提高自身素养。我认为这要练就下面三个功夫。

其一，要热爱教师职业。

要说，我之所以最初选择教师作为职业，不是出于热爱，而是出于无奈。高中毕业时，解放军航校在信阳一高招收学员，我因红绿色弱而未能如愿。高考报志愿时，因同样的原因，只能报考数学专业。所以河北大学毕业留校任教后，我就成为一名教师。

选择决定命运，不论是自主选择，还是被动选择。

如果做教师是你的主动选择，是你最喜欢的职业，这很好。兴趣是力量的源泉，相信你会在教师的平凡岗位上做出不平凡的业绩来，而成为一位好教师。

如果选择做教师，还不是你最佳心愿，那也没有关系，可以先做起来，在做中培养兴趣。甘瓜苦蒂，甘蔗没有两头甜。只要先做起来，埋头苦干，默默耕耘，就会从"必然王国"逐步走上"自由王国"。一旦有了成就感，就会苦尽甘来，尝到甜头，就会喜欢教师这个职业。

我就是属于后者，虽很平凡，但很踏实，乐在其中。我自信，自己是在努力地做一个让人民放心的教师。人生如此，足矣！

其二，要提高综合素质。

作为教师，要有两个水平。不但要有较高的学科学术水平，还要有较高的教学学术水平。因此，作为教师，除了要不断提高专业素质外，还要不断提高人文素质。人文素质，就是人类文明的真善美，包括科学求真、德育求善、艺术求美。教师的人文素质，我想应该包括教育思想、教学理念、教学方法、教学艺术、文学底蕴、哲学思辨、人格魅力等。

要提高自己的综合素质，除了躬耕实践外，还要善于学习。只有继承，才能创新。学习，就要多读点书。专业书，要读点经典，而且要多读几遍，要常读常新，“温故而知新”。

在读专业书中，我建议把《矛盾论》《实践论》《自然辩证法》等哲学著作包括进去，因为哲学是智慧的科学，是全部科学之母。

除了专业书外，还要读点“闲书”，这里说的“闲书”是指专业以外的书，也就是英国哲学家罗素所说的“无用的书”。“闲书”不闲，读点有品位的闲书，能开阔视野，丰富思想，浸润心灵，涵养情趣。喜欢看闲书的人，思想上多少有点深度，气质上总有些优雅，谈话上常是言之有物。

书海茫茫，要选读自己喜欢的“闲书”。我喜欢读的“闲书”，是关于道家、儒家的书，还有传记之类的书，以及诗词、散文等方面的书。如，《四书》《德道经》《古文观止》《唐诗三百首》《宋词三百首》《人间词话》《唐宋词选》《李清照诗词选》《唐诗宋词十五讲》《菜根谭》《浮士德》《尼采散文选》《周国平精品集》《照亮宇宙的智慧之光牛顿》《爱因斯坦》等。

我读“闲书”是“闲读”，就是鲁迅所说的“随便翻翻”这种轻松愉快的读法。往往是茶余饭后，或睡觉之前，或半夜醒来之后，顺手拿起或一本书，或做的笔记，或自己的剪报集，随便翻起来。不过，偶有所感所悟时，也会记点笔记，记些灵光闪现的东西。

其三，要注重积累资料。

“合抱之木，生于毫末；九层之台，起于累土；千里之行，始于足下。”这鲜明的意象，蕴涵着为大于细的由量变到质变的哲理，也说明了积累的重要性。

作为一位教师，注重资料的积累，对于提高教师的“两个水平”是很必要的。资料的积累，“不应该像蚂蚁，单只收集；也不可像蜘蛛，只从自己脑子抽丝；而应该像蜜蜂，既采集，又整理，这样才能酿出香甜的蜂蜜来。”（培根）

我的不少论文，不论是学术论文，还是教学论文的灵感，都与积累的资料的诱发有关。譬如说，我的“天津科普之花”获奖征文《从女排姑娘的手说开去》的灵感，就是源于中国女排姑娘手掌围的资料。

可见，积累是财富，积累出智慧，积累会创新。

俗话说，好记性不如烂笔头。积累资料的方式，除了做笔记外，我还喜欢剪报。目前，我已经整理出的剪报集有《教育卷》《教学卷》(2卷)、《教师卷》《读书卷》(2卷)、《治学卷》《哲学卷》《哲理卷》《人生卷》《自己卷》(2卷)、《友情卷》《乡愁卷》《诗话卷》《散文卷》《随笔卷》《周国平卷》等二十余卷。还有上百卷的资料，尚待整理成剪报集。我将把整理剪报集，作为我欢度晚年的生活方式之一。

这就是我带来的第三件礼物，叫作：“素养”。

“千里送鹅毛，礼轻情意重！”这些，就算是见面礼吧。

今天，又“回家了”，见到大家格外亲，而且还进行了交流，很是高兴！

祝愿大家，坚定信念，耕耘好自己的园地，不断增强素养的厚度，在圆梦的路上，越来越美好，越来越幸福！

谢谢大家！

谢谢院友们！

（2013年4月23日）

学生的来信

☆ 孙钦彪的来信

周老师：

相处时间虽然短暂，但您不仅教给我们以丰富的知识，还使我们懂得如何做一位人民教师。我们永远也忘不了您认真负责的教学精神，并祝您工作顺利，万事如意！

学生　孙钦彪　1999 年 6 月

☆ 彭华的来信

敬爱的周主任：

您好！

非常感谢您借给我的这本好书，我看了好几遍，受益匪浅。王教授博古通今，旁征博引，行文流丽，所思甚深，从德、识、才、学方面，深刻地阐述了做学问和做人之道。我也思考了很多，深深地感到一种危机：自己学到的东西很肤浅，四年来好像没有学到什么，展望前程，茫茫然不知该如何。

危机中总包含着机会，相信只要努力就能摆脱危机抓住机会，因为我知道自己要干什么。您说："人要有点想法，如果连一点想法都没有，哪还谈得上去做呢！"是的。我一直都在做自己想做的事，想自己想干的事。目前，我想做的事是和大家都公认的优秀人物交往，我相信和优秀的人来往，可以看到自己的不足，带来压力，这有利于把自己的能力提高一个层次。您是一位优秀的教师，很棒！我把您看作是"灵之师"，我愿永远和您来往，希望得到您的赐教。如果说优秀人物是一本好的巨著，那么在我的人生是读好许多这样的巨著，然后写本自己的书，希望对人们有点小小的作用。

每条走向成功的路都是坎坷的，那有必然的原因，就像中国的古话说的：自在不成人，成人不自在。书中所谈到的那些有所建树的科学家，没有一个是随便就戴上了科学的桂冠的，他们在无数的挫败中坚持，失败了605次，606次便成功了。不怕失败，坚持不懈，终会成功。我想：自信、勇敢、坚强的人是会为成功去不懈地努力的，“不破娄兰终不返”。“自信、勇敢、坚强”我把它作为自己的座右铭，即使大火把我烧死也不会改变，这就是读一本好书受益终生的良效。

对于德识才学，我想：保持自己的良知和正义，就是最好的德了；处世能包容，做事能得到大家的理解和支持，就是很好的识了；能无私奉献的才，是最好的才，可是这很难得了；学就是学会学习，学会思考，学会做人。

由于彭华不才，有不妥之处，请您多多指教！

学生　彭华　2000年9月6日

☆ 卢双盈的来信

周老师：

感谢恩师悉心培养和多年的厚爱。虽一言难尽，但受益良多，已心领身受。我会不负教诲，继续努力工作。

您为楷模，执教育人孜孜至真，我辈竭力习行，也难望项背，唯有努力。

周老师，恭祝您心血铸就的督导组十年亲庆典圆满成功。

衷心祝愿周老师、梁老师身体健康，为人者师、寿中仙。

学生　双盈　于埃塞　2008年9月19日

☆ 殷虹的来信

尊敬的周老师：

您好！

非常高兴收到您的回信。本想临行前与我最尊敬的周老师道别，但由于种种原因，原因种种，不得不放弃，请您见谅。

周老师，您是我心目真正的老师，真正的教授，由于参加了优秀主讲教师评选，才有幸聆听您教诲，使我一生受益。

其实不想走，其实我想留，在您和其他我尊敬和爱戴的师长的护佑下陪伴我的母校一同成长。

然而，人生有太多的可能，所以我选择了暂时离开。我不知道我的未来是怎样的，但我知道只要辛勤耕耘，必有收获。

我在这里一切还好，如果能把本地人的每一个单词都听懂了，会更好。

周老师，总想用语言表达对您的尊敬和感谢，但似乎一切华丽的辞藻都不能诠释对您由衷地敬重……

周老师，谢谢您的祝福，并祝您和全家健康快乐！

学生　殷虹　2008年10月

心歌篇

真正的诗——往往是心底诗，往往是心底歌。

——[苏]高尔基

开篇语

本篇选录的是不同时期的“诗”的习作。其中,有大学生活的燃烧激情,也有耕耘岁月的禾下汗珠,还有心灵对白的相互勉励,又有闲情逸致的率真情趣。

诗,是美好的。好像是刚上大学的时候,就开始有意无意地注意诗了。现在还能看到的是,在自己的记录本上,有 1957 年 8 月 10 日,摘自《普希金文集》的《假如生活欺骗了你》等 8 首诗。想说的是,在岁月里,曾经有过那么一点点儿对诗的兴致。

可是,对我来说,五音不全,四声不准,才疏学浅,这些习作(包括白话、古体、近体和长短句等)多是胡诌和瞎玩。

虽说玩的不好,但是玩过。况且,这是一种情怀所系,也是一种对曾经有过那么一点点儿的诗兴,还未曾完完全全的辜负。

如此而已。

视书·咏志

临行多嘱咐，
来信又叮咛：
“好生学习，
当好先生。”

儿不负父母恩，
天会助有志人。
开拓树人园地，
点亮心中明灯。

1956年11月29日　于天津师范学院(河北大学前身)

等待着你

昨夜
还是野狼出没的蛮荒
今晚
已经闪耀着繁星似的灯光

昨日
还是罕见的铁牛
今天
已经奔驰在辽阔的原野上

明天
会比今天更好
明天
等待着你去向远方

1957 年 5 月 13 日　于天津师范学院(河北大学前身)

军事化小诗(三首)

集　合

连长响亮的哨音,
迎来一阵沙沙声。
往日集合须半点,
今日集合才一分。

操　练

黎明的操令汇成海洋,
革命的激情心中荡漾。
时刻听从祖国的召唤:
到保卫母亲的最前方!

战斗

车间是战场,
工具是刀枪。
产品堆成山,
压死美国狼。

1958年9月10日　于天津师范学院(河北大学前身)

军事化训练留影(左起:白太山、刘东升、周祖威、任宏兴)

工地散歌(两首)

抬　石

扁担长荆筐圆，
一趟抬起半座山。
来似飞去如闪，
众人运石海河边。

轱辘马

轱辘马壮又健，
一口吃得肚儿圆。
英雄驾驭好把式，
骏马运石似飞箭。

1958年10月　于天津塘沽新港海河大闸建设工地 天津师范学院(河北大学前身)

生活短歌（四首）

起 床

天上的星星眨着眼睛，
棚内响着甜美的鼾声。
起床的哨音刚刚停歇，
床铺各个变得平又整。

上 工

扛上扁担铁锹，
踏着洪亮口哨：
一、二、三、四！
喊声把星星吓跑。

休 息

大家围坐在一起，
你出策来我献计。
人人赛过诸葛亮，
劳动效率频报喜。

收　工

迎着晚秋的凉风，
踏着愉快的歌声。
乐音飘上了云霄，
星星睁开了眼睛。

1958年10月　于天津塘沽新港海河大闸建设工地 天津师范学院(河北大学前身)

校园之夜

星光闪闪，
钢花飞溅。
星光点缀浩瀚苍穹，
钢花映红夜半校园。

马达隆隆，
风机嗡嗡。
钢花与笑声齐飞舞，
校园无处不在欢腾。

1958年11月9日　于天津师范学院

颂无人售书架*

无人售书架，
功劳真是大。
配合学习好，
助开思想花。

1958 年 12 月 25 日　于天津师范学院

*指在我们班教室里开设的，代为校园新华书店销售的，放在教室一角的，由班委会管理的无人售书架。

母亲·党

母亲
　是您
　　给了我
　　　生命

党啊
　是您
　　给了我
　　　灵魂

1960年7月　于河北大学

菩萨蛮·学门合*

巍巍山岳群崇立，
滔滔河水华章起。
目举九天霄，
思潮逐浪高。

英名恒不朽，
唯有忠魂就。
内省触心灵，
雨风劲洗尘。

1968年10月　于河北大学

*门合(1928—1967)是六十年代和黄继光、雷锋、焦裕禄齐名的英雄。1967年9月5日，在青海一个农场支左时，为掩护27个弟兄的生命，他扑向防雹土火箭英勇牺牲。1968年6月，被中共中央、中央军委追授门合同志为“无限忠于毛主席革命路线的好干部”。

画　蛋

——阅读有感

单个皆相异，
千枚均不同。
道子芬奇始，*
简易育神功。

1972年3月　于河北大学

*道子，指吴道子（约680—759），唐代著名画家，画史尊称画圣。

芬奇，指达·芬奇（1452—1519），文艺复兴时期最完美的代表，意大利天才科学家、发明家、画家。

无限的怀念

——纪念敬爱的周总理诞辰80周年

滔滔东海深啊
深有底
滚滚黄河长啊
长有源

周总理的恩德啊
深无比
周总理的情意啊
长无限

明月有缺
又有圆
繁星时隐
又时闪

周总理的思虑啊
个个饱含百姓温暖
周总理的光辉啊
千秋万代普照人间

1978年3月5日　于河北大学

忆江南·喜庆全国科学大会召开*

春风起，
拂煦暖心间。
金色阳光撒大地，
百花齐放满田园，
能不喜春天！

1978年5月　于河北大学

*1978年3月18日至21日，中共中央、国务院在北京隆重召开了全国科学大会。中共中央副主席、国务院副总理邓小平在大会上做了重要讲话，发表了“现代化的关键是科学技术现代化”“科学技术是生产力”“知识分子是工人阶级的一部分”等著名论断。邓小平的重要讲话，迎来了科学的春天！

蜜　蜂

——随　想

博采百花忘，
汲收蕊里香。
酿得甜蜜在，
奉献世人尝。

1978年9月　于河北大学

教学诗钞（六首）

刚体与质点

刚体质点两相异，①
矛盾双方可转换。
刚体运动欲描述，
须将刚体化质点。

转化条件是前提，
深思熟虑分析全。
物性位形为基础，②
自由度数乃关键。

自由刚体度为六，③
化不共线三个点。
定点刚体度为三，④
化为球面两个点。
平面刚体度为三，⑤
化成平面两个点。
转动刚体度为一，⑥
化作园上一个点。
平动刚体度是三，
化为空间一个点。

辩证思维多奇妙，
无限东西变有限，
未知事物变已知，
复杂问题变简单。
思维方法多智慧，
哲学魅力大无边。

[注释]

①“差异就是矛盾”，出自毛泽东《矛盾论》。

②物性，指刚体的物性；位形，指刚体的运动形式。

③自由刚体，指自由运动刚体；度，指自由度。

④定点刚体，指定点运动刚体。

⑤平面刚体，指平面运动刚体。

⑥转动刚体，指定轴转动刚体。

1974 年 5 月　于河北大学

不变量

不变量似金箍棒，
力系简化威名扬。

任尔东西南北中，
主矢即为不变量。

主矢若是等于零，
主矩亦为不变量。

力系平衡谁敢当，
唯此两大不变量。

二者同时皆为零，
平衡力系得保障。

1984 年 3 月　于天津职业技术师范学院

三力平衡

物体只受三个力，
三角形法要牢记。
已知条件得边角，
直接求解多便利。

1984 年 5 月　于天津职业技术师范学院

临界平衡

临界问题不复杂，
相应反力盯住它。
其值为零应不计，
余力平衡得解答。

1984 年 5 月　于天津职业技术师范学院

物系平衡

物系平衡莫畏难，
分析组合重关联。
薄弱环节突破口，
逐个求解尽开颜。

1984年5月　于天津职业技术师范学院

因果律

风起，云涌
水滴，石穿
人推，车动
……
“力，
刑（形）之所以奋也”①

不受力的作用
静者，恒静
动者，恒动
——匀速直线运动
此即惯性定律

牛顿第二定律
建立了“因”“果”关系
“力”——运动状态改变——“因”
“运动状态改变”——力——“果”

力不能孤立存在
乃物体间相互作用
作用力与反作用力
是一对镜像孪生力
牛顿第三定律
刻画了力的本质

在牛顿力学中
任意运动状态
必有其因
无因不能生果

人有精气神
科学有思想

牛顿力学思想的核心
——因果律
因果律——
牛顿力学的魂

江水后浪推前浪
世上新人超旧人

牛顿的惯性定律
推翻了亚里士多德的臆想——
力是“持续运动原因”②
明确了力是运动状态改变的原因

甘瓜苦蒂
物不全美
爱因斯坦的相对论力学
突破了牛顿力学的局限性

真理是相对的
科学探究无穷期

[注释]

①墨翟《墨经上》

②陈自悟《从哥白尼到牛顿》

1984 年 9 月　于天津职业技术师范学院

忆秦娥·建立教师节述怀

秋仲月，
喜迎佳日情思切。
情思切，
百年大计，
献身师业。

阳光普照滋春色，
耕耘园地滴心血。
滴心血，
芬芳桃李，
育人卓越。

1985年9月10日　于天津职业技术师范学院

耕　耘*

——春日有怀

只顾耕耘，
不问收获。

智慧耕耘，
总有收获。

一分耕耘，
双重收获。

感恩耕耘，
乐享收获。

1990 年 4 月 23 日　于天津职业技术师范学院

*本文被收录于《中外哲理名言(4)》，中国文史出版社 2010 年 12 月。

潮弄夫

——有感于机械系学子的岁月激情

喜见弄潮子，
豪情搏巨浪。
真心付桃李，
生命共激扬。

1996年12月20日　于天津职业技术师范学院

第二次续(修)谱赋

朗朗乾坤,堂堂中华,悠悠岁月,逝者如斯。
物本乎天,人本乎祖,社稷千秋,宗族百世。
代代相传,生生不息,支脉繁衍,统一派字。
前有先贤,群星璀璨,后有来者,济济多士。
几多沉浮,几度盛衰,前赴后继,不已壮志。
览谱幽思,遐想联翩,继往开来,族人奋之。

兴宗强国,人才为本,重视教育,自幼在兹。
明德天下,修身齐家,诚意正心,格物致知。
千里之行,始于足下,艰难困苦,成行于思。
桃李不言,下自成蹊,为仁由己,卑以牧自。
安不忘危,穷则思变,前事不忘,后事之师。
世纪之交,共襄盛举,续谱作赋,族人勉之。

周氏家族豫申(河南信阳)支系十二世孙周祖威敬书

2000 年 4 月 23 日

雨中乐*

癸未夏日，大雨骤起，花园戏耍，偶得绝句。

夏日倾盆雨，
神驰更喜煞。
赤足孤伞戏，
踏泡溅飞葩。

2003年6月23日　于天津市西青区侯台小区花园

*当时在小区花园里，绕着花坛这样玩得很尽兴，偶然抬起头，看到邻近居民楼的楼上，有几位居民开着窗户，正朝下看我的风景。不知他们看了后有什么想法，是不是觉得这老头有点儿神经！

好吧，你看你的风景，我玩我的飞葩！

校庆赋

——为30周年校庆而作

天子之津，海河一方，工程师院，闪耀光芒。
职教催生，使命担当，与时俱进，谱写华章。
办学理念，特色鲜亮，动手动脑，全面成长。
“一体化”师，培养方向，“双证书”制，质量保障。
成果新异，荣登金榜，内外瞩目，交口赞赏。①
特色专业，优势承扬，精品课程，业内推广。
工程实训，技艺精良，科技竞赛，战绩辉煌。
师资素质，文武相彰，教书育人，桃李芬芳。
培养模式，特立独创，本科技师，金榜再上。②
校园文化，技能崇尚，润泽生命，内化素养。
水平评估，皆得优项，春华秋实，无愧头羊。③
科学发展，开来继往，一流大学，共筑梦想！

[**注释**]

①教学成果《实行双证书制，培养一体化职教师资》获1997年国家级教学成果一等奖。

②教学成果《培养高等技术应用人才的一种新模式——“本科+技师”》获2000年国家级教学成果一等奖。

③《光明日报》在头版发表文章的编者按中写道：“天津工程师范学院是技术人才教育领域的领头羊……”

2009年5月21日　于天津工程师范学院

（天津职业技术师范大学前身）

暴雨行*

晨练半归途，
瓢泼满盖头。
难得天洗礼，
一任两颊流！

2011年6月14日　于天津市复康路新技术产业园区路上

*途中，遇一手持雨伞的妙龄女孩热情地对我说："爷爷，快停下来，避会雨吧！"

"谢谢你，姑娘！"我说，"没关系，我就要这种感觉。"说完，我就一直淋着继续健步走下去了。

女儿家

屋外柠檬披金甲，
院内山茶开红花。
莫道寒冬多凋谢，
四季如春女儿家。

2012年1月26日　于美国洛杉矶女儿家

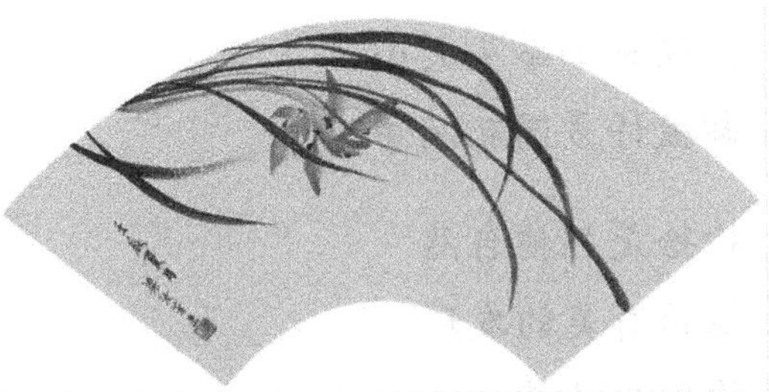

拣　拾

——海滩拾遗

无论踩着海浪舔湿的沙滩
还是蹚在清澈见底的岛湾
总会射出寻寻觅觅的目光
去捡拾心中那无限的期盼

功夫不负痴情求探
又有惊异光泽闪现
一颗奇特的鹅卵石
小精灵般跳到眼前

捡拾起心中的爱恋
尽兴掌指间喜把玩
虽仅宛如拳头大小
却被许多圆孔洞穿

捡拾是拥抱自然
捡拾有美的发现
捡拾会品读天书
捡拾存哲理思辨

2012 年 2 月 11 日　于美国加州十七里海滩

希　望

——偶　感

种子
生命的希望

孩子
父母的希望

日子
生活的希望

恩爱
夫妻的希望

康乐
身心的希望

目标
事业的希望

行动
成功的希望

耕耘
收获的希望

个性
进取的希望

真诚
友情的希望

希望
生命的航向

希望
心灵的交响

希望
人生的华章

坚守航向
践形交响*
乐享华章

2012年3月3日　于晓耕园

*“践形”，出自《孟子·尽心章句上》，孟子曰：“形色，天性也。惟圣人然后可以践形。”

对　话

——桂秋遐想

我是谁?
你是你，
永远和别人不一样!

我是什么?
你什么不都是，
而你不能什么都不是!

我做什么?
你做自己，
成为自己!

我在哪里?
你在地上，
又在水中!

我来自何处?
你来自尘埃，
源于造化!

我去向何方?
你回归尘埃，
升入天堂!

2013年9月26日　于晓耕园

雪中行

时令小雪，大雪纷飞，欣然健行，偶得拙句。

玉蕊漫飞舞，
银砂独健步。
疾行絮语闻，
笑我白翁酷！

2015 年 11 月 22 日　于天津市西青区外环线辅道上

健步行

春风和煦，辅道林荫，健行其间，步成排律。

旭日身上照，微风耳畔吹。
花挥夹道迓，蝶舞伴影追。
遐想海平阔，遥看山翠微。
健行白浪踏，吐纳绿波随。
情境自独好，阳春须不归。
体强崇造化，神采任扬飞。

2016 年 4 月 7 日　于天津市西青区外环线辅道上

如梦令·忆童趣

昨夜风狂雨骤，
喜盼哈哈笑够。*
生怕睡过头，
早奔丛林密处。
急瞅，急瞅，
拾到栗实无数。

2017年1月　于晓耕园

*老家（大别山）有农谚：七月羊桃八月楂，九月栗子笑哈哈。

所谓“笑哈哈”，就是农历九月，栗子长成的时候，板栗或油栗的栗包会自动裂开，栗子（或三粒或两粒或独粒）会露出来，就像人笑时嘴里露出牙齿一样，故曰“笑哈哈”。此时，遇到刮风下雨，栗子就会掉下来，人们特别是孩子，就会争先恐后地去捡栗子，这是孩提时代的一种乐趣。

心灵的家园

——静夜思

在内心深处
觅一块风水宝地
用自己的双手
筑起一座心灵的家园

这里有
　　　亲情和煦的阳光
这里有
　　　乡情润泽的甘泉
这里有
　　　友情恩惠的雨露
这里有
　　　纯情温馨的思念
这里有
　　　暖心洋溢的氛围

这里是
　　　大爱无疆的乐园

无论多不轻闲
也要放飞心灵
常回家看看
看看自己心灵的家园

那里有
心动的视频
那里有
性格的历练
那里有
幸福的回忆
那里有
永恒的期盼
那里有
心灵的对话
那里有
灵魂的倾谈

那里是
天堂般的家园

2017 年 1 月　于晓耕园

创　新

——喜庆党的十九大胜利召开

时代思想创新，
双百目标笃定。
谁能和济天下，
唯我共产党人！

2017 年 12 月 6 日　于晓耕园

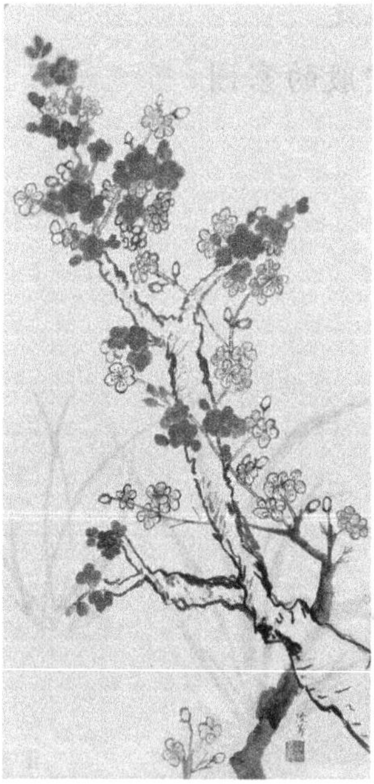

附录一

著作目录

一、单独发表的论文

序号	题目，刊物，发表时间
1	小车床车大圆弧，红旗数学，1958年。
2	竹杖芒鞋轻胜马，今晚报，1985年3月28日第2版。
3	从女排姑娘的手说开去，今晚报“科普之花”征文，1985年6月8日第7版。
4	标度理论与运动员的选材及训练，天津市运动生物力学研讨会论文集，1986年12月。
5	育人与爱心——试论教师的心理素养，天津职业技术师范学院学报，1991年6月。
6	增强“特色”意识，加快教学改革，天津职业技术师范学院院刊，第二期，1992年4月27日。
7	加强学科思想方法教学的认识与实践，力学与实践，Vol. 15，No. 6，1993年12月。
8	骨骼肌力数值分析，天津职业技术师范学院学报，1994年4月。
9	授人以鱼，不如授人以渔——简述“三层次单元教学法”，天津职业技术师范学院院刊，1998年1月5日。
10	试论机械运动的数学认识，天津职业技术师范学院学报，Vol. 10，No. 3，2009年9月。

二、合作发表的论文

序号	题目，刊物，发表时间
1	煤矿选送皮带走廊钢筋混凝土框架内力计算，河北大学学报，1976年第一期。
2	旋转活塞发动机缸壁及转子型线加工的几何及力学原理，河北大学学报，1978年第一期。
3	旋转活塞发动机物理量的一些计算，河北大学学报，1978年第一期。
4	骨折复位固定器整复骨干骨折的力学研究。骨伤科研究，1980年2月。
5	踝关节足伸跖屈对小腿骨干应力的影响及临床意义，全国第一届生物力学学术会议论文集，1981年7月，上海。
6	骨折复位固定器的原理与临床的初步报告，全国第一届生物力学学术会议论文集，1981年7月，上海。
7	腰骶椎间盘压缩变形的生物机制及其临床意义，中华医学骨科学会脊柱疾患及骨科基础理论专题学术会议论文汇编，1982年5月，贵阳。
8	举重运动员腰部损伤的生物力学及运动处方，中国体育科技，1983年5月，第10期。
9	骨干骨折断面倾角与骨牵引关系的探讨，中国生物医学工程学报，Vol. 2，No. 2，1983年。
10	不同打击量所致家兔精髓坏死形态学观察，天津医药，1984年7月。
11	腰椎管骨性结构的测量与椎管狭窄，中华外科杂志，1984年10月。

续表

序号	题目，刊物，发表时间
12	人体脊柱的基本数学模型，天津城建学院学报，1989 年 1 月。
13	胫腓骨骨折小夹板固定的力学实验研究，全国第三次生物力学学术会议论文集《生物力学研究和应用》，华南理工大学出版社，1990 年 11 月，珠海。
14	骨折端应力与愈合关系的动物实验研究分析，94 中国洛阳中医骨伤国际培训暨学术会议论文集，1994 年 11 月，洛阳。
15	我院人才培养规格、模式的演变及发展目标，天津职业技术师范学院学报，第 10 卷增刊，2000 年 10 月。
16	机类科学技能训练方法——四层次单元训练法，天津职业技术师范学院学报，第 10 卷增刊，2001 年 10 月。
17	好的课堂教学效果从哪里来？——由学院评选“优秀主讲教师”引发的思考，天津职业技术师范学院报，2003 年 5 月 2 日，第 6、7 版。
18	重在交流——“五部曲”评课模式，天津工程师范学院学报，Vol. 16，No. 4，2006 年 12 月。

三、编　著

序号	题目，刊物，发表时间
1	参编《理论力学》，劳动人事出版社，北京，1986 年 6 月。
2	合编《骨伤生物力学基础》，天津大学出版社，天津，1990 年 10 月。
3	责任主编《工程力学》，天津大学出版社，天津，1998 年 8 月。

附录二

任　职

序号	时间，地点，职务
1	1954 年任河南信阳第一高级中学 31 班生活委员。
2	1956 年任河南信阳第一高级中学 31 班共青团支部宣传委员。
3	1956 年任天津师范学院(河北大学前身)数学系 56 级乙班共青团支部组织干事。
4	1957 年任天津师范学院(河北大学前身)数学系 56 级乙班共青团支部第二团小组组长。
5	1958 年任天津师范大学(河北大学前身)数学系 56 级乙班科研委员。
6	1959 年任天津师范大学(河北大学前身)数学系 56 级乙班学习委员。
7	1960 年任河北大学数学系 56 级乙班代班主席。
8	1963 年取得天津市数学学会会员资格。
9	1982 年取得中国力学学会会员资格。
10	1985 年 5 月，被天津市力学学会聘请为天津市力学学会第四届理事会学术工作委员会生物力学专业组成员。
11	1986 年 9 月，被天津市体育科学学会聘请为天津市体育科学学会运动生物力学专业委员会会员。
12	1987 年 5 月—1992 年 5 月，任(兼)天津职业技术师范学院首任教育工会主席。
13	1988 年 9 月，任天津职业技术师范学院教书育人研究会常务理事兼理事长。
14	1989 年 4 月，被天津市力学学会聘请为天津市力学学会第五届理事会学术工作委员会生物力学专业组副组长。

续表

序号	时间，地点，职务
15	1990年1月，被天津市科学技术协会聘请为天津市《21世纪——青年科学基金》评审专家组成员。专家库编号A0200004。
16	1990年10月，任天津职业技术师范学院分房委员会主任。
17	1993年2月—1996年3月，任天津职业技术师范学院机械工程系系主任。
18	1996年3月—1998年3月，任天津职业技术师范学院机械工程系系主任兼任机械工程系党总支书记(后期不再兼任党总支书记)。
19	1996年11月—1998年10月，被天津市教育委员会聘请为天津市职称评审委员会力学学科组成员。
20	1998年5月—2002年3月，被天津职业技术师范学院聘请为学院第一届教学督导组组长，聘期实为四年。
21	1999年3月—2000年12月，任天津职业技术师范学院教学评估办公室副主任。
22	2002年—2004年3月，被天津职业技术师范学院聘请为学院第二届教学督导组副组长，聘期两年。
23	2004年3月—2014年10月，被天津职业技术师范学院聘请为学院第三届、第四届、第五届、第六届、第七届教学督导组组长，每届聘期两年。
24	2008年2月，被天津市教育委员会聘请为“天津市普通高校教育教学质量专家督导委员会”委员，聘期二年。
25	2011年7月，被天津市教育委员会聘请为“第二届天津市普通高校教育教学质量专家督导委员会”委员，聘期二年。
26	2012年12月，被天津市人民政府教育督导委员会聘请为第五届天津市兼职督学，聘期三年。
27	2014年10月—2017年1月，被天津职业技术师范大学聘请为学校教学督导组顾问。

附录三

奖　励

序号	时间，地点，职务
1	1954年获河南省信阳第一高级中学“热爱集体”称号，并获奖章一枚。
2	1956年获河南省信阳第一高级中学“‘三好’积极分子”称号。
3	1959年获天津师范大学(河北大学前身)“教学改革积极分子”称号。
4	1969年被评为河北大学“五好职工”。
5	1978年12月，被评为河北大学“先进工作者，荣获一等奖”。
6	1985年12月，科普小品《从女排姑娘的手说开去》，获天津今晚报“科普之花”征文三等奖。
7	1986年9月10日，获天津职业技术师范学院一九八五至一九八六学年“优秀教师”称号。
8	1986年9月10日，获一九八六年度天津市高教系统“教书育人先进教师”称号。
9	1988年4月，获天津市总工会“七五立功奖章”。
10	1988年7月，被学院评为一九八七至一九八八年度“‘教书育人’先进工作者”。
11	1989年9月，获天津市高教系统“优秀教师”称号。
12	1991年9月，被评为“一九九一年校级优秀教师”。
13	1993年12月，获曾宪梓教育基金会授予“一九九三年高等师范院校教师奖三等奖”。
14	1995年，机械工程系获学院“先进单位”称号。
15	1996年，机械工程系党总支获学院“先进党总支”称号。

续表

序号	时间,地点,职务
16	1996年11月,“三层次单元教学法”获“1996年学院优秀教学成果二等奖”。
17	1998年1月,被评为学院1996—1997年度“优秀处级工作者”。
18	2000年10月,责任主编《工程力学》(全国高等职业技术师范院校统编教材),荣获“院级优秀教学成果一等奖。”(项目完成人:周祖威、金国朴)
19	2001年11月,责任主编《工程力学》(全国高等职业技术师范院校统编教材),荣获“2000年高等教育天津市级教学成果奖二等奖”。(项目完成人:周祖威、金国朴)
20	2001年11月,教学研究项目《面向12世纪机电类职教师资培养规格及模式的研究与实践》,荣获“2000年高等教育天津市级教学成果奖二等奖”。(项目完成人:崔正昀、张连仲、周祖威、张玉洲、朱维仲)
21	2008年11月,教学研究项目《重在交流——“五部曲”评课模式的创立与实践》,荣获学院“学校教学成果一等奖”。(项目完成人:周祖威、张连仲、王成珍、黄 强、安淑芝)
22	2009年5月,教学研究项目《构建重在交流“五部曲”多循环评课模式,切实提高课堂教学质量》,荣获“高等教育天津市级教学成果奖二等奖”。(项目完成人:周祖威、张连仲、王成珍、黄 强、安淑芝)。
23	2011年7月,被学校党委评为2009—2011年度“优秀党员”。

附录四

年表·纪事

1938年

4月23日(农历戊寅年三月二十三日)生于河南省信阳市浉河区柳林乡戴家庙周家南洼。

襁褓跑反

出生时,日本鬼子已侵占到我们家乡。据母亲后来讲,我出生不久,日本鬼子常到我们村骚扰。为了逃避鬼子,母亲常抱着我跟着大伙一块儿躲进山里。有时我要哭,生怕哭出声来让进村的鬼子听见,母亲就用手捂住我的嘴……

怎么会知道,知道后又怎能会忘记,在襁褓的岁月里,还经受了这种生生死死的民族苦难。

1944年

9月20日,弟弟周祖扬出生。弟弟小学毕业后,以优异成绩被民办中学录取。后因困难时期等原因辍学,一直在家务农。

双妹夭折

母亲说,在我和弟弟之间还有两个妹,不幸都先后夭折了。

如果两个妹妹都健在，哪怕有一位在，既有弟弟，又有妹妹，那该多好。作为兄长，我可以为他们遮风挡雨，以尽兄长的胞情，也可共享人间兄弟姐妹亲情。

真是啊，人生总会有那么多想不到的遗憾！

1944—1948年(6～10岁)

在几个地方上小学。

因父亲事由的变动，先后在周家潼、柳林镇、柳林车站(平汉铁路线上)上过小学，好像在每个地方上的时间都不长。这些学校都不太正规，有的是私塾，有的只有十几个人，有的也只有两三个班，也都没有留什么特别深刻的印象。

不过，这期间，有一件事，让我终身难以忘记。

宁打不屈

大约五六岁的时候，在柳林镇上学。一次，有几个同学，包括我在内，因为大倣写得不好，老师要进行惩戒。惩戒的方式为二选一：要么当着大家的面，在教室里跪下；要么伸出手心来，挨老师的五大板子。当时没多想，我选择了后者。

仿佛觉得：挨五大板子不怕，能挺住；当面下跪不好，有失面子。

一位慈祥的小学女老师

随着年纪不断增大，回望一路走来的成长历程，一位小学女教师在自己心目中的印象越来越深刻，地位也越来越重要。她的慈母般的关心和温暖，有时想起来令人激动不已。

那还是在中华人民共和国成立前，应该是柳林镇小学上四年级的时候，有一个星期天，不知是什么原因，那天没有回家（家离柳林镇约八里地，平时晚上住在远房亲戚家），而是来到学校，坐在教室里随便看看书。后来，一位女老师可能是来学校走一走（她就住在学校附近），看见我在教室里，她就走进来了。她走到我身边，轻声细语地说："你没回家呀，这么用功啊！"现在也想不起当时我说了些什么，只是觉得不是像老师说的那样，是在"用功"，而只是来学校随便坐坐。不过，这位女老师还是给我留下了慈祥和温馨的印象。

还有一件事，就是这位女老师鼓动我跳级。原本，我性格内向，没有跳级的想法。没办法，我只好去跳到五年级了。大概跳了一两个月吧，我又跳回来了。不是跟不上（写过一次作文，写得还不错），而是觉得人不熟，有些孤单，心里不自在。结果，我就自作主张地又跳回四年级了。

中华人民共和国成立后我弟弟在柳林完小上学的时候，这位女老师也教过我弟弟。当她知道这个学生是我亲弟弟的时候，她当着我弟弟的面，说我如何如何，又把我夸奖了一番。

这位相继是我们兄弟俩的小学女教师，姓名叫作陈锦桃。兄弟俩受教于同一位慈爱的女老师，这是一种缘分，也是一种幸福。我们应该在心里深深记住陈锦桃老师，记住她那慈母般的育人品格。

1949—1950 年（11～12 岁）

在柳林完小上学。

1949 年

春天，我们家乡河南信阳解放。中华人民共和国成立后，柳林镇上的小学改为柳林完全小学。

心灵启蒙

1949 年的春天，南下的解放大军，沿着平汉公路，从柳林镇上我们学校的门前经过。有几天，下了大雪，解放军的好多名战士，来到我们校园，帮我们扫雪，教我们扭秧歌，还教我们唱歌。**"解放区的天是明朗的天，解放区的**

人民好喜欢……"这首歌，就是这个时候，解放军教我学会的。

这美好的情景，不由得让我联想起，中华人民共和国成立前发生的一件事情。大约是1949年初，快过年的前几天的一个后晌，驻扎在柳林车站的国民党军队中的一群兵，突然闯进我们家住的大杂院里。不一会儿，有两三个兵，冲进我们家里，看到地上正在卤着准备过年的猪头肉，便不由分说，就连肉带锅都抢跑了。急得我和母亲待在一旁，一点办法也没有。这几个兵，太仗势欺人了，简直是跟土匪一样！

小学留影

（这是最早的照片）

这两件事，常常引起我的联想。解放军战士和国民党的兵，谁好谁坏，一眼就看出来了。国民党的兵，跟土匪一样，抢老百姓的东西，欺压老百姓；而解放军战士，和蔼可亲，像亲人一样，帮我们做好事，还教我们唱歌跳舞。

这些天，和解放军在一起，我看到了好多美好的事儿。好像眼界开阔了，长见识了，心情愉快了，感觉一下子长大了不少。

好像就是在这个时候，"解放军"在我幼小的心灵里，播下了"美好"的种子。似乎心里不知不觉地萌动了一种朦朦胧胧的念头：长大了，要像"解放军"那样，做一个播种"美好"的人。

1951—1953年（13～15岁）

在信阳第一初级中学上学。

1951年

年初，考入信阳第一初级中学。这个学校中华人民共和国成立前是所教会学校，名为"义光中学"。

1952年

二年级第一学期上了不久，班主任突然跟我说：你家庭出身不好，学校的助学金不能再给你了。

失而复学

听到学校不再给助学金的话，心里好像一下就蒙了，不知道该怎么办好，心想这事得赶紧告诉我父亲。我回到家里（家距学校约50华里左右，平时住校），向父亲说了这事。父亲听后，阴沉着脸，直发呆，半天也说不出一句话来。停了好一会儿，父亲说话了：家里实在没有办法，上不起学了，咱就回来吧。

就这样，初中二年级上学期没有念完，因经济困难，不得不失学，回到农村家里务农了。

上不了学，回家务农，心里好像也没有太多的想法，只是觉得这是没办法的办法。

想到自己不能和以前的同学一样继续上学了，心里有些茫然，仿佛有一种无形的东西罩在自己身上，感到有些郁闷。

在潜意识里，也会时不时地想到，这不上学和上学会不一样了，以后会变成不同的人了。

回家务农，年纪还小，就先从一些小活干起。有些活以前也干过，像砍柴火，打猪菜，弄菜地，割麦子，末秧草等。

虽说每天总不闲着，而和家人在一起，也不觉得累。特别是，有一次，和母亲一起去深山老林，扯到了不少麻藤。当我把成捆的麻藤，挑到柳林车站卖了一些钱的时候，心里还是很高兴的。心想，我也能为家里挣钱了，有一种长成了大人的感觉。

可是，这样的日子，父母亲似乎总是高兴不起来，他们整天的话都不多，好像总是有心事。

几个月后的一天，父亲突然严肃地对我说："这样下去不行，你还得去念书，就是砸锅卖铁也得去念书！"

父亲和母亲都念过书，我理解父母的心情，他们这样说，是在为儿子的未来着想啊。

这里，有一个情况，是最近几年，才听到我弟弟说起的。而这个情况，也是我弟弟亲自听父亲讲过的。我弟弟说，他不止一次听父亲说过，在我休学一段时间后，学校的老师来过家里(不知为什么，当时我没有见到这位老师)。老师对父亲说，这么好的孩子，怎么不想办法让孩子继续上学呢？老师态度恳切地说："就是倾家荡产也得让孩子继续上学！"老师还说，下学期开学就去上，还是跟着原来的班继续上。

这个情况，父亲在世时，从来没有跟我说起过。为什么？是有些内疚，还是说出实情怕我怪罪？

时过境迁，这些都不是问题了，也不重要了，只是现在想起来，说说而已。不过，说到这里，还是要谢谢父亲，谢谢父亲在老师劝说下，那扭转乾坤的决定。

就这样，在1952年的下半年，我回到信阳一中原来的班，开始复学上二年级下学期了。

在这里，我要感谢我的母校！

——感谢信阳第一初级中学！

——感谢信阳第一初级中学的老师！

是母校的老师到家里执着的劝说，使我父亲发了狠心，才下了让我复学的决心。

没有信阳第一初级中学和老师，就没有现在的我！

感念舅恩

复学后的一天，我们信阳一中的师生，在信阳市东关马路上有活动。说来也巧，正好赶上我幺舅进城来，从队伍旁边路过。不知怎么的，幺舅看见了队伍中的我，就马上把我叫出来到马路边。这时，我站在幺舅身旁，幺舅不停地上下打量着我，脸上堆满了笑容。不记得，当时我们还说了些什么。随后，幺舅从兜里掏出五块钱塞到我手里，也没再说什么，就让我赶紧归队了。

还记得，后来继续上初中时，有时候遇到一时的经济困难，我就到幺舅家（在平桥附近，离信阳约 20 华里），在他家的竹林里砍几棵毛竹，扛到信阳来卖，以解燃眉之急。

更难忘，考上大学时，连去学校报到的路费都不够，又是幺舅又给了钱，我才到天津上了大学。

俗话说："姑舅亲，辈辈亲，砸断骨头连着筋。"真是这样啊！幺舅是我的至亲，也是我的恩人！

知恩必报。我工作了，两个孩子也上了大学，经济条件稍好些后，每逢春节我都会寄去或捎回些钱给幺舅，以表达内心难以忘怀的感恩之情。

三十多年如一日，直至去年幺舅 95 岁高龄仙逝。

唯一记住了姓名的初中老师

在初中，我唯一记住了姓名的体育老师，他叫顾玉三。

初中，有好多位老师，为什么单单记住这位体育老师的姓名呢？

这还要从一堂体育课说起。一次，上体育课，课目的内容是"投掷手榴弹"。

老师带领大家做完准备活动后，讲了投掷手榴弹运动的好处和要领，然后就是同学们轮流做投掷练习了。前面，有的同学投得很远，受到老师的表扬。

轮到我了。心想，我身材瘦小，肯定投不远，这回可能要受到老师的批评了。

我投完了，还真是投得不远。我正等着挨老师批评的时候，老师不仅没有批评我，好像反而表扬了我。老师说："虽然投得不远，但投得很准！"

我听到老师这样说，觉得老师不是在真正表扬我，也不是在真正批评我，而是看到了我投的不好的一面，又看到了我投的较好的一面。听到老师这样说我，心里还是很高兴，觉得这位老师的话说得实在。不知为什么，打这以后，我特别喜欢这位体育老师，从内心里也特别敬重这位体育老师。

“虽然投得不远，但是投得很准!”我记住了这句话。这句话里，有发现，有勉励，也有赞赏。

我也记住了说这句话的体育老师的姓名：顾玉三!

人是需要赞美的。赞美是一种发现，是一种包容，是一种勉励，是一种肯定，是一种美好，是一种境界!

能单单记住这位体育老师顾玉三的姓名，正是被他所具有的人格魅力所深深感动!

1953—1956年(15～18岁)

在信阳第一高级中学上学。

1953年

中学留影

7月，考入信阳第一高级中学。

1953年，因为高中改为秋季招生，所以在1953年上半年，上完初中三年级第一学期后，就要准备考高中了。也就是说，初中我总共只上了两年学，就考高中了。

1954年

任信阳第一高级中学三十一班生活委员。荣获信阳第一高级中学“热爱集体”称号，并获奖章一枚。

1955年

6月30日，经陈少清、杨嶺两位同学介绍，加入中国共产主义青年团。

1956年

任信阳第一高级中学三十一班团支部宣传委员，荣获信阳第一高级中学“‘三好’积极份子”称号。

信阳一高"奖给'三好'积极分子"
奖品(笔记本)

难忘恩师

高中阶段,先后有两位班主任,给我留下了难忘的记忆。一位是李凌霄老师,一位是张敦础老师。

李老师是我高中时的第一位班主任。记得班团支部书记后来跟我说过,他说,班主任李老师很关心你的成长,看到你的不断进步他很高兴。还说,李老师看到你的进步,提醒过团支部,要注意培养你早日加入共青团。

张老师是我高三时的班主任。他一次无声的教育,令我终生难忘!

一次,在教室上晚自习,我坐在长条凳上看书。我下意识地把自己的右腿抬起来,右脚靠在长条凳子上,左手扶着书桌上的书,右手放在右腿上。不知不觉,好像有一个人从后面走到我身边。一只手,不声不响地放在我右膝盖上,顺势往下一摁,就把我的右腿从凳子上摁下去了。

这人,连一句话也没说就走过去了。我惊奇地抬头一看,是班主任张老师!这时,班主任好像连看都没看我一眼,继续往前走了过去。随后,班主任回头环顾一下教室,看到没有什么事情,就走出教室了。

此处，无声胜有声，终生难忘，铭刻在心！打这以后，我再也不想有这样不雅的坐姿了。偶尔，还下意识地想有不雅的坐姿时，我就想起了班主任张老师那“大音希声”“润物细无声”的教诲，刚冒出来的念头就顿时消失了。

毕业时，张老师和我们几个同学合影留念，照片上还题有“我们曾经生活在一起”字样；张老师还送给我一张单人照，背后写有：“送给祖威同学 敦础 56.8.9 于信阳”。

这些，都是永恒的纪念！

回顾成长中的高中岁月，难忘两位班主任对我的悉心培养，他们是我人生的导师！

感恩高中岁月！感恩人生导师！

高中班主任张敦础老师赠送照片的正面和背面的珍贵留念

信阳第一高级中学毕业时同班同学与班主任张敦础老师的合影

前排自左至右:马伯泉、潘公虎、黄克昌、班主任张老师、张金声、陈少清、王有章

后排自左至右:唐文明、陈克信、周祖威、周家荣、赵芳庭、周世新

高中同学,自左至右:周祖威、张季爽、陈铁汉

1956—1960 年(18～22 岁)

在河北大学上学。

1956 年

9 月,考入天津师范学院(河北大学的前身)数学系,任数学系 56 级乙班团支部组织干事。

1957 年

任团小组长。

团小组成员合影

1958 年

任班委科研委员，发表论文《小车床车大圆弧》。

1959 年

任班委学习委员，荣获学校“教学改革积极分子”称号。

1960 年

任代理班主席，天津师范大学（河北大学前身）毕业。

沸腾的生活

大学期间，经历了“大跃进”等运动。在“大跃进”中，参加过校园的大炼钢铁、军事化训练、校办工厂（天平厂、木桶厂）等活动；参加过校外的天津市广东路铺设下水管道、塘沽新港修建海河大闸等义务劳动。

特别记得，在海河大闸建设工地，为了海河早日“清浊分流”，同学们干得热火朝天。推轱辘马、抬石头，看谁装得多，跑得快，争着“放卫星”！整个劳动工地，人潮如织，热情洋溢，一片欢腾。因劳动强度大，伙房 24 小时开饭，饿了就吃，吃了再干！这沸腾的生活，这劳动的汗水，磨练了意志，干得痛快！

这期间，还写了《工地小诗》《工地生活诗草》等几首抒发劳动情怀的小诗。

用现在时髦的辞，来形容那时的劳动心情，那真是：累，并痛快着！

天津师范大学（河北大学前身）班级小组毕业纪念

前排左起：白太山、刘宝梁、柴习俭、张建华

中排左起：郑肇芳、孙俊秀、徐培芬、郁风蒲、刘秀玉

后排左起：宋学厚、周祖威、常守珍、刘东升

与大学同学刘宝良留影

1960—1983年(22～45岁)

河北大学毕业后,留校任教。

1960年

10月,河北大学数学力学系毕业,留系任教。

1961年

2月至7月,辅导《普通物理》课程。

9月至1962年7月,辅导《理论力学》课程。

1962年

暑假,数力系教师参加独流减河抗洪劳动。下面为抗洪劳动留影。

前排左起:金国朴、王振东、顾志华
后排左起:周祖威、齐世闻、赵春瑞

前排:周祖威、齐世闻
后排:刘景泰、毛长运

9月至1963年1月,辅导《常微分方程》课程。

1963年

1月14日,与同学梁汝芳结婚。

结婚照

结婚时与父母和弟弟等的合影

2月至7月，辅导《理论力学》课程。

秋天，与力学教研室同事赵春瑞一起，为天津641油田进行了《石油钻塔稳定性计算》课题研究，并提供了稳定性计算书，受到了641油田的欢迎。

11月被吸收为天津市数学会会员。

9月至1964年7月，参加天津市力学学会主办的“力学进修班”，进修两门课程：

[美]S·铁木辛柯著《高等动力学》，由天津大学周恒老师主讲；

[美]S·铁木辛柯著《机械振动学》，由天津大学翁心棡老师主讲。

9月至1964年1月，辅导《理论力学》课程。

同数力系领导的合影

左起：系主任杨从仁、同事王振东、周祖威、总支书记鲁干

1964年

3月至7月，辅导《理论力学》课程。

4月19日，长女周晓光出生。

9月至1965年1月，辅导《理论力学》课程。

1965年

3月至1966年1月，辅导《理论力学》课程。

5月，母亲因病去世，年仅50岁。

亏负母亲

母亲是位大家闺秀，蕙质兰心，明事理，重人情。母亲也是位贤惠勤劳的女性，对子孙疼爱有加。记得，我在信阳上中学的时候，开始是一周回一次家，后来差不多是一月回一次家。每次回家，母亲都要宰一只鸡，给我做很多好吃的。我每次走的时候，母亲都依依不舍，总要送一程。我走了老远，回头一看，母亲还站在那里。我挥挥手，让母亲回去。真是“儿子出门母亦忧”啊！

然而，有一件事，每每想起来，就觉得对不住母亲，是我的任性惹母亲伤心了。

在老家，大概是五六岁的时候。一天，母亲让我把门口池塘里放养的鸭子撵回家。我去撵了，已撵到了大门口。可是，正在大门口玩的堂兄家的侄子淘气，又把鸭子轰跑了。我一生气，就回家了。母亲一看，我回来了，没见到鸭子，有点不高兴，就说了句：“让你撵鸭子，就没撵回来！”听母亲这么一说，我更不高兴了。心想，不是我没撵，而是撵了又被别人轰跑了。心里觉得委屈，一赌气，我就跑了，跑到家后面的山上去了。

可能是母亲见我没在家里，又到大门口去看也没有，就问门口的人，看见去哪儿了？有人说，看见往后面去了。这时，天色已晚，母亲有些着急了。母亲赶紧让人（亲戚和邻居）往后面去找，还吩咐，没有的话，就往后面的山上去找。

“家鸡打着团团转，野鸡打得满天飞。”结果，在后山上把我找到了，并被“押回”到大门口。母亲还在大门口，可能母亲就一直在这里等着，等着儿子被找回来！

见到母亲，我心里气还未消，低着头也没有理母亲。母亲可能既着急又有气，见到我，还说了句：“哦，还不能说你啊，一说你，你就跑！”

这时，我就听着，没有说话。母亲紧接着又说了一句：“天都快黑了，要是让老虎吃了怎么办！”我接着回了一句：“早晚不都是死嘛！”

我这么一说，可不得了啦，母亲听到后伤心极了，一下子坐到大门口的石凳上大哭了起来，越哭越伤心……

后来，长辈们都说我不该这么说话，又劝慰母亲不要太伤心，说孩子不懂事，随后把母亲扶着送进屋里了。

少不更事，还有些任性。这次，真的惹母亲伤心了。

儿女是母亲的心头肉，再任性也不能拿生死来吓唬母亲，惹母亲生气呀！

真是不该这样，我对不住含辛茹苦养育自己的母亲！

娘，是儿子我错了，儿子在这里再次向您赔礼道歉啦！

还有一件事，1964 年，我大女儿出生。我母亲满心欢喜地来到天津，要瞧瞧出生不久的孙女。可是，第二年母亲因病在老家就去世了。

儿子还没有好好地报答母亲的养育之恩，母亲还没有好好地享受到儿子的福，母亲就这样过早地离开了我们。

每当想起这些，总是觉得这是儿子最亏欠母亲的地方。

可以告慰母亲的是，您的两个儿子已是儿孙满堂，我也有外重孙了，我们一切都好。

父亲 68 岁时，因病也随您去了。祝父母在天堂安息，愿父母的在天之灵多多保佑我们！

1966 年

3 月至 8 月，由学校组织，我和系里几名学生一起，到河北省沧州盐山县张仁庄生产队参加农村社会主义教育运动。

在运动中，与贫下中农“三同”，同吃、同住、同劳动，接受贫下中农再教育，经受了锻炼与贫下中农结下了深厚情意。

8 月 15 日，接学校通知，与几名学生一起，要返回学校了。

哭别张仁庄

8 月 15 日接到通知后，没有宣布“河北大学小分队”要返回学校的消息，只是告诉了大队的干部。不料，还是走漏了风声，不少社员都知道了。随后，发生的那些难分难舍的情景，真是难以言表。

傍晚，六十多岁的烈士家属孙大爷让孩子把我叫到他家里，他对我说了一些鼓励和感激的话，说着说着声泪俱下，家人也都哭起来了。

天已经黑了，三十多岁张队长，蹲在路边一边哭一边说："我们舍不得你走！"

旁边几个小姑娘围成一圈，哭成一团。贫协组长劝她们别哭了，劝着劝着他也哭了。

一位贫协委员说："一天来，我不敢见你，一见你就想哭。"他还说："不少社员听说你要走，都哭了。"

一位新入党的二十多岁的贫协委员，含着泪送给我他写的一首诗："东风盛吹万里香，祖威为党育栋梁。刀山火海何所惧，一片丹心永向党。"

贫下中农的深情厚谊，令我深深感动不已！

第二天，为了不打扰乡亲们，我们想趁天还不太亮，就坐上队里的马车离开村子。

可是，当我们走到当街时，马车旁边已经围着不少乡亲。我们一走过来，有的乡亲就哭了。我们走近马车时，哭的更大了，哭声连成一片。我抑制不住激动的心情，也哭了，还像孩子一样放声大哭。

面临这样的场合，我一时也不知道该怎么办好，从来没经历过这样的阵势。突然地，灵机一动，我跳上马车，边哭边哽咽着说："乡亲们，我们要回学校了。我代表河北大学小分队师生，感谢乡亲们几个月来对我们的教育、帮助和爱护！我们忘不了张仁庄！忘不了张仁庄的乡亲们！我们会想你们的！"

我这么一说，大家哭的声势更大了。我们就这样随着马车边走边哭，乡亲们在哭声中一直把我们送到村口。

在与贫下中农"三同"中，我们与乡亲们结下了深厚的情意。我们就是这样，在难舍难离的一片哭声中，与乡亲们依依哭别！

1966—1968 年

“文化大革命”早期，按照系里安排参加活动，或学习，或抄大字报，或写批判稿等。

其中，1967 年 11 月 10 日，小女周晓冬出生。

1969 年

荣获河北大学“五好职工”称号。

1970 年

河北大学由天津搬迁至河北省保定。

随后，参加数学力学系教师“拉练”队伍，先后走过“地道战”的清苑、“狼牙山五壮士”的狼牙山、“名将之花凋谢在太行山上”的易县黄土岭等革命纪念地。

“还是厂校结合好！”

同年，随河北大学数学力学系教育革命小分队，到石家庄汽车配件厂，参与厂里转子发动机的试制。小分队为试制提供了理论分析和数据计算，促进了转子发动机试制成功，以及配套汽车的批量生产。

一次，厂里加工转子发动机的缸体型线，可刚开始的时候，反复多次加工不出来所需要的缸体型线来。这时，来人把我叫了去（当时，我不在加工现场）。到了现场，我一看，刀尖安放的位置不对。我用手一指说：“把刀尖安放在这个地方，再试试。”

这一试，大家都乐开了花，加工出来的正是所需要的缸体型线（外旋轮线）。面对这种情形，厂里的技术负责人冯祖铭，非常激动地望着我说：“还是厂校结合好！”

当时，有的工人师傅带些激动的情绪说：“你怎么不早说呢！”我说：“我不知道要试车，没人告诉我呀！”

“还是厂校结合好！”这是教育革命实践对我们河北大学的最高奖赏，也是教育革命实践对我的最大鼓励！

自然，“这手一指”，知道刀尖应该安放在什么地方，并指导着成功加工出所需要的缸体型线，这才是重要的！

“这手一指”，明显的感受到了自己的存在价值，内心里不禁油然而生了一种难得的自尊感！

“这手一指”，指出了自己的自信力，指出了自己的自豪感！

1971—1973 年

合编《理论力学》讲义，河北大学数学力学系力学专业用。

1974 年

2 至 7 月，主讲力学专业《理论力学》。

同年，参与河北省沧州市交通局的装载机、400T 龙门吊的研制，提供了相应的力学设计数据。

1975 年

2 至 7 月，主讲力学专业《结构力学》。

同年，参与河北省煤矿设计院的《煤矿选煤皮带走廊钢筋混凝土框架内力计算》和《煤矿井塔壁板强度计算》课题研究，该研究成果受到院方的重视，将提交的三种计算书刻印成册留用。

1976 年

1 月，合作发表论文《煤矿选煤皮带走廊钢筋混凝土框架内力计算》，河北大学学报，1976 年第 1 期。

2 至 7 月，主讲《程序设计》。

9 月，参与河北省建筑设计院的《河北省外宾大楼结构计算》课题研究，提供了相应的设计数据。

1977 年

自编《偏微分方程》讲义，河北大学数学力学系力学专业用。

9 月至 1978 年 2 月，主讲力学专业《偏微分方程》。

10 月至 1978 年 9 月，参加学校主办的青年教师英语进修班。

1978 年

9 月至 1979 年 1 月，主讲力学专业《偏微分方程》。

4 至 7 月，主持力学教研室青年教师理论力学讨论班，研修 H. H. 蒲赫哥尔著《理论力学基本教程》。

5 月，合作发表论文《旋转活塞发动机缸壁及转子型线加工的几何及力学原理》,《河北大学学报》,1978 年第 1 期。

5 月，合作发表论文《旋转活塞发动机物理量的一些计算》《河北大学学报》,1978 年第 1 期。

暑假，参加河北省高考阅卷工作。

12 月，应河北大学哲学系之邀，为该系研究生班作了《数学中的辩证法》的专题报告。

报告中的异常

报告，进行了一天。上午教室里的情况跟平时上课一样，没什么异常。

可是，下午教室里的情况有些异样，突然增加了许多听讲者，连教室里的走道上和教室的门口旁都坐了不少人。

看来，所讲的内容，还是有一定吸引力的。

演讲的主要内容有：数与形的起源，数学的特性，运动的数学认识，有限与无限、量与质、数与形的辩证关系等等。

恩格斯说："有了变数，辩证法进入了数学……"

数学中充满了辩证法。可以这样说，微积分学可以当作一部关于辩证法的教科书。

12 月 30 日，被评为河北大学"先进工作者"，荣获"一等奖"。

评为河北大学先进工作者，荣获一等奖奖状

1979 年

4 至 10 月，先后走访中国科学院生物物理研究所、中医研究院骨伤科研究所等单位，了解国内生物力学研究动态，还去中国科技情报研究所查阅和复印国外相关生物力学资料。

10 月 10 日，接到河北大学校长签发的《通知书》称："周祖威同志：经学校讨论批准，你自一九七九年九月一日起为讲师"。

11 月 4 日至 22 日，赴重庆大学，参加由中国力学会主办的"生物力学讲习会"，聆听美国加州大学圣地亚哥分校教授、美国生物医学工程学会主席 Y. C. Fung 主讲《生物力学》。

11 月 23 日至 25 日，参加受教育部委托由重庆大学主办的"全国生物力学座谈会"，并在会上宣讲了论文《骨折复位固定器力学原理初探》。

会议期间，还参观了渣滓洞、白公馆等革命纪念地。

1980 年

3 月，译完 K. F. Kummer 著 *Biomechanics of Bone*，约 1.2 万字，科研自用，作为科研参考资料。

5 月，参加在天津召开的"第一届全国骨科学术会议"，在会上宣读了论文《骨折复位固定器整复骨干骨折的力学研究》，该文收入《第一届全国骨科学术会议论文摘要》。

1981 年

7 月 19 至 23 日，参加在上海复旦大学召开的“全国第一届生物力学学术会议”，在会上交流了《踝关节足伸跖屈对小腿骨干应力的影响及临床意义》等多篇论文。

在《生物力学的发展——第一届全国生物力学学术会议述评》(此文刊在《力学进展》第 11 卷 4 期，1981)中指出：“……特别是中西医结合方面有较大的进展。其中以北京中医研究院……与河北大学的…周祖威…结合的研究工作最为突出。”文中，还特别提到上述等论文。

9 月至 1982 年 1 月，主讲力学专业《理论力学》课程。

1982 年

3 月至 7 月，主讲力学专业《理论力学》课程。

5 月，参加中华医学会骨科学会“脊柱疾患及骨科基础理论专题学术会议”，交流合作论文《腰骶椎间盘压缩形变的生物机制及其临床意义》，该论文收入会议论文(摘要)汇编。

7 月 16 日，被吸收为中国力学学会会员。

7 至 8 月，编写《生物力学基础知识讲义》，并在中华医学会天津骨科学会和天津医学院主办的生物力学讲习班上讲授。

9 月，晓光天津耀华中学毕业，考入北京商学院。

11 月至 1983 年 3 月，合编《骨伤生物力学基础》讲义，河北省力学会、天津医学会骨科分会、中医研究院骨伤科研究所用。

经风雨 见世面

从 1956 年到 1983 年，在河北大学学习和工作了近二十七年。在这近二十七年中，经历了各种活动，经了风雨，见了世面。

在各项活动中，可以说自己是一个认认真真“跟着走”的人。

不过，在有些活动中，还是富有热情，付出了切实的努力，并取得了积极的成效。如，在海河工地劳动中，在教育革命实践活动中等，都在认真地做自己应该做的事情。

诚然，在大学的四年中，除了学到一些学科知识以外，有些老师的治学精神，也给我留下了深刻的印象。如，董克诚老师的从严治教风格，张权雄老师的生动活泼教风，聂子青老师的注重解题思维等。

记得，一次，董克诚老师在讲评课程《几何基础》的作业时，说全班只有一个同学做对了，而且说出了我的名字。此时，我虽然高兴，而更让我敬佩和感动的是，董老师那种对全班同学几十份作业，逐一批改一丝不苟的严谨态度和敬业精神！

这些老师的从严治教、活泼教风和注重思维的教学特色，对我后来的从教生涯，都产生了积极影响。

1983—2017 年(45～79 岁)

在天津职业技术师范大学工作。

1983 年

4 月 19 日，由保定的河北大学数力系力学教研室，调回天津的天津技术师范学院(现天津职业技术师范大学前身)基础部力学教研室任教。

5 月 13 日至 7 月，主讲机械系机 8201 班《理论力学》课程。

5 月，合作发表论文《举重运动员腰部损伤的生物力学及运动处方》，《中国体育科技》，1983 年第十期，运动医学(二)。

6 月，合作发表论文《骨干骨折断面倾角与骨牵引关系的探讨》，《中国生物医学工程学报》，1983 年，Vol. 2，No. 2。

7 月 16 日下午 6 点 15 分，父亲因脑出血病逝，终年 68 岁。

父辈的烙印

年轻的时候，父亲也是一位血气方刚的青年。据他自己讲，二十多岁时，他参加了新四军的一个外围组织，还给他颁发了新四军“联络员”的委任状。

我们老家河南信阳柳林，地处大别山余脉，有平汉铁路从此经过。信阳地区是新四军和国民党反动派“拉锯”的地方，斗争的环境比较艰苦和危险。

我父亲说，他跟新四军干过事，给新四军送过信。我父亲还说过，他接受委任状后，虽然给新四军送过信，但很快就把委任状给烧了，说是害怕，怕查出来。慢慢地，父亲就疏离了新四军。

我有的父辈也有类似的情况。

为什么？为什么他们未能“革命到底”？

我父亲和有的父辈有祖辈传下来的几亩地，是属于有分析所说的“中产阶级”里面的“小地主”，他们“对于所谓‘赤化’时时怀着恐惧，故其对于革命极易妥协，不能持久。”

真是，一语中的。我父亲以及有的父辈之所以半途而废，不能“革命到底”，就是有阶级的烙印，就是有阶级的劣根性。这样的一些话，当着我父亲的面，我也给他说过。

这是关于父辈们，“不那么光荣的历史”的一次追问和思考。有追问和思考，才能有清醒的认识。

在父辈中，也有好样的。正如有分析所说的那样，中产阶级中也有“向左跑入革命派”的。

如，有一位七大爷，曾留学日本北海道帝国大学，留学期间从事党的秘密活动，1930 年在东京被捕，经保释回上海从事党的地下工作。1931 年由上海党中央派往苏区，任红四方面军的团长，后来在战斗中牺牲。

又如，有一位十一大爷，为新四军第五师中队长。一次，在执行公务途中，与日军遭遇被捕。历经日本宪兵队严刑拷打，酷烈摧残，坚不吐实，终遭电刑，为国捐躯，慷慨成仁。

我父亲年轻的时候，还当过杂货店的学徒。

中华人民共和国成立前，我父亲还合伙开过转运公司，任公司经理。那时，大别山里，森林茂密，木材丰富。公司主要收购当地农民加工出来的枕木（铁路上用的）、煤柱（煤矿上用的）、木炭、劈柴（生活上用的）等木材产品。然后，通过铁路转运发往汉口、天津等地的商家。

中华人民共和国成立前几年，我父亲开转运公司，祖上传下来的约八亩地让佃户种。所以，土地改革时，我父亲的成分是划为“工商业者兼地主”。中华人民共和国成立后的前两三年，我父亲在家务农。以后，主要还是在当地合作商店做事。

总的来说，我觉得我父亲还算是一个说得过去的人。

8月至1984年1月，主讲机械系机8201班《理论力学》课程。

9月13至19日，参加在西安召开的“全国第一次生物固体力学讨论会”，并在会上宣讲论文《肌力数值分析》。

会议期间，参观了兵马俑博物馆、华清池等地。

10月11至16日，应河北省力学会、中医研究院、天津骨科学会之邀，赴保定讲学，主讲《骨伤力学基础》，有全国24个省市的百余名学员参加。

1984年

3至7月，主讲机械系机8301班《理论力学》课程。

7月13至19日，应邀赴泰安在“全国第二期骨力学讲习班”讲课，讲授《若干骨伤问题的力学分析》。

7月，合作发表论文《不同打击量所致家兔脊髓坏死的形态学观察》，天津医药，1984年，Vol. 12，No. 7。

8月，译完GW. Taylor著*Mechanics Science*，约20万字，教学自用，作为教学参考资料。

10月，合作发表论文《腰椎管骨性结构的测量与椎管狭窄》，《中华外科杂志》，1984年，Vol. 22，No. 10。

8月至1985年1月，主讲机械系机8301班《理论力学》课程。

1985年

5至7月，为“力学进修班”主讲《理论力学》课程。

5月9日，被聘为天津市力学学会第四届理事会学术工作委员会生物力学专业组成员。

6月8日，发表科学小品《从女排姑娘的手说开去》，《今晚报》第7版“科普之花”征文专栏，该小品获征文三等奖。

8月14日，晓冬天津新华中学毕业，考入天津大学建筑系建筑学专业。

9月至1986年1月，主讲机械系机8401班《理论力学》课程。

9月23日，在“全院迎新大会”上代表全院教师致欢迎辞。

10月20至27日，参加在太原召开的“全国第二次生物力学学术会议”，交流论文《骨骼肌力数值分析》，并收入会议论文集。

会议期间，参观了晋祠、杏花村等地。

12月26日，由王九春、胡祥佩介绍加入中国共产党。

1986年

3至7月，主讲机械系机8401班《理论力学》课程。

4月11日，在“基础课部学术年会”上宣讲论文《试论机械运动的数学认识》。

7月25至27日，参加在天津召开的“全国第二次生物固体力学学术会议”审稿会，有9人参加。

9月至1987年1月，主讲机械系机8501班《理论力学》课程。

9月10日，获学校“优秀教师”称号。

9月10日，获“天津市高教系统教书育人先进教师”称号。

9月11日，在全院“第二届教师节庆祝大会”上代表全院教师讲话。

9月15日，在“全院迎新大会”上代表全院教师致欢迎辞。

9月26日，在全院“教书育人教学经验交流会”上，作了“做一个让人民放心的教师”的发言。

9月30日，被聘任为天津市体育科学学会运动生物力学专业委员会委员。

10月5至12日，参加在石家庄召开的“全国第二次生物固体力学讨论会”，并在会上宣讲了论文《人体脊柱的基本数学模型》。

10月15日，应邀在天津大学纺织分校，做了“教书育人，为人师表”的经验交流。

10月23日，应邀在天津轻工业学院，做了“教书育人，为人师表”的经验交流。

11月18日，应邀在全院“先进个人与先进集体表彰大会”上发言。

11月末，院党委组织部长张兆新约我谈话，说是天津市普通高校，就是我们学校还没有正式成立教育工会，经党委研究交给你一个任务，将参选学院教育工会主席。

12月13至14日，参加“天津市1986年运动生物力学研讨会”，在会上宣讲论文《标度理论与运动员的选材及训练》，该论文收入会议《论文摘要汇编》。

前排右起第二人为本书作者

12月，晋升副教授。

12月，译完 Ferdinand P. Beer et al. 著《Mechanics for Engineers——STATICS and DYNAMICS》，约30万字，教学自用，作为教学参考资料。

1987年

元月2日，院党委组织部发文，被任命为教育工会筹备小组组长。

3至7月，主讲机械系机8501班《理论力学》课程。

4月28日，在学院教育工会第一次代表大会上，当选为学院教育工会委员会委员，还当选为天津市教育工会第三次代表大会代表。

5月9至11日，参加天津市教育工会第三次代表大会。

6月11日，被天津市教育工会批准为学院首任教育工会主席(兼职)。

8月至1988年1月，主讲机械系机8601班《理论力学》课程。

9月，在全院"'三好学生'和'优秀班集体'表彰大会"上，代表全院教师致辞。

12月，在"1987年天津市力学学会年会"上，宣讲论文《在教学中加强学科思想方法教学》。

1988年

2至7月，主讲机械系机8601班《理论力学》课程。

4月，荣获天津市"七五立功奖章"。

8月20日，获得深圳大学"公共关系学"函授结业证书。

9月，荣获学校"教书育人先进工作者"称号。

9月，学院教育工会，倡导并成立学院教书育人研究会，出任常务理事兼理事长。随后，主持起草《教书育人工作暂行条例》《教书育人工作考评办法》等文件。

11月，学院教育工会及教书育人研究会，发起"育人一得"征文活动，并编辑出印《"育人一得"征文选集》，促进了教师教书育人素养的提高。

1989年

2至7月，主讲机械系881班《工程力学》课程。

3月，合作发表论文《人体脊柱的基本数学模型》，天津城市建设学院学报，1989年第1期。

4月4日，被聘为天津大学生物力学硕士论文答辩委员会委员，并参加答辩。

4月，被聘为天津市力学学会第五届理事会学术工作委员会生物力学专业组副组长。

6月，参编教材《工程力学》，劳动人事出版社出版，该教材为高等职业技术师范院校用书。

8月至1990年1月，主讲机械系机8801班《理论力学》课程。

9月至1990年1月，主讲机械系烟草班《工程力学》课程。

9月，荣获天津市高教系统“优秀教师”称号。

1990年

2至7月，主讲机械系机8801班《理论力学》课程。

6月26日，被天津市科学技术协会聘为《二十一世纪——青年科学基金》评审专家。专家库编号A0200004。

7月16日，参加在黄山市召开的“全国第三届生物固体力学讨论会”，并宣讲合作论文《胫腓骨骨折小夹板固定的力学实验研究》。

8月16至23日，去北戴河参加天津市高校党政工一把手暑期研讨会。

8月至1991年1月，主讲机械系8901班《理论力学》课程。

9月11日至11月3日，参加中共天津市委党校处级干部马克思主义哲学轮训班学习，获结业证书。

10月25日，被任命为学院教职工分房委员会主任。随后，主持并亲自起草向一线教职工倾斜的《分房方案》。相继，主持全院教职工的分房工作。在院党委的领导下，在分房委员会委员们的共同努力下，在广大教职工的支持下，分房工作取得了大家都较为满意的效果。

10月25日，被任命为学院学报《教书育人征文专辑》副主编。

11月23至28日，在珠海市召开“全国第三届生物力学学术会议”，为会议正式代表(因故未能出席)，合作论文《胫腓骨骨折小夹板固定的力学实验研究》在会上宣读。该论文收入会议论文集《生物力学研究和应用》，由华南理工大学出版社出版，1990年11月。

12月，合编并统稿《骨伤生物力学基础》，由天津大学出版社出版，1990年12月。

1991年

2至7月，主讲机械系机8901班《理论力学》课程。

6月15日，学报出版《教书育人论文专辑》，劳动部领导李沛瑶等还为专辑题了辞：“教书育人为人师表”……该专辑的出版，是在院工会教书育人研究会的组织下，教职工在积极探究教书育人规律的实践中，结出的教书育人的丰硕果实。

6月15日，发表论文《育人与爱心——试教师的心理素质》，天津职业技术师范学院学报，教书育人论文专辑，1991 年第 1 期。

9 月至 1992 年 1 月，主讲机械系机 9001 班《理论力学》课程。

9 月 10 日，荣获 1991 年度校级“优秀教师”称号。

10 月，任学院房改领导小组副组长。

11 月，任学院首届教代会筹委会副主任委员，并开展相应的筹备工作。

1992 年

2 至 6 月，主讲机械系机 9001 班《理论力学》课程。

4 月 29 日，兼职工会主席整整五年了，院党委同意我的请求，不再继续兼职工会工作了，而继续在基础课部力学教研室做一名普通教师。

7 月 27 日至 8 月 4 日，参加天津市高教局组织的暑期教师参访活动，参访无锡、苏州、杭州、上海等地。

8 月至 1993 年 1 月，主讲机械系机 9101 班《理论力学》课程。

1993 年

2 月 5 日，党委正式发文，我被任命为机械工程系系主任。

同日，我主持召开机械系新领导班子会议，讨论并通过了亲自起草的“约法两章”：一是《机械系领导班子成员工作手则》，二是《机械系管理体制基本框架》。

3 月 18 日，我亲自起草了《机械系 1993 年工作要点》和《机械系三年工作目标(1993—1995)》，经系务委员会(自行倡导成立的系务决策班子)讨论通过，并付诸实施。

2 至 7 月，主讲机械系机 9101 班《理论力学》课程。

出访韩国

1993 年 6 月 13 至 20 日，出访韩国。由学院王书记、张书记、劳动部外事司朱处长、培训司李苏及本人组成的代表团出访韩国。代表团先后访问了仁川技能大学、韩国技术教育大学、仁荷大学、仁川职业训练院，参观了三星电子公司、浦项钢铁公司、大宇汽车公司，还拜会了韩国产业公团、韩国劳动部培训司和外事司，以及驻韩国使馆一秘等官员。

访问期间，与韩国仁川技能大学签署了《友好合作协议书》。访问取得了圆满成功，比预想的结果还要好。

另外，还游览了韩国独立宫、艺术博物馆、南大门市场、汉城 63 层大厦、汉城地铁等。

回国后，由我撰写了《出访报告》。

出访韩国代表团成员与韩方人员合影

左起：李苏、朱处长、韩方人员、王宪成、张兆新、周祖威

7 月，主持制订系主任、副系主任、系办公室主任等岗位责任制；主持制订机械系各岗位负责人考核实施细则；主持制订机械系教师教学工作量若干规定。

在《若干规定》中的第六条写道："有计划地组织专业课青年教师，参加为期半学年的专业技能训练，凡通过考核取得相应工种三级工技术等级证书者，计算学年的满工作量。"

这里，蕴涵着机械系建设"一体化"教师队伍理念的雏形。

7月30至8月5日，随同王书记等，到山东淄川与当地相关负责人，商谈合作办学及招生事宜。

8月至1994年1月，主讲机械系机9201班《理论力学》课程。

10月27日至11月3日，出席国家教委师范司在浙江工业大学召开的“机制工艺教育专业教学方案研讨会”。

12月20日，荣获“曾宪梓教育基金会一九九三年高等师范院校教师奖三等奖”。获奖名录收入《华夏师魂》，中国文联出版公司出版，1994年9月。

12月，发表教学研究论文《加强学科思想方法教学的认识与实践》，《力学与实践》，Vol. 15 No. 6。

1994年

2月16日至20日，出席国家教委师范司在上海师范大学奉贤校区召开的“机制工艺教育专业教学方案研讨会”

3至7月，主讲机械系机9201班《理论力学》课程。

8月，发表论文《骨骼肌力数值分析》，《天津职业技术师范学院学报》，1994年第1期。

8月至1995年1月，主讲机械系机9301班《理论力学》课程。

10月12日至17日，出席国家教委师范司在常州职业技术师范学院召开的“机制工艺教育专业教改方案研讨会”。

10月，合作交流论文《骨折端应力与愈合关系动物实验分析》，收入《94中国洛阳中医骨伤国际培训暨学术研讨会论文集》。

12月9日，晋升教授。

1995年

3至7月，主讲机械系机9301班《理论力学》课程。

8月至1996年1月，主讲机械系机9401班《理论力学》课程。

8月16至19日，国家教委师范司在天津职业技术师范学院，召开“全国职业高师机制工艺教育专业教材编写招标评审会”。

一举中标

招标前，国家教委师范司的乔老师和我有一段对话，我觉得都挺实在。

乔老师说:周老师,这次您就不用投标了。我说:为什么?乔老师说:您的教授职称已经解决了。我说:是啊,我理解您的意思,把机会留给更需要的人。我接着说:可我对编写《工程力学》教材,有一点新的想法。

乔老师说:说说看。我说我想打破现有《工程力学》的教材体系,而以牛顿力学的思想方法为主线,重构《工程力学》的教材体系。这样《工程力学》教材会有很多新意。乔老师很尊重我的想法,乔老师高兴地说:那您就投标吧!

本人投标的编写《工程力学》教材的标书,经"全国职业高师机制工艺教育专业教材编写招标评审会"评审,一举中标。并确定,本人为《工程力学》教材的主编。

《工程力学》教材,于1998年8月,由天津大学出版社出版。

《工程力学》教材,获"2000年高等教育天津市级教学成果奖二等奖"。

"胜人者有力。"人要有自信力。而自信力,不是凭空而来,说有就有的。自信力,是建立在有值得自信的坚实基础之上的。

没有值得自信的坚实基础的支撑,就没有坚定的自信力。

10月,应邀率机械系技能团队去内蒙古神府煤田进行机械加工技能交流。

"双高人才"的酝酿

10月,通过多次酝酿讨论"双证书"的"技术等级证书"的内涵,特别是在我系"奥赛班"学生技能明星效应的激励下,我们逐步清晰地意识到这个"等级",应该倡导而且可能由"中级工"提升到"高级工"。我系外聘技能训练指导教师,刘介臣和孙凤津两位高级技师觉得有道理,也认为,这种提升很有必要。于是,将这个想法向王书记做了汇报了,得到王书记的肯定和支持。后来,原劳动部也发了关于提升到"高级工"的正式文件。这也许是巧合,也可能有联系。

这是我经历的，机械系培养“双高”人才的背景及过程。我校培养模式的不断创新，既是适应了社会发展的迫切需要，又是凝聚了各路英才的创新思维。

凡是对创新模式做过贡献的人，我们都不应该忘记他们，包括我系两位外聘技能训练指导教师刘介臣和孙凤津。

10月，机械系被评为学校1995年度先进单位。

11月26至29日，参加国家教委师范司在河北师范大学召开的，上述专业主干课程教材主编会议。

1996年

3至7月，主讲机械系机9401年《理论力学》课程。

3月，被学校党委继续任命为机械工程系系主任，并兼任机械工程系党总支书记。

7月1日，机械工程系党总支被评为学校先进党总支。

8月，侄女周艳考入天津职业技术师范学计算机系。

8月10至16日，赴大连参加学院学生工作研讨会。

参加学生工作研讨会与王宪成书记和孟庆国副院长留影

“猎潜行动”

8月30日，在机械系导倡“猎潜行动”。所谓“猎潜行动”，即在技校生源中，开展“小发明、小制作、小实验”三小活动，发掘具有既会动脑又能动手潜能的苗子，借以促进“双高”人才的茁壮成长。

“猎潜行动”的想法应该是好的，但是没有建立起相应的运行机制，因而该行动还没有真正运行起来。这种状况，应该说与我的“理科”而非“工科”出身的背景有关。由于我的机械方面专业素养不够，以致未能深入专业领域，探讨建立“猎潜行动”的运行机制，包括建立在低年级发现具有“动手动脑”潜能苗子的机制等。

“猎潜行动”的想法，蕴涵着我校“动手动脑”的办学理念。有了好的想法，还必须建立相应的运行机制，才能取得好的效果。

8月至1997年1月，主讲机械系机9501班、机951班《理论力学》课程。

8至10月，主持制订机械系实习工厂实践教学深化改革方案。

11月5日，应天津市教委之聘，任天津市高等学校职称评审委员会力学学科组成员。

11月7日，创立的“三层次单元教学法”，获1996年校级教学成果二等奖。

1997年

3月，主持原劳动部资助课题——机类科学技能训练方法研究。

2至7月，主讲机械系机9501班《理论力学》课程。

5月，应邀为计算机系师生介绍“三层次单元教学法”。

4月至1998年1月，主讲机械系机9602—9604班、机961班《理论力学》课程。

9月，应邀为自动化系师生介绍“三层次单元教学法”。

11月，参加天津市教委职称评审委员会力学学科组评审。

12月，为机械系师生介绍“三层次单元教学法”。

12月，教学研究论文《加强学科思想方法教学的认识与实践》，收入《中国科教论文选》，红旗出版社出版。

12月，本人业绩被收入《中国专家人名辞典》第六卷，改革出版社出版。

1998年

1月5日，发表教学研究论文《授人以鱼，不如授人以渔——简述三层次单元教学法》，技术师院报，第二十五期，第三版，该报为此文配发了《编者按》。

同一版面，还刊登了计算机系佟庆禹教授的文章《“点学成金”之术——评周教授三层次单元教学法》。

1月6日，本人被评为学校1996—1997年度优秀处级工作者。

2至7月，主讲机械系机9601班《理论力学》课程。

3月8日，年满六十岁，任期届满，被免去机械工程系系主任兼党总支书记职务。

3月，应学院教学副院长孟庆国之邀，参与学院教学督导筹备组工作。

4月26日，教学督导组筹备组，提出《关于教考分离工作的设想和计划》的建议，得到教务处和学校的支持，并相应发出了关于“扩大教考分离课程范围”的文件。

5月18日，长女晓光带女儿吴丹去美国，为在美国堪萨斯州立大学读书的丈夫吴世保陪读。

5月28日，由教学副院长孟庆国提议，经院长办公会议批准，被聘任为学院的首届教学督导组组长。

7月，教考分离的课程由原来的3门扩大到17门，有2457名学生参加教考分离的考试，有效地推动教风和学风建设。

6月，教学督导组进行了《应届毕业生问卷调查》，并以《调查报告》的形式，向有关方面反馈调查信息。

8月16至21日，参加学院教育思想大讨论中层干部研讨班（在泰安），在会上作了课题《机类科学技能训练方法——四层次单元训练法》的研究报告。

8月，责任主编教材《工程力学》出版，天津大学出版社出版，1998年

8月。

该教材由全国职业高师工科教材编审委员会推荐为职业高师机械类的专业教材。

9月至1999年1月，主讲机械系机9701班，《理论力学》课程。

9月，侄子周小同以河南省第一名的成绩，考入我校机械工程系机制工艺教育专业。

9月11日，晨起突然感到右侧手腿不灵便，腿脚有“画圈”的现象。随即给卫生室黄大夫打电话告诉病情，黄大夫当机立断：赶快送“一中心”！

与张兴会在泰安的合影

初得“小栓”

医生诊断为“小栓”——轻微脑梗塞，住院12天治愈，无后遗症。

在这里，要特别感谢校卫生室的黄蓉大夫！正是黄大夫当机立断，指导治疗及时，才得以没有留下后遗症！

同时，还要感谢住院期间，学院和系的领导，以及亲朋好友来医院里看望和慰问！

10月19至20日，应天津市教委职称办之邀，参加在武清温泉宾馆召开的高校教师职称评审学科组会议。

1999年

3至7月，主讲汽车工程系981—982班《工程力学》课程。

3月，学院成立教学工作合格评估办公室，被任命为评估办公室副主任兼督察组组长。

倡导建立《班级课程教学档案》

3月18日，以教学督导组和评估办成员的名义，提出《关于建立班级课程教学档案制的建议》。本建议得到评估办主任、教务处长崔正昀的支持，学校予以采纳。为此，教务处于1999年5月5日发出(1999)20号文件《关于建立班级课程档案制的通知》。

据孟庆国院长后来说，这个档案制的建立和实施，受到教学工作合格评估专家的好评，专家说："这是一个创新，不只为了评估，要坚持下去。"

该制度学校一直在坚持实施，并不断予以更新，为加强教学管理起到一定的积极作用。没想到，一个小小的建议，会产生久远的效益！

6月，教学督导组进行《课堂教学问卷调查》，并以《调查报告》或《信息反馈函》的形式，向相关方面反馈调查信息。

6月，教学督导组继续进行《应届毕业生问卷调查》。

8月至12月，主讲机械系机9801班《理论力学》课程。

8月至2000年6月，教学督导组总结第一批优秀课程建设经验，指导第二批优秀课程建设。

优秀课程建设研讨会(1999年)

第一届教学督导组较早的成员左起：张连仲、周祖威、王成珍、王承子、刘锡珍

（注：王承子教授还是教学督导组筹备组成员，是第一届教学督导组副组长）

督导组最早的“三侠女”及“跟班”

左起：赵启、王成珍、安淑芝、高玉奎、周祖威

11 月 4 日，晓光在美国生下次女，取名叫 Nancy Wu。

12 月，教学督导组继续进行《课堂教学问卷调查》。

倡导组织公开课

12 月，在《课堂教学问卷调查》的基础上，教学督导组向教务处建议，全院组织一次青年教师李春华的公开课。

教学督导组对学生评价为“非常满意”的老、中、青三位教师随堂听课，进一步了解他们的教学情况，并与他们进行交流。深入调查后发现，三位教师课堂教学各有所长，特别是这位青年教师的教学特点，对广大青年教师更具有借鉴意义。于是，教学督导组向教务处建议，全院组织一次青年教师李春华的公开课，教务处采纳了这个建议，并取得了非常好的效果，受到广泛好评。

有的老教师说:"这是建校以来的第一次公开课,活动本身具有深远意义。"有的青年教师说:"这种活动很好,尤其是对我们青年教师,希望以后多举办这种活动。"

2000年

1月28日,夫人去美国洛杉矶照顾外孙女Nancy。

2至7月,主讲机械系机9803班《理论力学》课程。

5月,为机械系学生做了《谈谈学科思想方法》的专题报告。

5月,教学督导组继续进行《课堂教学问卷调查》。

6月,教学督导组继续进行《应届毕业生问卷调查》。

7月28日,夫人带Nancy回津。

8月,周艳毕业,分配到天津石化公司工作。

9月,发表论文《试论机械运动的数学认识》,天津职业技术师范学院学报,Vol. 10,No .3。

10月10日,全国高等职业技术师范院校统编教材《工程力学》,获院级教学成果一等奖,获奖者:主编周祖威和副主编金国朴。

10月,主讲的课程《理论力学》被评为院级精品课程。

12月15日,带Nancy去美国洛杉矶女儿家。

2001年

4月9日,带Nancy回津。

5月,教学督导组继续进行《课堂教学问卷调查》。

6月,教学督导组继续进行《应届毕业生问卷调查》。

8月27日,办理退休手续。

11月,全国高等职业技术师范院教材《工程力学》,获"2000年高等教育天津市级教学成果奖二等奖"。获奖者:主编周祖威和副主编金国朴。

在这里,要特别感谢教务处的徐荣青老师。因当初没有申报市教学成果的意愿,是徐老师一再鼓动才申报并继而得以获奖的。

12月,教学督导组继续进行《课堂教学问卷调查》。

2002 年

3 月 19 日，应聘为学院第二届教学督导组副组长。

“副组长”的小插曲

关于“副组长”，还有一段小插曲。

俗话说：“隔辈亲，亲又亲。”我把“小白眼”从美国带回来了，又办了退休手续，我就想专门看“小白眼”，不想再干了。

所以，教学督导组换届时，我就跟我的顶头上司，教学副院长张兴会说：“想看‘小白眼’，我不想干了。”

张副院长跟孟庆国院长说了后，回来跟我说：“孟院长说，不干不行。”

我接着说：“那我不当组长。”

张副院长说：“孟院长又说，不当组长也不行。”

我又接着说：“那我不当正组长。”

最后，孟院长和张院长也都同意了我的想法，这就是“副组长”的来历。

看来，有时，在情感上，亲情重于事情！不过，最终，在理性上，事情重于亲情！

3 至 6 月，学院开始实施“优秀主讲教师制”，教学督导组受教务处委托，参与学院“优秀主讲教师”评选工作。

6 月，教学督导组继续进行《应届毕业生问卷调查》。

8 月，去北戴河参加学院教学工作研讨会。

8 月，去东丽湖度假村参加学院教学督导工作研讨会。

10 至 12 月，教学督导组受教务处委托，参与学院“优秀主讲教师”评选工作。

2003 年

元月 14 日，在“学院新世纪首届教学工作会议”上，做了题为《好的课堂教学效果从哪里来？——由学院评选“优秀主讲教师”引发的思考》的发言，历时 45 分钟。

学院及教务处领导同督导组成员在一起

左起：黄银忠、黄强、崔正昀、张连仲、张兴会、周祖威、张德春、刘锡珍、高玉奎、安淑芝、王成珍、孙奇涵

意想不到的反响

令人意想不到的是，发言受到全场教师的热烈欢迎，发言一结束全场便响起了长时间的掌声。

当我刚要走完主席台的台阶的时候，主持人贺院长突然又说："建议对老教授动情的、精彩的演讲，再次热烈鼓掌，表示衷心感谢！"

此时，掌声更是热烈。我正走下台阶，不敢正视大家。只是当走到台下中央时，我仍低着头，默默地向大家深深鞠了一躬，以表示对大家的答谢。

会后，凡是较熟悉的同事，或在电话里，或见了面，都大大夸奖了一番。

当天晚上，教学院长张兴会，再次打来电话表示衷心感谢。他还说："我院还没有人能作出这么精彩的演讲。遗憾的是没有录像，不少老师纷纷要求印发演讲稿。"

督导组的同事们也给予好评。

张德春说，“咱们学院谁能写出这样的文章……”还说：“我一边听，一边擦泪。”

崔正昀说：“别人写不出这么高水平的文章来。”

高玉奎说：“你的发言我用八个字来概括：动情、生动、深刻、精彩。”

刘锡珍说：“昨天晚上读你的文章，读到半夜，受益匪浅。尤其是关于爱因斯坦和孔子的内容，一般人就是想写也写不出来的。从院长到一般老师，如果认真读了你的文章，那对学校的贡献，特别是对教学的贡献，不论做怎样高的评价将都不过分。”

安淑芝赞不绝口，还拿走了发言稿要让她的先生（天津财经大学的赵老师）看。其他同事也给予赞扬。

鲁艳说：“周老师讲得太棒了，久久不能忘怀。”

牛凯说：“久久都在耳边回响。”

张乃鉴说：“发言太棒了，文采斐然，很受启发。”

魏伟说：“真正有学者风范。”还说：“院长们在主席台上都听傻了。”（这有点言过其实！）

还有的开玩笑似的说：“你早讲，你早就是院长了！”（这有点风马牛不相及！）

以上，我记录的是大家在会后的溢美之词，都是过奖了。我这样记录下来，也有点儿“老王卖瓜”了。不过，这都是实情，记录下来也算是对大家的一种感谢和回报吧。不然的话，我总有点过意不去！

其实，我没什么，这是大家在客气。我只是认真在做，做自己该做的事。如果大家在我这个位置，可能比我做得更好！

3 至 6 月，教学督导组受教务处委托，参与“优秀主讲教师”评选工作。

6 月，教学督导组继续进行《应届毕业生问卷调查》。

7 月，周小同大学毕业，分配到大港石化水厂工作。

8 月 1 至 4 日，去南戴河参加学院师资队伍建设研讨会。

8 月 11 至 13 日，去塘沽滨海度假村参加学教学督导工作研讨会。

9 至 12 月，教学督导组受教务处委托，参与“优秀主讲教师”评审工作。

与侄儿女在一起

2004 年

2 月 19 日，参加院长办公会议。会上，院领导们对教学督导组汇报的"'五步曲'评课模式"大加肯定，并建议向全院推广。会议还一致同意，副院长张兴会关于教学督导组正副组长换位的提议（也是应原正组长张连仲本人事先的请求）。

3 月 1 日，应聘为学院第三届教学督导组组长。

3 月，教学督导组在总结经验的基础上正式创立了"重在交流——'五步曲'评课模式"。

五步曲是：一听课，二评议，三交流，四改进，五提高。

3 至 6 月，受教务处委托参与"优秀主讲教师"评审工作。

4 月 20 日，接待天津体育学院教学督导组来访，着重向客人介绍了"五部曲"评课模式，客人客气地对该模式予以好评。

6 月，教学督导组继续进行《应届毕业生问卷调查》。

7 月 23 至 26 日，携夫人参加"2004 年天津市老专家老劳模赴北戴河休养"活动。

心存感激

这次疗养是由市总工会、市退管会、市委组织部、市人事局、市劳动和社会保障部、市财政局为老专家、老劳模联合举办的。对老劳模这是第16次免费疗养，而对老专家是首次免费疗养，且可同时携夫人免费疗养。

此次活动规格较高，有送行仪式，市委常委、市总工会主席散襄军在仪式上做了讲话，并与老专家、老劳模一一握手送别。

老专家、老劳模乘坐的两辆专车车头披红戴花，车身两侧贴着“向天津市老专家、老劳模学习！”“向天津市老专家、致敬！”的巨幅标语。而且，专门配有警车开道，为保证老专家、老劳模的安全，警车一直开道送行至北戴河。

交通局选派经验丰富的共产党员司机开车。到达疗养地——天津市工人疗养院时，院工作人员列队欢迎，院内挂有标语：“热烈欢迎来院疗养！”

这次活动的组织和安排，饱含着天津市相关领导对老专家、老劳模的敬重和爱护，也蕴涵着天津市相关领导对老专家、老劳模的祝福和期望。

能作为“两老”的一员，参加这次活动，倍感荣幸，心存感激，要不辜负领导的关爱和期望！

26日晚8时许，我们刚回到家里，孟庆国院长恰好来电话，表示问候，还问梁老师去了没有。我说去了。我还对孟院长说，这个安排，让我们倍感荣幸，太谢谢你了。孟院长说：“这是应该的，这是您的贡献决定的。”孟院长还开玩笑地说：“这也是表示，要把您的油水继续榨干。”

玩笑中包含着希望和信任，信任也是一种恩德。被人信任，值得珍惜，要心存感恩。

8月18至20日，教务处相关成员和教学督导组成员，去蓟县青山岭农家乐休闲游。

9月8日，夫人去洛杉矶女儿家，照看Nancy上学前班。

9至12月，教学督导组受教务处委托，参与优秀主讲教师评审工作。（注：优秀主讲教师评审工作，每个学期进行一次，个别学期除外，直至2014年都是按照“五步曲”模式进行的，后来形式略有变化。）

12月17至19日，作为退休教职工党员代表，参加中国共产党天津工程师范学院第一次党代表大会。

2005年

元月9日，参加“学院首届教研室工作研讨会”，并在会上介绍了教学督导组的《重在交流——“五步曲”评课模式》，受到与会者的好评。

3月，被学校任命为学院教学工作水平评估工作委员会委员、评估办公室副主任。

6月，教学督导组继续进行《应届毕业生问卷调查》。

6月29日，夫人携Nancy回津。

7月22至24日，去南郊宝成宾馆参加教学督导工作研讨会。

9月1日，应学院人事处之邀，为新引进的教师做了《讲得活　学得好》的专题报告。

9月4日，Nancy回美国。

11月22日，应学院艺术系之邀，做了《谈谈学科思想方法》的专题报告。

2006年

3月7日，应聘为学院第四届教学督导组长。

3月29日，撰写《办学特色凝练之我见》。

6月24日，晓光带女儿吴丹、Nancy由美国来津。

6月，教学督导组继续进行《应届毕业生问卷调查》。

7月1日、8日，应组委会之聘，任学校第八届青年教师讲课基本功竞赛专家评审组组长，并做总点评。

7月10日，晓光带女儿吴丹返回美国。

7月间，夫人患带状疱疹，住院治疗。

“破格”的关怀

夫人患带状疱疹治疗后，出院回家。张兴会副院长和教务处领导，来家看望。

我说，这有点儿“破格”！张院长说，这跟别人不一样！

稍后，孟院长又单独来看望。我说，您怎么还来！孟院长说，我该来！

来家看望，是一种关怀。关怀是一种情意，是一种鼓舞，是一种力量。一种内化而恒久的力量，会灵动而自觉地促你前行。

8月，吴丹考入美国加州大学尔湾分校。

8月25日，应邀为学校第八届青年教师讲课基本功竞赛优胜选手，进行参加天津市级竞赛的赛前培训。参加培训的有八位教师：李燕芬、张楠、殷虹、刘瑛、吕晓静、张学英、杨玲、石少波。

9月21日，应邀参加商贸系“如何上好一堂课?”教学研讨活动，并进行了交流。

9月26日，应聘为计算机系“课程导入”讲课比赛评委，并作总点评。

11月20至22日，应聘为学校“大学生讲课比赛”评委，并作总点评。

11月25日，在学院举行的“教学方法报告会”上，作了《启发式教学漫谈》专题报告。参加会议的有系主任、副主任、教研室主任及毕业班的同学等。

该报告也引起反响，有的要讲稿，有的拷走了PPT，有的说“太棒了!”有的说“您越活越年轻!”

12月28日，发表执笔论文《重在交流——“五步曲”评课模式》，《天津工程师范学院学报》，Vol. 16，No. 4。

2007年

2月17至25日，晓光一家四口由美国回津过春节。

古稀寿宴

5月1日，侄女周娟、周艳、侄子周小同发起，并带家人——周艳的先生吴江及女儿悠悠、侄媳妇王敏，在海泽宏天酒楼设宴，庆贺大爷大妈七十大寿，晓冬也来了。

这么隆重的过生日，还是头一次，谢谢孩子们！

5月25至27日，应市教委高教局之邀，网评市级精品课。

5月28至30日，相继，在科技大学国际交流中心会议评审市级精品课。

7月18日，应学院人事处之邀，为新引进的教师做了《启发式教学漫谈》的专题报告。

8月8日，2008年北京奥运会倒计时一周年，同夫人一起参加天津市“迎奥运万人健步走”活动。参与奥运，感受奥运，弘扬奥运，是件幸事。

8月9至11日，参加在武清县天鹅湖度假村召开的“院级名师评审办法研讨会”，教务处科级以上人员及教学督导组成员参加。

9月25日，应邀参加计算机系优秀主讲教师刘光然的观摩教学课，并做点评。

10月16日，小同夫人王敏生了一个男孩，取名叫周湘豫(有母亲是湖南人父亲是河南人之意)。

12月2日，应聘为汽车系青年教师讲课比赛评委，并做点评。

2008年

2月29日，应天津市教委之聘，任“天津市普通高等学校教育教学质量专家督导委员会委员”。

3月，先后去工业大学、城建学院、体育学院、体育运动与文化艺术学院进行学督导活动。

先听取学校相关负责人介绍教学情况，后随机听课，并与任课教师和教务处相关人员做简短交流。

3月24日，应聘为学校第五届教学督导组组长。

5月14日，在天津市普通高校教育教学督导工作会议上，做了题为《重在交流——“五步曲”评课模式》的发言，该发言收入会议交流资料汇编。

5月20至21日，应天津市教委之聘，任“第四届天津市普通高等学校教学名师奖专家评审委员会委员”，并参加名师评审工作。

特殊党费

5月27日，为支援四川汶川地震灾区，交了“特殊党费”壹仟元。

当时，在日记中写道：汶川地震，情系灾区。心动就要行动，有爱就有希望。

后来，收到中共中央组织部，2008年6月30日签发的“特殊党费”收据。

No 0115266

党费收据

[illegible] 同志自愿一次交纳“特殊党费”计人民币 壹仟 元零角零分，用于支援2008年四川汶川大地震救灾工作，特致感谢。

中共中央组织部

[illegible]年[illegible]月[illegible]日

中共中央组织部“特殊党费”收据

6月，先后去工业大学和城建学院随机听课，并与任课教师和教务处相关人员做简短交流。

6月25日，应天津市教委之聘，任“天津市第三批特色专业建设点评审委员会委员”，并参加评审工作。

6月28日、7月11日，应组委会之聘，任学校第九届青年教师讲课基本功竞赛专家评审组组长，并做总点评。

7月23至25日，在武清县海关培训中心，参加学院的教学督导工作研讨会。

8月19日，去北京鸟巢和五棵松观看北京奥运会田径赛和篮球赛。

9月9日，应邀参与学校第九届青年教师讲课基本功竞赛优胜者（理工组）参加市级竞赛的赛前培训。参加培训的有四位教师：曲芳、冯娜、孟杰、王向华。

9月，先后去工业大学、城建学院和体育学院随机听课，并与任课教师和教务处相关人员做简短交流。

9月10日，幺舅母仙逝，享年八十八岁。

9月23至10月4日，晓光和Nancy回津，还同晓冬一起去西安找表兄小立玩。

10月7日，应邀参与学校第九届青年教师讲课基本功竞赛优胜者（理工组），参加市级竞赛前的再培训。

10月15日，应市教委高教处之邀，到工业大学检查学生（五位）的毕业设计（论文），并与学生进行了交流。

10月，应市教委高教处之邀，先后到城建学院、工业大学、体育学院、体育运动与文化艺术学院检查实验教学。

11月，主持的教改项目《重在交流——“五步曲”评课模式的创立与实践》，荣获学校教学成果一等奖。

12月23日，学校召开“庆祝教学督导组成立10周年大会”。会上，代表教学督导组，作了题为《以人为本 服务教学》的工作小结。

会上，学校进行了表彰：授予教学督导组《突出贡献奖》并颁发奖牌等。

倡议纪念教学督导组成立 10 周年

为纪念教学督导组成立十周年，还倡议并协助教务处策划、组织、编印了《天津工程师范学院教学督导资料汇编》(2008 年 11 月)。

其内容包括：

——天津市教育委员会党组书记、主任靳润成的题词："以人为本服务教学"；

——学院党委书记吴炳岳的题词："感谢老专家无私奉献：督查教学质量一丝不苟，首创评课模式'五步曲'；指导青年教师倾囊相授，育优秀主讲茁壮成长。"；

——学院原党委书记兼院长王宪成的题词："祝贺教学督导组成立十周年，祝愿教学督导工作更上一层楼！"；

——院长孟庆国的开篇文章：《继往开来续谱华章——庆祝学校教学督导组成立十周年寄语》；

——副院长张兴会的开篇文章：《充分发挥教学督导组在教学质量管理体系中的重要作用》；

——教学研究篇，含教学督导组成员撰写教学研究论文 20 篇；

——优秀主讲教师篇，包括优秀主讲教师撰写的教学研究论文 23 篇。此外，还有管理文件篇(23 件)、计划小结篇(18 件)、专项督查篇(41 件)。

天津工程师范学院
天津工程师范学院
教学督导资料汇编
——教学督导组成立10周年纪念
天津工程师范学院教务处编制
2008年11月

教学督导资料汇编封面

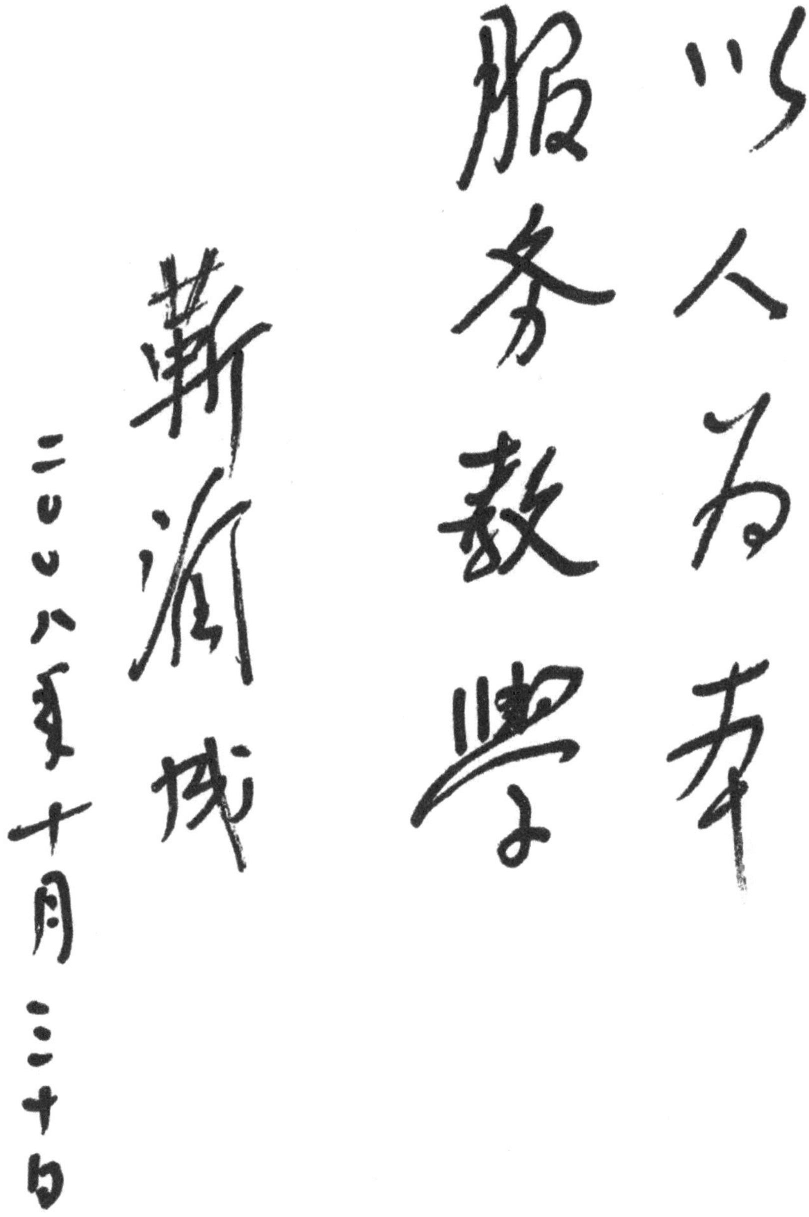

靳润成的题词(靳润成同志时任天津市教育委员会党组书记、主任)

感谢老专家无私奉献；
督查教学质量一丝不苟，
首创评课模式"五步曲"；
指导青年教师倾囊相授，
育优秀主讲茁壮成长。

吴炳岳

吴炳岳的题词（吴炳岳同志时任天津工程师范学院党委书记 2008 年 9 月 28 日）

祝贺教学督导组成立十周年，祝愿教学督导组工作更上一层楼！

王宪成

2008.10.6

王宪成的题词（王宪成同志为天津工程师范学院原党委书记、院长）

目　录

教学督导资料汇编目录（部分）

2009 年

5 月，主持教改项目《构建重在交流“五步曲”多循环评课模式　切实提高课堂教学质量》，荣获高等教育天津市级教学成果奖二等奖。成果完成人：周祖威、张连仲、王成珍、黄强、安淑芝。

5 月，先后去工业大学、城建学院、体育学院、体育学院运动与文化艺术学院随机听课，并与任课教师和教务处相关人员做简短交流。

5 月 9 至 12 日，应市教委高教处之聘，任“第五届天津市普通高等学校教学名师奖专家评审委员会”委员，并参与网评和会议工作。

6 月，应市教委高教处之邀，到城建学院和工业大学检查毕业设计。

6 月 23 日，应天津市教委之聘，任“天津市第四批特色专业建设点评审委员会委员”，并参加评审工作。

7 月 15 日，应学校人事处之邀，为新引进教师作了《谈谈启发式教学》的专题讲座。

8 月 16 至 18 日，参加市督导委员会在团泊湖温泉宾馆召开的学习研讨会。

10 月，先后去工业大学、城建学院、体育学院、体育学院运动与文化艺术学院随机听课，并与任课教师和教务处相关人员做简短交流。

11 月 3 日，应聘任信息技术工程学院青年教师讲课比赛评委，并作点评。

11 月 4 日，晓冬作为访问学者，赴意大利那不勒斯大学研修一年。

12 月 24 日，应天津工业大学经济学院副院长朱春红之邀，为全院教师做了《教师的特质——“三激活”》的专题报告。会后，有的教师说，讲得真好，我的好多问题都解决了。还有的说，“三激活”，我记住了。有的老师要了电话，有的还要了邮箱地址等。

2010 年

3 月，应聘为学校第六届教学督导组组长。

4 月 8 日，应天津市教委之聘，任“天津市普通高校第五批特色专业建设评审委员会”委员，并进行评审工作。

5 月 8 日，应邀为艺术学院青年教师讲课比赛评委，并做点评。

5 月 23 日，应天津市教委之聘，任“天津普通高校品牌专业建设项目评审委员会”委员，并进行评审工作。

6月25、26、27、29日，应组委会之聘，任学校第十届青年教师讲课基本功竞赛理工科组专家评审组组长，并做总点评。

7月9日、9月29日，应第三届“东芝杯·中国师范大学理科生师范教学技能创新大赛”我校预赛筹备组之聘，任预赛评委，并参与选手培训。

7月20日，应学校人事处之邀，为新引进教师做了《教师的特质——“三激活”》的专题报告。

7月30日，晓冬利用那不勒斯大学假期漫游欧洲，第一站奥地利维也纳……

7月30日至8月1日，参加在香河天下一城召开的教学督导工作研讨会。

9月6日，应组委会之邀，为学校第十届青年教师讲课基本功竞赛优胜选手，进行参加市级竞赛的赛前培训。参加培训的有十名教师：孔超、蔺媛媛、刘烁、史墨、邢佳、张瑜、李慧、范小红、刘芬。

10月9日，应组委会之聘，任“2010年大学生教师基本功竞赛(甲组)”专家评审组组长，并作点评。

10月10日，应信息学院之聘，任青年教师讲课板书比赛评委，并作点评。

2011年

2011年3月25日，应副校长张兴会之邀，在学校“校风建设经验交流会”上，作了《教师的特质——“三激活”》的专题报告。

吴炳跃书记在会上说：“周老师讲得很深刻，值得很好研究。”(我把这样的评价，看作是对自己的一种鼓励！)

孟庆国校长会后，在校园见到我时说：三激活，讲得好。(这是一种客气，也是一种鼓励！)

4月27日，应天津体育学院之邀，参加该院精品课程评课和精品课程评议。

5月31日，应学校工程实训中心主任张玉洲之邀，为该中心教师做了《教师的特质——“三激活”》的专题报告。

6月28日，在学校“庆祝建党90周年表彰大会上，被授予“优秀共产党员”荣誉称号。

优秀党员荣誉证书

7 月，应市教委之聘，任“第二届天津市普通高校教育教学质量督导委员会”委员。

7 月 3 日，晓光带 Nancy 回津。此前，她经广州到上海看望大姨。此后，她们同晓冬去北京看望舅舅。接着，她们去兰州找小立，连同梁爽，去青海湖游玩。后返回北京，Nancy 在协和医院做了蓝痣激光小手术（不到 10 分钟）。

7 月 7 日、9 月 27 日，应第四届“东芝杯 · 中国师范大学理科生师范教学技能创新大赛”我校预赛筹备组之聘，任预赛评委，并参与选手培训。

7 月 26 至 28 日，督导组成员及其家属，还有 Nancy 以及教务处相关人员，参与蓟县梨木台休闲活动。

8 月 24 日，应学校人事处之邀，为新引进的教师做了《教师的特质——“三激活”》专题报告。

9 月 2 日，夫人送 Nancy 回美国。

11 月 8 日，应组委会之聘，任“2010 年大学生教师基本功竞赛（甲组）”专家评审组组长，并做点评。

11 月 13 至 16 日，应市教委高教处之聘任“第二届天津市普通高校优秀毕业设（论文）专家评审委员会委员”，并进行网评和会议评审。

12 月 3 日，应信息学院之聘，任青年教师讲课比赛评委，并做点评。

12 月 10 日，应我校艺术学院之聘，任青年教师讲课比赛评委，并做点评。

12 月 18 日，应我校汽车学院之聘，任汽车学院第二届青年教师讲课比赛评委，并做点评。

12 月 20 日，同晓冬一起，去美国晓光家过年。

加州北部行

12 月 25—28 日，先后游览了太浩湖滑雪场、加州首府、全美州铁路博物馆、斯坦福大学、金门大桥、谷歌总部、十七里塆等地。

金门大桥留影

异国拜见兄嫂

12 月 27 日，在美国圣荷塞，拜见了周祖延兄嫂。祖延兄比我大十岁，是我的一位远门的兄长。

兄嫂在自助餐厅，设宴招待了我们一行七人，祖延兄的大儿子、二儿媳及其女儿一并参加(祖延兄的二儿子和女儿在外地未能参加)。

因为是初次见面，所以双方都给了孩子见面礼。

饭后，在祖延家门口合影留念。

周祖延是革命烈士的后代，其父周其浩就是前面提到的我的一位十一大爷，他是新四军第五师的一位中队长，在一次执行公务途中，与日军遭遇而被捕，后遭电刑为国捐躯。

祖延兄在美国定居多年，我国改革开放后，他通过老家的亲属，知道我在天津，他给我写了信，我们才有了联系。他已回国多次，可惜未能谋面。

这次，在异国他乡，俩兄弟及其家人能相聚在一起，实属不易，堪称幸事，值得纪念。

祖延和祖威两家在美国圣荷塞祖延家前的合影

27 日晚，晓光的同学胡吟，设家宴招待我们一行。

2012 年

1 月 14 日，游览圣地亚哥，参观加州大学圣地亚哥分校图书馆。在八楼的馆内还见到并翻看了《中国共产党大事记(1919—2005)》等中文书籍。

1 月 27－28 日，应晓冬的同学在加拿大的史耀强夫妇之邀，两家在拉斯维加斯相聚，一同游览了赌城拉斯维加斯，还参观了美国著名的“拉斯维加斯光明之母”的胡佛水电站。

2 月 6 日，同夫人、晓冬一起由美国回津。

2 月 18 至 20 日，应市教委高教处之聘，任“‘十二五’国家级规划教材天津市遴选专家委员会”委员，并进行网评和会议评选。

4月4日，吴丹来津。吴丹已在加州尔湾大学毕业，并考入纽约州罗彻斯特大学硕博研究生连读。这次是9月份开学前，回姥姥家玩。

4月4至6日，应市教委高教处之聘，任“‘专业综合改革试点’项目评审专家委员会”委员，并进行网评和会议评审。

4月18、20日，应职教学院副院长赵欣之邀，为该院举办的“河南许昌经济管理学校进修班”学员(52人)，做了题为《教师的特质——“三激活”》的报告，还为其中五位学员的试讲，做了点评。

4月25日，应聘为学校第七届教学督导组组长。

4月，先后去民航大学和南开大学进行教学督导活动。先听取相关负责人介绍学校教学情况，后随机听课，并与任课教师和相关人员做简短交流。

5月，先后去理工大学和工业大学进行教学督导活动。先听取相关负责人介绍学校教学情况，后随机听课，并与任课教师和相关人员做简短交流。

5月14日，应市教委高教处之邀，为工业大学、理工大学“十二五综投”品牌专业、战略性新兴产业相关专业建设的情况进行督查和交流。

5月29日，应机械学院之邀，参加“强技能升质量”青年教师职业技能提升活动——青年教师授课示范，并点评。

7月24日，晓冬陪同吴丹回美国，并开车送吴丹去罗彻斯特大学读研。

7月27至29日，督导组成员及家属和教务处相关人员，去北京平山县参观溶洞等活动。

8月16、20、28日，应邀为参加全国高等学校首届青年教师讲课比赛的，我校教师邢佳进行赛前培训。

8月25、28日，应组委会之聘，任学校第十一届青年教师教学基本功竞赛(理工科组)专家评审组组长，并做总点评。

9月6日，应第五届“东芝杯”·中国师范大学理科生师范教学技能创新大赛我校预赛筹备组之聘，任预赛评委，并参与选手培训。

9月8日，教师节前，机械学院党总支副书记顾红欣，率7名学生(2009级)来家看望，以示教师节慰问。顾红欣也是我的学生，谢谢学生们的师生之情！

9月18日，应组委会之邀，为学校第十一届青年教师讲课基本功竞赛优胜选手参加市级竞赛进行赛前培训。(有10人)

房扑微创手术

10月8至11日期间，在市胸科医院住院，由卢凤民主任大夫，进行房扑的微创射频消溶手术。手术历时一个半小时，取得圆满成功。现在，心率很齐，且静息状态下，心率为60次/分左右。谢谢卢大夫！

10月12日，孟校长、孙奇涵副校长、安淑芝老师和教务处的小许（春艳）来家看望。

本来，住院的事就没想告诉学校。可是，10月11日，小许给我打电话说有事。一不小心，我说我在医院呢。还说，明天出院。这不，第二天他们就来家看望了。

衷心地感谢卢凤民大夫的天使之情！

衷心地感谢领导和同事们的热情关怀！

10月31日，应附属技校总支书记张世龙之邀，配合该校的“师德、师能建设系列活动”，做了题为《教师的特质——“三激活”》的专题报告。

11月，先后去工业大学、理工大学、民航大学和南开大学随机听课，并与任课教师和教务处相关人员作简短交流。

12月，应天津市人民政府教育督导委员会之聘，任“第五届天津市兼职督学”。

12月29日，应信息学院之聘，任青年教师说课比赛评委，并作点评。

2013年

元月8日，应学院人事处之邀，为新引进教师做了题为《教师的特质——“三激活”》专题报告。

4月1日，参加校级教学成果奖评选。

4月，去南开大学随机听课，并与任课教师和教务处相关人员做简短交流。

5月，先后去理工大学、民航大学和工业大学随机听课，并与任课教师和教务处相关做简短交流。

5月21日，应机械学院之邀，在该院“师范生教育家协会成立大会”上，做了《信念·耕耘·素养》的专题报告。

散会后，有学生追到院子里来交谈，有的说，讲得太好了；有的说，我知道怎么当老师了……

网上报道认为：周教授将“信念、耕耘、素养”进行了详细、深入的阐述，既有理论高度，又有结合教学过程的经验分享；既有教育教学规律的总结，又有具体的案例分析，让全体同学对如何成为优秀的教师有了深入的思考。

5月24日，应职教学院之聘，任青年教师讲课比赛评委，并做点评。

6月30日，应我校汽车学院之聘，任汽车学院第三届青年教师讲课比赛评委，并作点评。

8月7日，晓光带Nancy回来。

8月12至14日，督导组成员及教务处有关人员，去宝坻县云杉镇养老俱乐部参观体验，Nancy也去了。

8月27日，晓光、Nancy经昆明、香港、韩国回美国。

9月7至9日，应市教委高教处之聘，任“第四届天津市普通高校优秀毕业设计(论文)评审专家委员会委员”，并进行网评和会议评审。

9月14日，机械学院辅导员白燕华，及机械学院师范生教育家协会会长邓昌伟等6名同学，来家作教师节慰问。

11月16日，应信息学院之聘，任青年教师讲课比赛评委，并做点评。

11月，先后去工业大学、理工大学对新建专业进行检查；先后去南开大学、民航大学检查实践教学。

12月1日，应职教学院之聘，任青年教师讲课比赛评委，并做点评。

2014年

2月18至20日，应天津市教委高教处之聘，任“推荐2014年高等教育国家级教学成果奖专家评审委员会委员”，并进行网评和会议评审。

3月8至10日，应天津市教委高教处之聘，任“教学质量与教学改革研究计划项目专家评审委员会委员”，并进行网评和会议评审。

3月22日，应社科部之聘，任青年教师讲课比赛评委，并做点评。

5月2日至4日，应天津市教委高教处之聘，任“‘十二五’普通高等教育国家级教材第二次遴选专家评审委员会委员”，并进行网评和会议评选。

5月14至15日，应机械学院之聘，任青年教师讲课比赛评委，并做点评。

5月，先后到南开大学、民航大学、工业大学和理工大学随机听课，并与教学相关人员及督导组成员交流。

7月14日，应组委会之邀，为参加学校第十二届青年教师教学基本功竞赛的选手进行赛前培训。

7月17日，应人事处之邀，为新引进的教师做了《教师的特质——“三激活”》的专题报告。

8月5日，Nancy自己由美国经韩国首尔来津。随后，自己去昆明找辛辉阿姨玩，并帮她做些基督教的教务活动。

8月31日，Nancy由津经首尔独自回美国。

9月10至16日，应天津市教委高教处之聘，任“第五届天津市普通高校优秀毕业设计(论文)专家评审委员会委员”，并进行网评和会议评审。

9月，先后到南开大学、民航大学、工业大学和理工大学随机听课，并与教学相关人员及督导组成员交流。

9月23至28日，应天津市教委高教处之聘，任“普通高等教育本科教学质量与教学改革研究计划项目结题专家评审委员委员”，并进行网评和会议评审。

10月11日，应组委会之邀，为我校第十二届青年教师教学基本功竞赛的优胜选手参加市级竞赛进行赛前培训。

10月，应聘为“学校教学督导组顾问”。

又被“顾问”了一下

本来，这次督导组换届时，我就跟孙奇涵副校长说过差不多了，不再干了。可孙校说本届新手多，您还得“扶上马，送一程”。这样，我就又被“顾问”了一下。

11月11至12日，应天津市教委高教处之聘，任“2014年天津市级教学团队、教学名师奖专家评审委员会委员”，并参加评审。

11月18日，参加“天津市南开区鹤童老年福利协会”——鹤童剪报俱乐部。

2015年

3月，小同回老家翻新老屋，给了点资助。

4月11日，应天津中德应用技术大学（原天津中德职业技术学院）校长张兴会之邀，在该校“首届教学工作会议”上，做了《教师的特质——“三激活”》的专题报告。

5月14日，应天津市教委高教处穆树发处长的推荐，以及天津城建大学邀请，参加该校实施卓越工程师教育计划推动活动，并在会上做了发言。

6月6日，应学校社科部之聘，任该部“2015青年教师讲课比赛”评委，并做点评。

6月21至22日，应学校之聘，任学校“首届卓越教师秀之现场秀晋级赛”评委，并做点评。

7月，到理工大学和工业大学检查教改立项等教学工作；到南开大学随机听课，并与相关人员交流教学情况。

7月25日，和夫人及晓冬一起去美国，先到洛杉矶晓光家，准备参加“大白眼”吴丹的婚礼。

参加“大白眼”的婚礼

8月8日，到达纽约州罗彻斯特，参加吴丹的婚礼。婚礼在教堂举行，完全按照西方的模式进行。吴丹结婚是大喜事，我们都送了婚礼。晓冬送礼是按照西方的习惯，先问吴丹需要什么礼物，结果为吴丹买了她喜欢的需自己拼装的一艘精致军舰模型。我们去看新房的时候，看到桌子上放着正在拼装中的模型。我们还是按传统的方式，送了礼金。吴丹接下红包后，就立马打开数了起来，还一边数说一边说：“啊，给这么多！”其实不多，高兴就好。

家人盛装准备参加“大白眼”婚礼

姥爷、姥姥、Nancy 和新郎新娘在一起

美国东部之行

8月10至20日，参加婚礼后，在两个女儿的精心安排下，到美国东部一游。8月10日，游览尼亚加拉大瀑布。

尼亚加拉大瀑布留影

8月11日，晓冬自驾租车由罗切斯特市至纽约州首府奥尔巴尼。

8月12日，到达罗德岛州，观光了布朗大学，该校是全美九大校区之一，也是美国东北部八大“常春藤盟校”之一。

8月13日，驱车两个多小时到马萨诸塞州，先慕名观看了“常春藤盟校”之一的哈佛大学。后由哈佛坐两站地铁，就到了麻省理工学院，这也是一所“常春藤”大学。

晚上，我们一行三人，住在晓冬的高中同学文兵家。文兵夫妇很热情，做了很多好吃的，有大龙虾、自制的腊肠等。

8 月 14 日，由文兵家出发，出发前文兵还准备了很多路上吃的水果等，想得很周到。行车两个多小时后，参观了“破碎者大宅”。此时文兵也来到大宅，带我们观赏了大西洋西岸的风景。

此后，我们自行西南行，到达康涅狄格州纽黑文市，观看了耶鲁大学，这也“常春藤”大学之一。接着，继续西南行两个多小时到达纽约。

自由女神印象

8 月 15 日，晓冬高中同学厉兵，开车来到我们住的地方，带我们去游览纽约。

上午，游览了五大道大都会博物馆、天主教大教堂、时代广场等。

中午，厉兵先接她姥爷、姥姥一起去皇家餐馆吃早茶。

此后，参观了她姥爷、姥姥的养老院，看到二位住的条件相当不错，有客厅、厨房、卧室等，可以自己做饭。另外，还有老人们活动场所，有聊天室、阅览室、台球室、乒乓球室等。

接着，回到厉兵家，参观了她自己买的土地，请人设计建造的豪宅。

下午，厉兵又开车带我们出去，观看了“911 事件”后，在世贸大厦旧址上新建的两个纪念大水池和新建的世贸大厦，以及金融街上的“大铜牛”。

之后，又“坐车观花”地去看了一下联合国总部的外景。

厉兵的热情招待，周到安排，热情引导，使得这一天游览的内容丰富多彩，效率极高。

8 月 16 日，在纽约自驾游。上午，参观了哥伦比亚大学，这也是一所“常春藤”大学，晓冬还特意参观了该校建筑专业研究生院。在该院一间咖啡屋内，见到有的学生在看书，有的在看电脑，有的在交流。学习的氛围似乎很自由、很个性化。

下午，乘船游览了“自由女神像”，船围绕神像航行一周，游客可从不同方位观赏到女神像的芳容。

晚上，游览了一下“中央公园”，公园内休闲的人不少，有散步的，有骑车的，有一家人躺在草坪上休息的，有小女孩拉小提琴的……

8月17日，自纽约再西南行两个多小时，到达宾夕法尼亚州的费城。费城是美国独立宣言和联邦宪法的诞生地也曾是美国的第二首都。

晚上，晓冬的新华中学同学岳长利，在费城一家四川餐馆设晚宴盛情招待了我们。饭后，去长利家，参观了她家的豪宅。长利的先生王哲很热情好客，我俩还喝了点苏格兰威士忌等。

8月18日，上午参观了费城的“自由钟”和“独立会堂”，这是美国独立的象征。

随后，行车两个多小时就到了美国的首都华盛顿。

晚上，参观了林肯纪念堂，观赏了林肯纪念堂和华盛顿纪念碑的夜景。纪念堂外，华灯齐明，游人如织。

8月19日，去看了看白宫。只能隔栏观看，好像游客都是在隔栏观看。其实，白宫并不高大，只有三层。白宫南面，有草坪、喷泉，北面有水池，池中有喷泉。

白宫印象

白宫南面对着华盛顿纪念碑，纪念碑南面对着林肯纪念堂。

还看了附近的国会山，恰好赶上国会山的大圆顶周围支有脚手架正在修缮。

随后，参观了肯尼迪艺术中心。中心内，一大厅内挂满了各国的国旗，很快就找到了我们的五星红旗，并照相留存，这是必须的。

8月20日，由入住的华盛顿科尔特酒店（Washington Court Hotel出发），行车一个小时达到马里兰州的巴尔的摩。在这里，参观了一个火车机车展，还见到当年为林肯送葬的机车，车头上安放着林肯的照片。

参观时，一位志愿者老人问我们从哪里来？我们说从中国来。老人惊讶地说："天哪，从这么老远的地方来，看这个。"于是，老人热情地为我们介绍了机车展的一些情况。

下午，在巴尔的摩机场交还了租用的汽车。然后，乘飞机到芝加哥，再转机到洛杉矶。到洛杉矶已是21日的凌晨了。

这次美国东部之行，大女儿晓光做了精心安排，小女儿晓冬一路自驾也付出了很大辛劳。

还有，晓冬的同学，这一路上迎来送往，盛情款待，热情陪游，表现出了极大的热忱。

俗话说，女儿是"小棉袄"。还是"小棉袄"好，谢谢"小棉袄"！
同学是人生的一种缘分，谢谢晓冬同学的同窗情深！

9月2日，同晓冬一起由洛杉矶回津，夫人12月9日回津。

9月28至29日，应学校教务处之邀，审阅电子工程学院新建专业——"光电信息技术与工程专业"的建设报告，并与相关人员进行了交流。

9月30日，应学校之邀，参加学校2015年度"天津市级教学名师奖"和"天津市级教学团队"推荐评选会议。

10至11月，先后到工业大学、理工大学、民航大学、南开大学随机听课，并与各校教学相关人员交流情况。

12月6至9日，应天津市教委高教处之聘，任"第六届天津市普通高校优秀毕业设计（论文）评审专家委员会委员"，并参与网评和会议评审。

12月22至25日，应天津市教委高教处之聘，任"2015年天津市级教学团队、教学名师奖评审委员会委员"，并参与网评和会议评审。

2016年

元月25日，应学校教务处之聘，任“拟晋升高级职称教师说课考查的专家考查组组长”，并参与考查。

元月24日至2月9日，晓冬与同事一行三人，去英国、法国自由行。

4月11日，应学校之邀，参与“2015年校级教学改革重点项目立项开题报告会”，并予以点评。

4月12日，应学校教务处之邀，参与各学院12份教案评阅。

6月9日，“大白眼”吴丹生下了一个男孩。我们做太姥爷、太姥姥了！

四世同堂了，感觉真好！

6月13日，应学校教务处之邀，审阅我校市级教改项目“天津市高等学校本科教学质量与教学改革研究计划项目——机械制造领域‘一体化’职教师资培养的研究与实践”的建设情况，提出了审阅意见，并与相关人员进行了交流。

7月18日，应学校教务处之聘，任“拟晋升高级职称教师的说课考核”的专家考核组组长，并参与考核。

9月27日，应学校教务处之聘，任我校参加“全国八校联盟青年教师教学基本功竞赛”的选拔赛评委，并参与评选。

9月28日，应学校教务处之邀，审阅艺术学院新建专业“艺术与科技”自评报告，并提出修改意见和建议（十条意见和三条建议）。

10月14日，应学校之邀，参加学校2016年度“天津市级教学名师奖”和“天津市级教学团队”推荐评审会议。

止于当止

11月7日，向顶头上司孙奇涵副校长发出了“告别函”（微信）：“千里搭长棚没有不散的筵席，止于当止。教学督导组该换届了，就不再掺和了（不再当顾问了）。”

后来，见面时，孙校风趣地说，说的也是，不能把您的油水全榨干了，还得给您留点……自然，对孙校对我的信任、关怀和帮助，我要表示衷心地感谢！当然，更要感谢多年来历届校领导，对我的信任、支持和关怀！

12 月 6 日，孙奇涵副校长设“告别宴”，宣兆成和杨慧两位处座以及张国香和王凤忠两位组长作陪。再见了，督导组！

谢谢孙奇涵副校长和各位同仁的深情厚谊！

我们相处很好，只为离别惋惜！

左起：杨 慧、王凤忠、张国香、孙奇涵、周祖威、宣兆成

与既是同行又是领导的孙奇涵副校长临别留影

2017 年

1 月 16 日，应学校教务处之聘，任“拟晋升高级职称教师的说课考核”的专家考核组成员，并参加考核。

1 月 16 日，应学校人事处之邀，参与新引进教师试讲评课，并做点评。

4 月 24 日，应学校教务处之邀，审阅“2016 版本科专业人才培养方案”，并写出评审意见。

5 月 7 日，小同、王敏又生一男孩，取名叫湘宜。

5 月 15 日，应天津城建大学之邀，参加该校“2017 年实验教学示范中心建设单位验收自评报告”评审，并发表评审意见。

5 月 25 日，应学校之邀，审阅“天津市普通高校‘十三五’综合投资规划专业建设项目校优势特色专业建设申报书”，并提出审阅意见(共 14 份)。

6 月 12 日，应学校之邀，审阅“天津市高等学校本科教学质量与教学改革研究计划项目结题书”，并写出结题意见(共 2 份)。

6 月 25 日，晓光、Nancy 来津。26 日至 7 月 3 日，二人同晓冬一起去日本游玩。

6月30日，应学校之邀，参加学校“2017年天津市高等学校本科教学教学质量与教学改革研究规划项目立项推荐”评审会，并发表推荐意见。

7月3日，吴丹一家三口来津。

四世同堂

四世同堂的合影

7月8日，在天津正阳春烤鸭店举行家宴，庆祝大太姥爷、大太姥姥八十大寿和四世同堂。寿宴有16人参加，大太姥爷家8人，二太姥爷家8人。都到齐了，应该是21人。

7月9日，晓光回美国。

7月16日，Nancy回美国。为祝贺Nancy考上加州大学洛杉矶分校，给了她一定的物质奖励。

7月18日，吴丹一家回美国。这次头一回见到外重孙，也给了见面礼。

9月9日，参加中共天津职业技术师范大学离退休委员会全体党员大会，成立新的党委会和各党支部。

11月12日，幺舅仙逝，享年95岁。

12月6日，写了一首六言诗《创新》，庆祝十九大胜利召开。

创　新

——喜庆十九大胜利召开

时代思想创新，
双百目标笃定。
谁能和济天下，
唯我共产党人！

2018 年(80 岁)

4 月 30 日，校工会副主席刘鑫琼及刘湲同志一起，来家里慰问我进入耄耋之年的八十岁生日，并赠送生日购物卡一张(内含人民币 300 元)。

谢谢刘鑫琼及刘湲来家慰问！

谢谢校工会的关心！

别有一番滋味

刘鑫琼是我的弟子，而我曾是我校首任校工会主席。现在，是学生来慰问老师，而且是现校工会副主席来慰问原校工会主席。

此情此景，既有师生情谊，又有工作缘分，真是别有一番工会情节在心里！

在这里，趁此机会——

衷心祝愿学生越来越好！
衷心祝愿工会越来越好！
衷心祝愿学校越来越好！

2019年(81岁)

2月9日至2月14日，回老家。这是三十六年后，首次携夫人和两个女儿一起回河南信阳老家。

猪年吉祥！

按计划，2月9日由小女儿驱车，我们从天津出发至开封留宿。第二天中午到郑州机场，接到从美国洛杉矶飞回来的大女儿。然后，驱车一起南下，回河南信阳老家。

师生情深

原本，有一位家住洛阳的学生赵林，知道我们回老家的消息后，他说他初三(2月7日)从津巴布韦回到洛阳，到时他也到郑州机场去接大姐。后来，他来信说他又接到了几个项目，回国的日期要推后十天，不能去机场接大姐了。9号，他又来信问我们是不是已经到了郑州(他可能以为我们会在郑州留宿)，我说我们正在去开封的路上，晚上在开封留宿，明天到郑州机场去接机。

说者无心，听者有意。过了一会儿，他又来电话说，他有一个朋友，就在开封住，他已经让他的朋友为我们订了宾馆，并且在宾馆的大厅里迎候我们。我马上说，我们早已订宾馆了，不用费心了。他还让他的朋友加了我的微信。他的朋友来信问，我们订的是哪个宾馆。我告诉他，是银祥酒店。9日下午，我们到达酒店时，他的朋友，也是我校861计算机专业的校友李宇新，已在宾馆大厅迎候了。

稍做休息后，小李带我们到开封第一楼品尝名小吃灌汤包等。饭后，小李说待一会儿，咱们乘出租车观光一下开封市的一些著名景点。说完，没注意，就不见小李的踪影了，还以为是去找出租车了。不一会儿，小李双手提了好多东西回来了。我说，你这是干什么？小李说，这是赵林的吩咐，我必须得办，这是开封的一些特产（开封老八样、老开封七味草等）。此情此景，真是盛情难却！

随后，在小李的引领下，乘坐出租车，在沿途五光十色的映衬下，我们观光了包公祠、包公湖、开封府、相国寺、观音阁、清明上河园、清明上河街（部分）等著名景点的夜景，还看到了刘少奇纪念馆等。

赵林是学院原机械系我教过的学生，也是河南老乡。他说，在天津职业技术师范学院，有几位老师对他的影响较大，我是其中之一。毕业后，我们一直保持着联系。有时他到天津出差，还住在家里。他曾不止一次地对我说过，周老师您不知道您对我的影响有多大。他说，您的思维方式，我不仅用在学习上，也用在我的工作上，还用在为人处世上。这或许有点言过其实，也可能是一种潜移默化的影响。

赵林懂机械，英语水平也很好。现在自己开办公司，在津巴布韦承包一些工程项目。

这次我们回老家，原想有可能的话，顺路和赵林见一面。没想到，情况与原来预想的有了变化。然而，事情往往有机缘巧合。巧的是，赵林有老乡、同学、朋友李宇新正好在开封。在赵林的关照下，又有了前面所呈现出来的感人至深情景。

感谢学生赵林的精心安排和深情厚谊！
感谢校友李宇新的热情接待和悉心陪同！
难忘怀师生情深！

学生赵林在津巴布韦的工作照

缱绻的乡愁

我上一次回老家，是1983年我父亲去世时回去的。打这以后，父母都不在了，回老家的念头就不那么浓烈了。

虽说父母不在了，但生我养我的故乡还在，人本乎祖的根脉还在，田园故里的乡情还在，金子般童年的记忆还在。

落叶归根。随着岁数越来越大，回老家看看的念头，便时常萦绕在心头。三十六年了，这是第一次带着夫人和两个女儿一起回老家。

人在旅途，总有乡愁。

乡愁是怀念。乡愁是怀念故乡的山山水水，一草一木，乡风民俗，人文景物，儿时伙伴，回家的路，还有好多好多。

尽管"离别家乡岁月多"，乡愁总会唤醒最美好的记忆……

记住回家的路

这次回老家，还没有忘记回家的路。

2月10日，车到老家信阳柳林时，正赶上这两天下了不小的雪，路上还结了冰。

我们一家来的四口就住在山下，因我弟弟的三个孩子的各家的人也都回来了，都住在山上弟弟家也住不下。

2月11日，我和两个女儿在侄儿侄女们的陪同护送下，踏着冰雪走上了回家的山路(夫人因腿脚走不了山路，便留在了山下)。现在回家的路跟以前的不一样了，原来下雨时的泥巴路，现在变成了可通行汽车的乡村水泥公路了。

记住回家的路

故乡的路在变化，有了现代的气息。

途中，五里地的山路程走了近一半，就碰上了前来迎接的十来个自家屋的人，好不热闹！

老槐树下的水井

翻过一个小山冈，往下走不远，就看到了老槐树下的水井。

看到了老水井，就想起了甜蜜的往事。这口井的水面，总是与井口面一样平，井水清澈冰凉甘甜。到了夏天，从这里路过时，总会禁不住停下来，蹲在井边，用双手捧起一捧泉水，咕嘟咕嘟喝上几口，酷暑的燥热和疲惫，顿时会一扫而光，那个凉快，那个痛快！

感恩滋养成长的故乡清凉甘甜的泉水！

祭　扫

又走了一段路，来到爷爷奶奶和父亲母亲的坟墓前，一行人进行了扫墓。特别地，我跪在母亲的坟墓前，哭诉着再次向母亲承认错误。我边哭边泣不成声地说："娘，是儿子错了，小时候儿子不该任性，因撵鸭子的事，说了让您伤心的话，惹得您坐在大门口的石墩上失声痛哭，是儿子对不起娘！"

我还说："我们回来了，回来看望爷爷奶奶、父亲母亲了，祝愿您们在天国安息，祈望您们的在天之灵，保佑您们的子孙平安吉祥！"

老槐树下的水井

三十六载后，
耄耋舒乡愁。
举家回故里，
祭母泪双流。
——《祭母》

老房子的大门口

接下来，走不远，就到家了。先看到的是老房子的大门口，它还在这里。漫长的岁月还没有改变它的基本模样，但是显得有些破旧，砖墙的砖缝有的都脱露出来了。

老房子的大门口

原来的大门口内的门厅，还是碓房，安装有一副舂米的用具。小时候，我在这里舂过米。现在这个碓没有了，大概是人们早已不用这个来舂米了，而是直接到市场去买已经加工好的米了。

一切都在变化，一切都会变化。

弟弟的家

过了门厅，向前走几步，再向左一拐就到了我弟弟现在住的家了。到家后，先上上下下，左左右右，里里外外，前前后后，都看了看，觉得经过翻修的房子还不错。加了一层，楼上楼下，电灯电话，各种家用设备也都齐全。

打了机井，还建了厕所，比以前强多了。不管是刮风下雨，还是冰天雪地，再也不像以前那样，还要到一里地外的水井去挑水吃了，也不用上露天的茅坑了。

我弟弟，为人忠厚老实，吃苦耐劳了大半辈子。这次回到老家，看到弟弟住上了经过翻修的还算比较舒适的房子，作为兄长我心里也就踏实了。

自家屋里人见了个面

三十六年没有回老家了，就想回来后，住在柳林附近的自家屋的人见个面。

2月11日中午，相约自家屋的人，到柳林新街一家餐馆聚一下。没想到来了这么多人，有50多人。

老家人相聚留影

来的人中，辈分最高的是"祖"字辈的，也就是跟我是同辈的，而且都是1938年生人。岁数最大的是81岁的祖道(1938年2月2日生)，比我大一个多月，比祖兴大八个多月。来的"祖"字辈的岁数稍微小一点儿的，还有祖扬、祖庆、祖强、祖益等。来的人中，辈分最低的是"乃"字辈的，应该管"祖"字辈的叫"太爷"了。

同根同祖，一枝一脉，大家相聚，机会难得，亲情相融，倍感欣慰！

兄弟一家亲

2月11日下午，我们兄弟两家的人，来到我大侄女，也就是我弟弟的长女周娟工作的地方，即信阳鸡公山风景区。

晚上，我们兄弟两家相聚，这是相聚人数最多的一次，有十六人。还缺少在美国的六口，包括第四代的两口。

兄弟两家相聚十六口，还少六口在美国，包括第四代的两口。

兄弟两家的人，在故乡相聚，同饮故乡水，同吃故乡饭，同品故乡味道，浓厚的乡情，纯真的亲情，兄弟一家亲，真是好极了，别有一番深情在心头！

回望柳林老街小学

2月12日，我们来到我离别近七十年的柳林老街。柳林老街是我童年住过的地方，柳林老街小学也是我小学的母校。

在柳林老街小学母校老校门前留影

左起：周承训、周祖威、周祖扬、周祖庆

参观柳林革命纪念馆

昨天，听祖庆说，原来的柳林老街小学现在已改建为柳林革命纪念馆了。

随即，我在两个兄弟和一个侄子的陪同下，来到原柳林老街小学，参观了柳林革命纪念馆。从参观中得知，我的一位名叫周性初的爷爷，为中央军委与鄂豫皖苏区地下交通站柳林站站长，1936 年英勇就义，终年 52 岁。（周性初，原名“守斌”，“守”字辈是“祖”字辈的爷爷辈。）

柳林革命纪念馆

参观柳林革命纪念馆

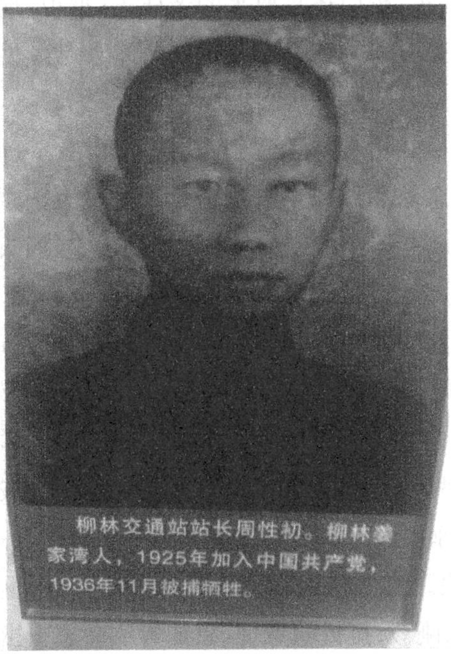

中央军委与鄂豫皖苏区地下交通站柳林站站长，周性初(原名守斌)

今天，我是带着夫人、两个女儿和侄子侄女，来回望我离别近70年的柳林老街小学。

柳林老街始建于清初，距今已有三百多年历史，是一个历史遗存厚重，山清水秀、环境清幽、古色古香的古老集镇。老街南北走向，长约一公里。老街的一块块石板，一条条小巷都承载了一代又一代人的记忆……

民主革命时期，柳林地区是我党在豫南的重要活动基地，是豫南革命的摇篮和重要发源地，解放战争时期的中原军区部队突围就发生在这里。现在，为纪念在柳林突围牺牲的烈士，在突围的地方修建了烈士墓。

1949 年柳林解放时，我正在柳林老街小学上学。“解放区的天是明朗的天，解放区的人民好喜欢……”这首歌，就是当时的解放军在柳林老街小学的校园里，教我学会的。“长大了，要像解放军那样，做一个播种美好的人”的人生初始信念，也是在老街柳林小学萌生的。

12 日上午，我们驱车由老街南头进入老街，行驶不远，就到了原来的柳林老街小学。小学坐西朝东，校门还是原来的老样子(据说，现在这个校门成了重点保护文物)。门是开着的，我们进来后，跟昨天已经见过面的纪念馆的工作人员打了招呼。

说明来意后，工作人员热情接待了我们，并做了介绍。可以看到，从整体的格局来讲，现在的纪念馆和原来小学的变化不是很大。原来的坐北朝南的一排教室，现在改建成一排青砖灰瓦石木结构的展室，西头多了个紧贴着的二层楼房。

记得，原来在一排教室的西头，还有一间与其垂直的南北走向的教室，现在看不到了。而原来的那个地方，现在成了“柳林革命纪念馆”的正门。还可以看到，院内从原来小学的校门到现在纪念馆的正门之间，有一条青砖铺就的宽约两米的道路，两旁还各生长着一排高大、笔直和提拔的树木。院内靠近校门，还营造了一座底面为圆形的显得刚强坚毅的山石景观小品，院内还有一些灌木作为点缀。整个院内，洋溢着幽静、典雅、庄重、肃穆、挺拔的氛围。这种幽静、庄严、刚毅、挺拔的意境，象征着革命志士挺起脊梁宁死不屈英雄气概，令人神往！

不论是过去的柳林老街小学，还是现在的柳林革命纪念馆，都会在我的人生中都留下永恒的记忆！

可以说，柳林老街是我童年的居住地，而柳林老街小学是我真正人生的启蒙之所！

感恩柳林老街！

感恩柳林老街小学！

据说，2013年，柳林老街入选河南省首批四个传统村落之一，获省级财政补助二百万元，用于老街保护。还有，柳林老街地锅豆腐入选第三批信阳市级非物质文化遗产名录。

柳林老街印象

祝愿柳林老街古风犹存，生机勃发，留住乡愁！

拜访小学同学

随后，我们出了纪念馆，想向老乡打听，原来住在老街上龚家糟行的小学同学的情况。

我记得，龚家糟行在柳林老街的中间偏北头一点儿，坐西朝东。我们沿老街向北走，走了不远，向一位遇到的大娘问道：原来老街上龚家糟行的龚家和跟龚家全还住在街上吗？大娘说：龚家全还在，都八十多了。看来，住在老街上的人可能不是很多，大家彼此还是比较熟悉的。

与小学同学龚家全问寒问暖

我们继续向北走，好像快到了，我又问遇见的一个人说：原来的龚家糟行是在附近吗？他客气地用手指了指说：这个门就是！

门是掩着的，但是没有锁。我就推开门问：有人吗？没人答应。我们就往里走，还接着问：有人吗？还是没人答应。我们继续往里走，到了一个小院，看见有一间屋的门开着，屋里还有人，我就立即上前问道：这是龚家全的家吗？一个人站起来说：是！看到他的岁数也不小了，我就紧接着问：你是龚家全吗？他说：我是。我马上说：咱们是小学同学，我叫周祖威，你还记得吗？他看了看我说：记得，记得！他还说，你们家原来住的靠街的中间儿，在街的东边儿。我说：是的。我又问起他的兄弟龚家和，他说他前几年就走了。

小时候，我们两家住得不远，常在一起玩儿，所以印象深刻，别的同学都不太记得了。这次回老家，我就想一定要到柳林老街来看看，一是要看看原来的柳林小学是什么样了？二是要看看原来的小学同学怎么样了？

龚家糟行，原来是柳林老街的一个大户，是专门做酒的，现在早就不做了。和龚家全说了一会儿后，他领着我到后院看了看，后院里还扣着几口大缸，这些都是原来做酒时用的。

龚家全比我大三岁，今年84岁，身体还很硬朗。见到小学同学，我们都非常高兴。

他非要留我吃午饭，我说不了，能见个面，比什么都强！

离别时，我送给他几盒从天津带来的特产十八街麻花，以表小学同学的难忘之情。

夫人上山妯娌相见

今天天气好些了，山路上的冰雪融化了，可以开车上山了。离开同学家，我们就驱车直接上山回老家了（要知道昨天因路上有冰雪，不敢开车上山，夫人还未能回到老家呢）。

到了家，弟妹等到嫂子来了，非常高兴，早就把炭火升好了。大家围坐在火盆旁烤火，两个女儿还没有见过这种烤火方式，感到挺新奇。一边烤火，一边说着话，两个女儿也一边参与在火盆里烤红薯和烤栗子，大家分享着这种烤火的乐趣。

烤炭火

再拜访一位小学同学

趁此机会，在弟弟和侄子带领下，我们到不远处的山那边，去再拜访一位小学同学。他也在家，看起来身体还行。虽说岁月不饶人，显得有些苍老，但仔细看小时候的模样还在。

他叫柯永林，比我大五岁，今年 86 岁。小时候，我住在山这边，他住在山那边，翻过一个小山岗就到，所以也留下了深刻的印象。

这次回老家，也一定要看看这位小学同学。离别时，我也给他带了天津的十八街麻花，以表小学同学之情。

难忘小学同窗情！

12 日中午，弟妹做了不少菜，还有两个火锅，一个是腊肉的，一个是鸡肉的，盛情款待了我们。

弟妹还想挽留我们多住一天，因大家都时间紧迫，我们下午就下山回鸡公山了。临走时，弟妹还让我们带了不少板栗、油栗等特产。

与小学同学柯永林相见

观赏雾雪中的鸡公山

鸡公山位于河南省信阳市境内，大别山最西端，桐柏山以东，是与北戴河、庐山、莫干山齐名的中国四大避暑胜地之一。鸡公山自然风景区，是国家级自然保护区，是第一批列入全国 44 个国家级重点风景名胜区之一。

山上有清末民初的不同国别和风格的建筑群，有“万国建筑博物馆”之美称。鸡公山主峰鸡公头，又名报晓峰，海拔 765 米。虽说我是河南信阳柳林人，老家离鸡公山也只有二十几里地，可长这么大，都八十多岁了，我还从来没有上过鸡公山。这次回来正好就住在鸡公山下，心想一定得上去看看。不然，就枉为信阳人了。

可是，天不遂人愿。前几天，信阳地区下了不小的雪。这几天，上鸡公山的交通车早就停运了。幸好，我大侄女有办法。她认识一位私家车主，请他安装上防滑链，开车把我们七八个人送到山上的“宝剑山口”处。

然后，我们下车步行上山观赏景点，师傅在此等候我们观赏回来，再一起下山。

我们七八个连大人带孩子，沿着不算太陡的铺满冰雪的山地，一边走一边欣赏着雾中的雪景。雾中的雪景好美呀，宛如仙境！

近处，银装素裹，“千树万树梨花开”，低垂的雾凇可顽皮地逗你擦肩拂面而过。远处，雾蒙蒙，雪茫茫，若隐若现好似笼罩在白色的面纱之中。真是难得的雾雪美景！

我们来到鸡公山的主峰报晓峰，可能是为了安全，其周围安装了护栏，我们只能在护栏外观赏。雾雪中，“不识报晓峰真面目”，朦朦胧胧隐隐约约地好像看见“鸡公头”的样子。

河南信阳鸡公山报晓峰和俩女儿留影

你好，鸡公山报晓峰！

报晓峰召唤着生机和活力，是美好的象征！

第一次看到鸡公山报晓峰，尽管是朦胧的，也是值得的，应该向她表示敬意，因为我是河南信阳人。

致敬故乡河南信阳！

致敬信阳鸡公山报晓峰！

耄耋故里舒乡愁

乡愁，是对生于斯长于斯的故乡的怀念。这次，耄耋之年，带着夫人和两个女儿，回到了三十六年没有回过的故乡。

回来这些天，记住了回家的山路，看见了老槐树下那还洋溢着甘甜泉水的水井，走进了不知走过有多少次出出进进的老房子大门口，想起了孩童时母亲叫着自己小名让回家吃饭的呼唤声，看到了曾经在里面逮鱼捉虾的门口池塘，望见了小时候在下面捡栗子的栗子树，见到了认识和不认识的亲人，感受到了家乡的亲情，听到了家乡久违的乡音，品尝了家乡的味道，瞻仰了据说是作为柳林老街重点保护文物的原小学母校柳林老街小学的校门，拜访了小学同学……

这些，都是乡愁，都是对故乡的思念。这次回到老家，想看的看到了，想见的见到了，想听的听到了，想尝的尝到了……

这次回老家，实现了梦寐以求的夙愿！

故乡在我心中，故乡还在这里！

月是故乡明，山是故乡青，水是故乡秀，人是故乡亲，回故乡的感觉真好！

“人诗意地栖居”

有人说，乡愁是人们对于那些已经或正在消失事物的怀念与感伤。这种说法，也不无道理。就拿我这次回老家看到的情形来说吧，确实有些事物正在“消失”。

例如，人家塆的人少了。原来我们住的这个人家塆，最多的时候住的有三十多口人，而现在长时间住的只有两三位老人。有的人家搬到城镇去了，有的人外出打工了，还有的老人住到城里儿女家了。

又如，房子倒塌了不少。还拿我们这个人家塆来说，因无人居住，年久失修，差不多有一半的房子(约十余间)都倒塌了。有的虽然没塌，也破烂不堪了。

还如，农田基本上不种庄稼了。我们老家在大别山区，农田都是梯田，可以种一季麦子和一季水稻。有史以来，可以说都是这样种的。而现在这些农田都不种庄稼了，差不多都改种成栗园和茶园了。

由于这些“消失”的存在，我想有些东西也会随之消失。

存在就有合理性。我倒认为，从本质上来看，这种“消失”并不是一种倒退，而是变革中的磨砺，是新生中的阵痛。

乡愁不仅仅是怀旧，也是一种追求和向往。

但愿并相信，在根源于几千年农耕文明的美丽中国大地上，能天人合一，看得见山，望得到水，入得了林，下得了田，采菊东篱下，悠然见南山，文化乡愁可寄，人诗意地栖居！

2月15日至16日，我们顺便驱车到了武汉，游览了东湖梅园，登上了黄鹤楼，参观了“国立武汉大学”牌楼等。

2月16日至17日，我们又驱车到了长沙，参观了岳麓书院等。

2月18日，我们驱车由长沙返回北上（晓光由长沙乘机至北京，然后飞回洛杉矶）。

面临爆胎的考验

驱车刚出湖南至湖北境内不远，前左轮就爆胎了。幸亏晓冬早有预感，及时减速并正好将车停到应急车道的港湾内。否则，后果不堪设想。

爆胎后，经多方求援，包括用手势请求路过的车主相救，打电话请求保险公司来人协助等，都未能如愿。你有难处，别人也会有难处，这些都可以理解，而且应该理解。

“技术上，我没有问题。”女儿说：“需要卖卖力气，您行吗？”我说：“没问题！”

虽然开始不太顺利，但是经过一个多小时的顽强奋战，父女俩都使出了蛮荒之力，终于把爆胎卸下来，把备胎装上去了。父女俩经受住了人生中第一次面临爆胎的严峻考验。

“自己动手，丰衣足食。”相信自己，依靠自己，命运往往就掌握在自己手中。

由此次险情，不由得想起另一次险情。那还是在三十多年前，我们住在天津市河西区文明里的家，几乎就要发生一起火灾的事。一天下午，晓冬正在友谊商店，她说她当时本来没有打算立即回家的念头，可不知为什么好像有一种隐隐约约的力量，驱使她不知不觉地回到了家里。

当时，家里没人。一进家门，感到不对劲，先听到劈劈啪啪的响声，又闻道一股子冒烟的味道。走到阳面房间一看，立柜后面冒烟了。晓冬说，她当时也不知道哪来那么大的力气，一下子就把立柜拉开了。一看，立柜后面的木板已经烤煳了一片，还烧出了一个小洞。看来，立柜冒烟是后面的电线的接头漏电引起的，晓冬随即把插头拔下来了，并用水扑灭了刚刚燃起的火焰。幸亏火还没有烧起来，更多亏晓冬鬼使神差地及时回到家里，发现险情临危不惧，当机立断采取有效措施，立即消除了隐患。不然的话，必将大祸临头，引起一场后果不堪设想的火灾。每当想起这事，心里还总会一阵阵后怕。

我常想，小女就是我们家的福星。有福星高照，不管是有怎样的危机情况，也不论是在怎样的危险关头，她总会心有灵犀，神奇地化险为夷，转危为安！

有这样福星高照的神奇女儿真好！

经受住爆胎考验后，再度启程，下午抵达信阳。晚上，在“老家信阳菜”餐馆，又品尝了家乡的味道。

2 月 19 日上午，游览了上高中时曾经参观过正在修建的信阳南湾水库（现在叫南湖），观看了南湾水库宏伟的大坝，欣赏了南湖秀丽的景色。

下午，继续北上，抵达郑州，入住郑州万豪酒店。当日，正是元宵节，酒店还赠送了每人一枝红玫瑰。

晚上，看了女排天津对江苏的比赛，结果 0 比 3，天津输掉了，有些不开心。

2 月 20 日，9 时许，由郑州出发，行至河南与河北交界处的服务区时，因前面道路出了事故而滞留三个多小时。到了天津回到家里，已是夜里十一点半了。

这次回乡之行，一路上虽然遇到爆胎的险情，而在女儿福星的照应下，还算是比较顺利的。多谢女儿的一路辛劳，一路照应！

6月14至15日，学生赵林回国来津，看望在津的同学、朋友和老师。赵林很注重这方面的礼节，每次都这样，这次也不例外。

这次，我见到了原天津职业技术师范学院机8501班赵林的同班同学穆瑞欣和田大立，这是毕业三十年后的一次师生再见面，彼此都非常高兴。

师生情怀，历久弥新，回忆往事，述说现在，谈及未来，好像总有说不完的暖心话。

与大学毕业三十年的学生留影。后排左起：田大立、穆瑞欣、赵 林

这次，还见到了赵林的几位非洲朋友，他们都是在天津几所大学读书的非洲留学生。其中，还有三位是在我校读书的留学生。而在这三位留学生中，有一位我以前见过面，还在一起聚过，他叫赛立夫。

原来，赵林在非洲经商时，与这位当时还不是我校留学生的亲属相识。当这位亲属了解赵林的背景后，就跟赵林谈了一个想法，就是他想让赛立夫到赵林的母校——天津职业技术师范大学来求学，并希望赵林尽可能地帮助实现赛立夫的这个愿望。

转送了一个非洲学生想来我校留学的信息

赵林就把这件事告诉了我，希望我能给他以帮助。学生这样托付老师，是对老师的信任。学生的事，也是老师的事。当然知道，我没有权力来直接办理这件事。可我也知道，我校是全国招收中国政府奖学金来华留学生的高校，目前我校已有不少国家的本科和硕士研究生。

于是，我与学校相关领导沟通了此事，并转达了赵林想带赛立夫来学校看看的想法，学校同意他们来学校看看。自然，作为联系的纽带，我也参加了他们与学校相关领导的沟通和交流。

后来，按照学校的相关章程，赛立夫考取了我校经济与管理学院的人力资源管理本科专业，并将于明年毕业。

受学生之托，只是转送了一个非洲青年学生想来我校留学的信息，也算是我为发展中非友谊尽了绵薄之力。

与包括非洲的校友留影，前排右边的是赛立夫

9 月 28 日，参加天津职业技术师范大学建校 40 周年纪念大会，并在大会上参与《师生、校友代表感言》的集体朗诵。朗诵者由六人组成，有在校本科生和研究生各一名，有两名在职职校教师校友，还有我校在职教师和退休教师各一名（见下面三幅照片）。

能作为退休教师的代表参与校庆活动《感言》的集体朗诵，用心声来表达教师的奉献精神，用挚诚来见证学校的锦绣历程，我倍感荣幸！

9月至12月，参加学校离退休党组织具体安排的全党第二批“不忘初心、牢记使命”主题教育活动。

我的初心在哪里？

这次主题教育我最大的收获，是增强了守初心、担使命的自觉性。我叩自己：我的初心在哪里？我的初心，就在1949年家乡河南信阳柳林解放的春天里，就在南下的解放大军到柳林小学校园帮我们扫雪、教我们扭秧歌、教我们唱“解放区的天是明朗的天……”的日子里，就在“长大了要像解放军那样做一个播种美好的人”的朦朦胧胧的念头里。我的初心与共和国同生！

随着慢慢长大，我的初心的内涵也不断明晰和厚重起来。当了教师，我的“做一个播种美好的人”的初心，就化成了“做一个让人民放心的教师”的信念。

不忘初心，记住来时的路，牢记使命，要作为永恒的终身课题要求自己。

2020年(82岁)

新春伊始,突如其来的新冠肺炎疫情蔓延。生命重于泰山,疫情就是命令,全国人民展开了打赢疫情防控的人民战争、总体战、阻击战。

2月14日,面对罕见的疫情,写出了表达自己心情的《战疫情》:紧跟部署,众志成城。从我做起,牢记使命。人人为我,我为人人。雄关漫道,战疫必胜!

2月28日,响应党中央对广大党员的号召,向党组织捐款2000元,为战疫情尽绵薄之力。

大考的答卷

2020年,将是不平凡的一年。新春佳节,罕见疫情蔓延。这是一场大考。最高统帅,发出动员令:打赢防疫阻击战。全党全军全民,闻令而动。众志成城,共克时艰。全国各地医院,纷纷驰援鄂汉。同舟共济顽强拼搏,火速建成火神雷神“两山”。集中资源,集中医治。重危病例,一人一案。……雄关漫道,战疫持续向好发展。春天来了,送瘟神的日子不远。这次大考经受了,灵与肉的考验。做出了令世人,惊赞的答卷。这是,中国优越制度的彰显。这是,中国伟大力量的体现。

困苦艰难,玉汝于成。多难兴邦,更好在明天!

《晓耕录》的耕耘(代后记)

“记住回家的路”

常言道:“一个篱笆三个桩,一个好汉三个帮。”何况,我这个还算不上“好汉”的人,要想做成一件事,更离不开众人的帮助了。

《晓耕录》的问世,太需要对很多人表示衷心地感谢了。没有他们的热心相助,该书的顺利出版是难以想象的。

好友杰茹和玉杰关心书稿的进展情况,还在初稿的内容选材上提出建议,并及时向相关出版社积极推荐;学生海松在书稿上付出了极大的热情和辛劳,不仅对书中近百幅图片进行了精心扫描,为便于修改还将书稿分章合成打印校对了四遍,同时在书稿的文字斟酌和内容表述上也都提出了很好的意见和建议;晓冬的封面设计,其灵感来自这次返乡“记住回家的路”的实景(见照片),是源于生活又高于生活的艺术再创作;夫人的画作,作为插画,为书稿增添了不少色彩;为见到书稿的雏形,小同打印了原始的书稿,并对版式提出了建议;还有不少好友,包括出版社编辑,对书稿的完善,以及书稿的问世,都付出了很多心力。

在此,谨向为《晓耕录》的问世,而付出心力的所有朋友,再一次表示衷心的感谢和敬意!

这些朋友将同《晓耕录》一起,也成为我心中永远的念想!